U0109748

基督教文化研究丛书

主编 何光沪 高师宁

七编 第 **7** 册

由俗入圣：教会权力实践视角下乡村基督徒的宗教虔诚及成长

周 浪 著

花木兰文化事业有限公司

国家图书馆出版品预行编目资料

由俗入圣：教会权力实践视角下乡村基督徒的宗教虔诚及成
长／周浪 著 -- 初版 -- 新北市：花木兰文化事业有限公司，
2021〔民110〕
序 4+ 目 2+204 面；19×26 公分
（基督教文化研究丛书 七编 第 7 册）
ISBN 978-986-518-378-3（精装）
1. 基督教史 2. 中国
240.8   110000573

ISBN-978-986-518-378-3

9 789865 183783

基督教文化研究丛书
七编 第七册

ISBN：978-986-518-378-3

由俗入圣：教会权力实践视角下
乡村基督徒的宗教虔诚及成长

作　　者 周 浪
主　　编 何光沪 高师宁
执行主编 张 欣
企　　划 北京师范大学基督教文艺研究中心
总 编 辑 杜洁祥
副总编辑 杨嘉乐
编　　辑 许郁翎、张雅淋　美术编辑 陈逸婷
出　　版 花木兰文化事业有限公司
发 行 人 高小娟
联络地址 台湾 235 新北市中和区中安街七二号十三楼
　　　　　电话：02-2923-1455／传真：02-2923-1452
网　　址 http://www.huamulan.tw 信箱 service@huamulans.com
印　　刷 普罗文化出版广告事业
初　　版 2021 年 3 月
全书字数 177295 字

定　　价 七编 9 册（精装）台币 22,000 元

版权所有 请勿翻印

由俗入圣：教会权力实践视角下乡村基督徒的宗教虔诚及成长

周浪 著

作者简介

周浪，江苏沭阳人，社会学博士硕士生导师，现任职于华中科技大学马克思主义学院。主要研究方向为宗教社会学、文化社会学以及经济社会学，曾在《社会》《中国农村经济》《青年研究》Chinese Journal of Sociology 等权威和核心期刊上发表论文多篇。曾获国家奖学金、湖北省社会科学优秀成果奖等奖项。博士论文《乡村基督徒宗教虔诚的形成及成长——基于教会权力实践的视角》曾获"余天休社会学优秀博士论文提名奖"。

提　要

　　改革开放以来，乡村基督教的迅速发展引起了研究者的注意。梳理文献发现，有关农民信众认知、情感、体验等表征"宗教虔诚"的内容尚未有充分揭示。本文基于苏北河镇的田野调研，以"教会权力实践"为分析视角，阐释了乡村教会组织如何通过特定面向的权力实践来促进乡村基督徒宗教虔诚的形塑、发展和成熟。首先，面对渴望摆脱苦难的初信徒，教会通过"以善诱之"这一权力的柔性面向，来建构人神之间"顺服——福佑"关系，促动农民生成灵验逻辑和工具性宗教虔诚；继而，教会通过"以威慑之"这一权力的刚性面向，借助"罪""魔鬼"等核心宗教观念的借用和改造来形塑信徒的心理强制并建构人神之间的"违背——惩罚"关系，促动农民生成畏罪逻辑和混合性宗教虔诚；最后，为了引导信徒由俗入圣，教会通过"以圣导之"这一权力的超越性面向，让信徒知觉被神所拣选，促动农民生成使命逻辑和神圣性宗教虔诚。通过以上理想类型建构，本文试图为理解乡村基督徒宗教虔诚由俗入圣的心理过程提供一个本土化说明。在此基础上，还对乡村社会中微、中、宏观层次的"农民宗教皈信""基督教民间信仰化""基督教热"议题进行了延伸讨论。

中央高校基本科研业务费资助项目
"新时代乡村宗教治理的社会基础
——基于对乡村基督徒宗教虔诚的考察"
（2019kfyXJJS108）

"基督教文化研究丛书"总序

何光沪 高师宁

　　基督教产生两千年来，对西方文化以至世界文化产生了广泛深远的影响——包括政治、社会、家庭在内的人生所有方面，包括文学、史学、哲学在内的所有人文学科，包括人类学、社会学、经济学在内的所有社会科学，包括音乐、美术、建筑在内的所有艺术门类……最宽广意义上的"文化"的一切领域，概莫能外。

　　一般公认，从基督教成为国教或从加洛林文艺复兴开始，直到启蒙运动或工业革命为止，欧洲的文化是彻头彻尾、彻里彻外地基督教化的，所以它被称为"基督教文化"，正如中东、南亚和东亚的文化被分别称为"伊斯兰文化"、"印度教文化"和"儒教文化"一样——当然，这些说法细究之下也有问题，例如这些文化的兴衰期限、外来因素和内部多元性等等，或许需要重估。但是，现代学者更应注意到的是，欧洲之外所有人类的生活方式，即文化，都与基督教的传入和影响，发生了或多或少、或深或浅、或直接或间接，或片面或全面的关系或联系，甚至因它而或急或缓、或大或小、或表面或深刻地发生了转变或转型。

　　考虑到这些，现代学术的所谓"基督教文化"研究，就不会限于对"基督教化的"或"基督教性质的"文化的研究，而还要研究全世界各时期各种文化或文化形式与基督教的关系了。这当然是一个多姿多彩的、引人入胜的、万花筒似的研究领域。而且，它也必然需要多种多样的角度和多学科的方法。

　　在中国，远自唐初景教传入，便有了文辞古奥的"大秦景教流行中国碑颂并序"，以及值得研究的"敦煌景教文献"；元朝的"也里可温"问题，催生了民国初期陈垣等人的史学杰作；明末清初的耶稣会士与儒生的交往对话，带来了中西文化交流的丰硕成果；十九世纪初开始的新教传教和文化活动，更造成了中国社会、政治、文化、教育诸方面、全方位、至今不息的千古巨变……所有这些，为中国（和外国）学者进行上述意义的"基督教文化研究"提供了极其丰富、取之不竭的主题和材料。而这种研究，又必定会对中国在各方面的发展，提供重大的参考价值。

就中国大陆而言，这种研究自 1949 年基本中断，至 1980 年代开始复苏。也许因为积压愈久，爆发愈烈，封闭越久，兴致越高，所以到 1990 年代，以其学者在学术界所占比重之小，资源之匮乏、条件之艰难而言，这一研究的成长之快、成果之多、影响之大、领域之广，堪称奇迹。

然而，作为所谓条件艰难之一例，但却是关键的一例，即发表和出版不易的结果，大量的研究成果，经作者辛苦劳作完成之后，却被束之高阁，与读者不得相见。这是令作者抱恨终天、令读者扼腕叹息的事情，当然也是汉语学界以及中国和华语世界的巨大损失！再举一个意义不小的例子来说，由于出版限制而成果难见天日，一些博士研究生由于在答辩前无法满足学校要求出版的规定而毕业受阻，一些年轻教师由于同样原因而晋升无路，最后的结果是有关学术界因为这些新生力量的改行转业，后继乏人而蒙受损失！

因此，借着花木兰出版社甘为学术奉献的牺牲精神，我们现在推出这套采用多学科方法研究此一主题的"基督教文化研究丛书"，不但是要尽力把这个世界最大宗教对人类文化的巨大影响以及二者关联的方方面面呈现给读者，把中国学者在这些方面研究成果的参考价值贡献给读者，更是要尽力把世纪之交几十年中淹没无闻的学者著作，尤其是年轻世代的学者著作对汉语学术此一领域的贡献展现出来，让世人从这些被发掘出来的矿石之中，得以欣赏它们放射的多彩光辉！

2015 年 2 月 25 日
于香港道风山

序 言

孙秋云[1]

前段时间，周浪博士告诉我他的博士学位论文《乡村基督徒宗教虔诚的形成及成长》经修改后即将交由出版社公开出版，希望作为他博士生导师的我能为这本书写个序言。得知这一消息，我内心一方面替他感到高兴，另一方面也感慨其在攻读博士学位期间所表现出来的聪慧、勤勉与执着。

记得那是 2014 年上半年，按照院系的安排，我负责给社会学专业的硕士生开设《定性研究的理论与方法》课程，课堂上周浪同学除了认真听讲外，课间课后总把他的一些关于农村宗教信仰方面的调查报告和不断修改的习作交予我讨论和点评，因此留下了较为深刻的印象。在该课程结束后不久，他便通过邮件表达了他想入我门下攻读文化社会学博士学位的意愿。我私下里总认为聪慧、敏感、勤奋、专注、执着是从事学术研究必不可少的基本素质。通过一个学期的接触和观察，我觉得周浪同学身上具备了这些从事学术研究的素质，次年在他硕士毕业后便招入门下。

在攻读博士学位第一年的理论阅读和学术训练阶段，周浪同学就大量涉猎了文化社会学领域的前沿问题，先后撰写并在国内知名学术刊物上发表了《近十年西方文化社会学的研究进展及其启示——基于〈文化社会学〉杂志的内容分析》、《文化社会学的内涵、发展与研究再审视》、《现代传媒、日常生活与现代性呈现》等研究论文。在博士阶段第二年的田野调查过程中，他克服了重重困难和误解，数次深入乡村田野点现场做较长期的访谈和观察，

---

1 孙秋云，男，1960 年生，华中科技大学社会学院教授，主要研究方向：文化人类学、文化社会学。

并对每次访谈内容和观察资料不断进行总结和学术提炼，以致常常达到茶不思饭不香的地步。据他说，他后来博士论文中的一些相关重要概念都是心心念念百思之后在从田野点回学校或在从学校回老家途中的列车上中突然萌发出来的。这是只有心无旁骛、专心致志到物我两忘的人才可能拥有的研究状态。也正因为如此，他在基于翔实的实地调查资料基础上写就的学术论文《因病信教农民的宗教心理及其演变——试论"信念"概念对理解中国农村宗教实践的启示》2017年第4期被《社会》杂志发表，不久又被该杂志翻译成英文向外推介，其中重要的学术观点又被2017年第4期的《文化纵横》转载，2019年10月该文荣获第三届"费孝通优秀论文提名奖"，2020年10月荣获湖北省第十二届社会科学优秀成果奖论文三等奖。他的博士学位论文《乡村基督徒宗教虔诚的形成及成长——基于教会权力实践的视角》，以新颖的选题，扎实的田野工作，丰富的第一手资料，得当的理论分析和提炼，详细阐述了我国乡村部分地区民间基督教信仰与地方民俗迷信杂糅互嵌的发展状况，揭示了乡村农民基督徒是如何由治病、防病等功利性行为转化为精神寄托信仰的实践路径。这是那些长期处于象牙塔里翻阅文献进行制度化宗教研究的学者打破脑壳也想象不到的景象，可谓新意盎然。也正因为有了这种学术创新和扎实的功底，周浪同学的博士学位论文答辩前送教育部相关机构外审时，得到了三位匿名外审专家的一致好评，均给出了"A"的最高评价等级，论文答辩时五位答辩专家也都予以很高的优秀评价。2019年11月他的博士学位论文荣获国内享有较高声誉的第六届"余天休社会学优秀博士论文提名奖"。

与大多数敏于思、捷于行的聪慧青年学子一样，周浪博士的视野开阔、学术兴趣点较多。据我目前的观察和了解，除了宗教社会学领域外，它对市场社会学、农村产业发展等领域也有所涉猎，目前在互联网电商资本下乡方面已有学术论文发表。但我认为一个人的一生，毕竟时间有限、精力有限，生活中还有许多社会角色要扮演。要想成就一番有影响力的学术事业，还是应该有所取舍，浓缩自己的专业兴趣，专注于一点，一门深入，待到有一定的成就之后，再以自己的学术领地为中心，慢慢向周围领域交叉、渗透和扩散，方有可能取得大的成就。鉴于目前有关宗教现实问题研究比较敏感，申请课题难、发表文章难，也都是不争的事实，再加上他任教工作的安排，适当地调整一下研究节奏和论题，都是可以理解的，但我还是希望周浪博士能在宗教社会学领域"深挖洞、广积粮"，希望他以后能有更高质量、更为精深的宗教社会学作品问世！

是为序。

2020 年 12 月 31 日

目次

序　言　孙秋云

第1章　导　论 …………………………………… 1

1.1 背景和问题 ……………………………………… 1

1.2 文献综述 ……………………………………… 4

1.2.1 对中国民众宗教虔诚的文化判定 ……… 5

1.2.2 对信徒宗教虔诚的经验研究 …………… 9

1.2.3 研究评述 ……………………………… 16

1.3 核心概念 …………………………………… 17

1.3.1 乡村基督徒 …………………………… 17

1.3.2 宗教虔诚 ……………………………… 19

1.3.3 教会权力 ……………………………… 21

1.4 篇章安排 …………………………………… 23

第2章　理论与田野 ……………………………… 27

2.1 理论视角：教会权力实践 ………………… 27

2.2 田野介绍：苏北河镇 ……………………… 32

2.2.1 地理、社会和基督教概况 …………… 32

2.2.2 研究方法和伦理 ……………………… 48

第3章　作为乡村基督徒宗教虔诚前提的苦难 …… 51

3.1 作为一种"疾痛"的疾病 …………………… 52

3.1.1 疾病的类型及其社会生产 …………… 52

3.1.2 农民的疾痛感受 ……………………… 57

3.2 作为一种"破坏"的事故 …………………… 61

3.2.1 事故的类型及其社会生产 …………… 61

3.2.2 农民的遇事感受 ……………………… 64

3.3 宗教方案寻求与庇护关系诉求 …………… 67

3.3.1 非宗教方案及其局限 ………………… 67

3.3.2 宗教方案与庇护关系的形塑 ………… 72

3.4 小结 ………………………………………… 78

第4章　以善诱之：乡村基督徒宗教虔诚的形塑 … 81

4.1 以善诱之的必要性 ………………………… 82

4.2 "善"的生产 ………………………………… 85

4.2.1 教会的赋善能力 ……………………… 85

4.2.2 善的内容 ……………………………… 90

　　　4.2.3 获善的条件 …………………………………… 94
　　4.3 灵验逻辑与乡村基督徒宗教虔诚的形塑 ……… 97
　　　4.3.1 农民的灵验逻辑 ……………………………… 97
　　　4.3.2 工具性宗教虔诚的表现 ……………………… 101
　　4.4 小结 ……………………………………………… 109

第 5 章　以威慑之：乡村基督徒宗教虔诚的发展 … 111
　　5.1 苦难的归因：魔鬼作祟 ………………………… 112
　　5.2 魔鬼作祟的归因：因犯罪所导致来自神的惩罚
　　　　………………………………………………… 123
　　5.3 畏罪逻辑与乡村基督徒宗教虔诚的发展 ……… 130
　　　5.3.1 农民的畏罪逻辑 ……………………………… 130
　　　5.3.2 混合性宗教虔诚的表现 ……………………… 134
　　5.4 小结 ……………………………………………… 142

第 6 章　以圣导之：乡村基督徒宗教虔诚的成熟 · 143
　　6.1 让信徒知觉被神圣对象拣选 …………………… 144
　　6.2 以神圣对象的名义提要求 ……………………… 151
　　　6.2.1 由"现世平安"到"彼世救赎" ……………… 152
　　　6.2.2 由"崇拜实践"到"伦理实践" ……………… 156
　　6.3 使命逻辑与乡村基督徒宗教虔诚的成熟 ……… 159
　　　6.3.1 农民的使命逻辑 ……………………………… 159
　　　6.3.2 神圣性宗教虔诚的表现 ……………………… 162
　　6.4 小结 ……………………………………………… 169

第 7 章　结论与讨论 ………………………………… 171
　　7.1 结论 ……………………………………………… 171
　　7.2 讨论 ……………………………………………… 178

参考文献 ……………………………………………… 185

后　记 ………………………………………………… 201

第1章 导 论

1.1 背景和问题

改革开放以来，伴随宗教高度管制的逐渐松懈，农村出现了大范围的宗教活动复兴。[1]其间，地方宗教仪式传统发生着大规模复苏和重塑，数以百万的村庙得以重修重建。[2]与此同时，五大制度性宗教亦发展迅猛，甚至一些新兴宗教、救赎宗教以及所谓"邪教"也一度快速传播。[3]其中，乡村基督教的发展尤为引人注目：就全国汉族地区来看，基督教已成为仅次于佛教的第二大宗教，形成"全国存在，局部聚居"的规模格局。[4]而在诸多北方农村和沿海地区基督教甚至获得了一教独大的地位。[5]

迅猛发展的乡村基督教自然引起了研究者的注意，并构成了学术分析的现实土壤。从分析层次来看，既有研究主要从如下几个面向展开：一是关注

---

1 当然，这一宗教复兴不仅发生在农村，而是全国范围内的。如杨凤岗等基于相关调查数据的分析发现，在当代中国 16 岁和以上的人口中，真正无神论者的比例不超过总人口的 15%，约 85%的中国人有宗教信仰或参加某种宗教实践。转引自方文：《走出信徒与公民的认同困境》，《文化纵横》2012 年第 1 期。

2 丁荷生：《中国东南地方宗教仪式传统：对宗教定义和仪式理论的挑战》，《学海》2009 年第 3 期。

3 梁永佳：《中国农村宗教复兴与"宗教"的中国命运》，《社会》2015 年第 1 期。

4 卢云峰、张春泥：《当代中国基督教现状管窥：基于 CGSS 和 CFPS 调查数据》，《世界宗教文化》2016 年第 1 期。

5 董磊明、杨华：《西方宗教在中国农村的传播现状》，《文化纵横》2014 年第 6 期。

宏观层面乡村基督教的宗教规模、宗教结构、宗教功能、宗教与政治关系等议题，以理解其在乡村社会中的基本属性和定位。[6]二是对中观层面乡村基督教的组织形态、神明体系、宗教关系、宗教传播等展开解读，以呈现其宗教实践的基本运行机制。[7]三是聚焦微观层次乡村基督徒的身份建构、信仰选择、宗教皈信、神人关系、宗教伦理、团体秩序建构等内容，以剖析农民信徒的信仰生活和仪轨实践。[8]

既有研究为我们理解中国乡村基督教提供了全方位的图景，不过也存有不足。其中，宏观和中观层次的研究多把宗教视为一种物理性的"社会事实"，多关注其制度化和组织化面向，而忽视了宗教中"信仰者"的一面。在这个意义上，作为"解释宗教之人的方面"（Explaining the human side of religion，斯塔克和芬克语），近来研究者们在微观层次上对信众的关注值得肯定。然而，我们也注意到，这一对"人"的理解还是不充分的，表现为研究者大多强调个体的外在身份建构、团体归属、宗教认同以及系列宗教行为，鲜有进一步深入到内在"人心"的研究。质言之，有关农民信众的主观认知、

6　代表作品有刘海涛：《透视中国乡村基督教——河北乡村基督教的调查与思考》，中央民族大学博士论文，2006 年；梁振华：《灵验与拯救——以一个河南乡村基督教会为例》，中国农业大学博士论文，2014 年；王莹：《基督教本土化与地方传统文化——对豫北地区乡村基督教的实证调查》，《宗教学研究》2011 年第 2 期；郑风田、阮荣平、刘力：《风险、社会保障与农村宗教信仰》，《经济学（季刊）》2010 年第 3 期。

7　代表作品有李峰：《乡村教会的组织结构及其运行机制》，上海大学博士论文，2014 年；黄海波：《宗教性非盈利组织的身份建构研究——以（上海）基督教青年会为个案》，上海大学博士论文，2007 年；李浩昇：《锁入、限度和走向：乡村治理结构中的基督教组织——基于苏北 S 村的个案研究》，《中国农村观察》2011第 2 期；谢明：《当代中国基督教传播方式研究》，中国社会科学院研究生院博士论文，2011 年；陈建明：《中国地方基督教的建构——近代五旬节信仰实践模式探究》，上海大学博士论文，2013 年。

8　代表作品有王莹：《地方基督徒的身份建构研究——以中原地区 Y 县基督教会为例》，上海大学博士论文，2008 年；陈宁：《嵌入日常生活的宗教皈信——社会变迁中的城市基督徒研究》，吉林大学博士论文，2013 年；方敏：《宗教归信和社会资本》，南开大学博士论文，2010 年；石丽：《基督教信仰与团体秩序建构》，上海大学博士论文，2012 年；田薇：《宗教性视阈中的生存伦理——以基督教和儒家为范型》，山东大学博士论文，2014 年；李康乐：《基督教行动者：皈依模式的研究——以海淀堂为例》，《北京大学研究生学志》2013 年第 1 期。

情感、体验等涉及主体宗教心理的内容尚未有充分揭示。[9]

当然，研究的阙如并不意味着此议题的不重要，相反，正如吕大吉先生所指出的那样，"宗教观念"和"宗教体验"这类涉及个体宗教心理的内容恰恰是一切宗教活动的基础，构成了宗教体系的核心和本质。[10]换言之，宗教信仰不仅仅存在于宗教典籍和宗教仪轨中，也不仅仅是社会行动者的制度语境，它还是宗教信徒群体在身、心、灵的活动中被践行的生命体悟和人生实践，是对生命意义和生活目的的集体关切。[11]由此，本文对乡村基督徒"宗教虔诚"（Religiosity）的关注无疑是微观而又试图深入人心的一种尝试。

而之所以关注宗教虔诚，除了上述学术研究脉络的推进外，更在于我们所面对的乡村基督徒在宗教虔诚上所表现出的多样性问题：有的信徒表现出很强的宗教虔诚，对宗教很热心，如频繁地去教堂、加强教义学习、严格遵循宗教戒律并践行宗教伦理；有的信徒则对信仰对象将信将疑、宗教活动也仅仅局限于教堂范围、不会严格地遵循宗教戒律和践行宗教伦理；甚至有些信徒根本就谈不上宗教虔诚，很少去教堂、对教义一知半解、即使参加宗教活动也仅仅是为了娱乐或打发时间，更谈不上遵守宗教戒律或践行宗教伦理了。[12]正如经验研究所指出的那样，乡村基督徒群体并不是一个同质性的群

---

9 在这一学术背景下，既有为数不多的针对基督徒宗教心理的研究就显得难能可贵。如梁丽萍在其博士论文中，即描述性地呈现了基督徒在宗教认同中的心理内容（参见梁丽萍：《中国人的宗教心理——山西佛教徒和基督教徒宗教认同特点》，中国人民大学博士论文，2002 年）；还有研究以动态的视角审视了乡村基督徒宗教心理的发展机理，揭示了信众宗教心理由俗入圣的演变过程（参见周浪、孙秋云：《因病信教农民的宗教心理及其演变》，《社会》2017 年第 4 期）；还有学者着力于分析基督信众的群体符号边界形成的社会心理过程和机制（参见方文：《群体符号边界如何形成——以北京基督新教群体为例》，《社会学研究》2005 年第 1 期）等，上述研究为本文带来了有益的启发。

10 吕大吉：《宗教学通论新编》，北京：中国社会科学出版社，2010 年，第 59 页。

11 方文：《群体符号边界如何形成——以北京基督新教群体为例》，《社会学研究》2005 年第 1 期。

12 实质上，宗教虔诚的"差异"是具有普适性的，来自西方国家的大量经验调查佐证了这种差异（参见：彭康生、彭耀（主编）：《宗教社会学》，北京：社会科学文献出版社，2000 年，第 64-65 页。）中国的本土经验也表明信徒在宗教虔诚上所具有的差异，如有研究区分出了七种类型的乡村基督徒：兔子型基督徒、摇摆型基督徒、灵验型基督徒、灵验与拯救结合型基督徒、信仰实践分离型基督徒、虔诚型基督徒、圣诞节基督徒（参见梁振华：《灵验与拯救——以一个河南乡村基督

体，其内部分化非常明显，并非每一个基督徒信教后都会完全将基督教教义内化为指导个人行为方式的准则和个人伦理道德的源泉。[13]在此，我们可以提出如下问题：乡村基督徒的宗教虔诚有什么样不同程度的表现？是何种机制塑造了这种宗教虔诚的差异？对个体而言，宗教虔诚的发展和成长过程如何？不同阶段或不同程度的宗教虔诚将会对宗教生活乃至世俗生活带来什么样的影响？等等。如此种种，皆有待经验研究的进一步揭示。在具体分析径路上，我们将从"教会权力实践"出发来审视上述议题。[14]

在对乡村基督徒宗教虔诚研究的基础上，本文还将就宗教社会学的一般（乃至经典）命题进行延伸讨论：微观层次的农民宗教皈信、中观层次的基督教民间信仰化和宏观层面的农村基督教热。我们认为，本研究所聚焦的宗教虔诚某种程度构成了理解上述议题的微观基础，原因在于由"（虔诚）心理"而"行为"，由"行为"而"实践"，由"实践"而"生活"应当是农民宗教实践的基本展演逻辑。也正是在这个意义上，笔者方才理解方文先生所言的"探寻中国人的宗教心理的逻辑……也就成为中国宗教研究者尤其是中国宗教社会学者的基本任务之一。"[15]

1.2 文献综述

本研究的议题"乡村基督徒宗教虔诚的形成及成长"，既是一个直面农民宗教生活现实的经验问题，同时又是关涉中国民众宗教心理特征的文化问题。为此，本处的文献综述拟先梳理知识界对中国民众宗教虔诚所作的整体意义上的文化判定，继而呈现国内外（尤以西方为主）学界对宗教虔诚的系列经验研究，以厘清宗教虔诚作为一项文化和经验议题的学术脉络。

教会为例》，中国农业大学博士论文，2014 年，第 81-82 页）。杨凤岗则从中华文化和中国人思维的角度区分了三种华人基督徒：儒味基督徒、道味基督徒和禅味基督徒（参见杨凤岗：《三味基督——全球视野中的中华文化与基督教》，《上海大学学报（社会科学版）》，2004 年第 2 期），不过这种分野似乎只适合知识分子基督徒，而不适用于农民基督徒。

13 梁振华：《灵验与拯救——以一个河南乡村基督教会为例》，中国农业大学博士论文，2014 年，第 82 页。

14 关于该理论视角，详见第 2 章"理论与田野"部分的分析。

15 方文：《中国宗教图景上的浮沉》，载金泽、李华伟编：《宗教社会学（第二辑）》，北京：社会科学出版社，2014 年，第 274 页。

1.2.1 对中国民众宗教虔诚的文化判定

所谓"对中国民众宗教虔诚的文化判定",是指研究者们从中国文化特异性的角度,阐释中国民众宗教虔诚的文化特殊性。需要交代的是,有些表达虽然不直接使用"宗教虔诚"一词,但和"宗教虔诚"直接或间接相关的"宗教认知""宗教心理""宗教动机""宗教意识""宗教情绪""宗教精神""宗教态度"等却常见于研究者的笔端,从中我们也可辨析他们对中国民众宗教虔诚的判定。从研究者的观点和立场来看,存有宗教虔诚缺乏论和宗教虔诚独特论的观点分化,这一分化还关涉"中国人是否存在纯粹的宗教信仰"以及"中国有无宗教"的争议。[16]

我们首先来看宗教虔诚缺乏论,这一认知过程首先发生于研究中国宗教的早期西方学者那里。在持有西方宗教(犹太教——基督教等一神论)文化立场的研究者们看来,宗教应该具有严密的神学体系,神圣和世俗应具有清晰的边界,信众对信仰对象也应心怀虔敬、指向超验。而由于中国民众的宗教实践显然缺乏这类色彩,故而研究者们自然会产生中国是一个缺乏宗教的国家以及中国民众缺乏宗教虔诚的论断。如哲学家罗素(Russell)在东西文明比较的视野中指出,中国缺乏宗教,中国人注重实用和现世,对于超验、彼岸的世界存而不论,并缺乏西方人在宗教事务上的那种严格的宗教热情。[17]遵循相同思路,研究者甚至认为即使中国存在宗教,那么中国人的宗教生活也是以现实性、功利性和契约性为根本特征,谈不上具有宗教虔诚。如乔基姆(Joaquim)提出,中国的宗教精神是"轻信仰,重实践",宗教以服务于现实社会为特征,以致中国人信奉的神祇常给人这样的印象:他们提供一种帮助要接受一定的酬谢,人对神的乞求通常都伴随着某种有恩必报的允诺(报答的方式有烧纸钱、皈依甚至为神建造一座新庙)。在此基础上,作者进一步指出,对一个精神性的观念体系的信仰绝对不是普通中国人宗教行为的主要动力,相反,促使中国人从事宗教活动的是古老传统的力量和未来福祉的诱

---

16 这一"争议"的建构和生成逻辑可参见方文:《转型心理学:以群体资格为中心》《中国社会科学》2008 年第 4 期,第 138-139 页;方文:《中国宗教图景上的浮沉》,载金泽、李华伟编:《宗教社会学(第二辑)》,北京:社会科学出版社,2014 年,第 268 页;方文:《群体符号边界如何形成——以北京基督新教群体为例》,《社会学研究》2005 年第 1 期,第 26-27 页。

17 罗素:《东西文明比较》,北京:改革出版社,王正平译,1996 年,第 163 页。

惑。[18]韦伯（Weber）也指出，中国"一般民间信仰，原则上仍停留在巫术性与英雄主义的一种毫无系统性的多元崇拜上"，中国人的信仰"附着于所有与祭祀的发展有关的巫术里"[19]。还有学者指出"中国人较多地关心自然和人的世界，而不是关心超自然，他们不是那种把宗教思想和宗教活动构成生活中重要组成部分的人"[20]。持类似观点的学者不在少数，表征了此一观点在西方知识界的市场和影响力。

这样的观点不局限于西方学者，实质上，在早期中国知识分子那里，也大多持此认知。研究者多从传统文化的角度指出中国人的人格世界中没有宗教，中国人更谈不上具有宗教虔诚，并详解了蕴含其间的文化原因。如辜鸿铭态度鲜明地提出，"中国人不需要宗教"，其缘由在于，中国人所拥有的儒家哲学和伦理体系取代了宗教。[21]唐君毅则进一步指出，中国民众心中缺乏高高在上的具有绝对权力的神的观念，中国人把神视为人一般，以人与人交往的态度来对待神，就参与宗教活动的观念和动机而言，也非出于对崇拜对象的虔敬信奉和真挚敬仰，而更多表现为一种世俗的要求和功利的目的。[22]费孝通也指出，由于"差序"的社会结合方式以及人伦原则极其发达，以致人伦具有准宗教意义，故而中国社会不需要宗教，以至于"我们对鬼神也很实际，供奉他们为的是风调雨顺，为的是免灾逃祸……鬼神在我们是权力，不是理想；是财源，不是公道"[23]。钱穆则指出，宗教是西方文化的产物，中国文化不自产宗教[24]。在这一认知背景下，"替代宗教说"就得以出现。比如陈独秀的"科学代宗教说"、蔡元培的"美育代宗教说"、梁漱溟的"道德代宗教说"、冯友兰的"哲学代宗教说"则大行其道。[25]显然，这些论断的暗含之意，乃是中国人宗教心理的不成熟和宗教虔诚的缺乏，表现为重此世轻

---

18 乔基姆：《中国的宗教精神》，北京：中国华侨出版公司，王平译，1991 年，第 163 页和第 185 页。

19 韦伯：《中国的宗教、宗教与世界》，桂林：广西师范大学出版社，康乐、简惠美译，2004 年，第 62 页和第 208 页。

20 转引自杨庆堃：《中国社会中的宗教》，成都：四川人民出版社，范丽珠译，2016 年，第 4 页。

21 辜鸿铭：《中国人的精神》，海口：海南出版社，1996 年，第 125 页。

22 唐君毅：《中西哲学思想之比较研究集》，南京：正中书局，1943 年。

23 费孝通：《美国与中国》，北京：生活·读书·新知三联书店，1985 年，第 110 页。

24 钱穆：《现代中国学术论衡》，生活·读书·新知三联书店，2001 年，第 1 页。

25 张志刚：《"四种取代宗教说"反思》，《北京大学学报》2012 年第 4 期。

彼岸，重实利轻超越。这一观点影响颇为深远，以致当代也有不少知识分子仍持此论调，如章立凡认为，中国人缺乏宗教感，宗教生活具有强烈的功利色彩，就是和佛神做交易[26]。邓晓芒从哲学层面进行了探讨，认为中国民众之所以没有宗教信仰，其原因在于中国人物质和精神的不分离以及缺乏个体自我意识，而以群体意识为中心并从中获得诸多好处，故而，也就用不着超越和到彼岸去寻求安慰了，在群体中就可以获得解决。[27]李亦园认为由于中国宗教信仰中的超自然因素与道德伦理因素的分离，宗教信仰的重心都在神明和超自然力量上，因此使中国人传统的信仰就显得非常现实和功利，甚至于有很强的巫术性。[28]

从知识社会学的角度看，西方和本土学者都是在中西文化比较的视野下展开论述的，然而，却也存有不同的价值考量。如果说西方学者以基督教的完备性而论，认为中国人缺乏宗教虔诚，有的只是前宗教或似宗教的痕迹，由此不自觉地陷入了一种萨义德意义上的"东方学"困境的话[29]，那么，本土（尤其是早期）知识分子的论断除了文化反省外，也包含了在推崇科学和进化论的时代背景下上层精英赋以宗教以敏感性和落后性后的一种自觉远离。如杨庆堃就指出，早期中国知识分子紧随全球世俗化潮流，高扬科学旗帜，故而避开宗教的论题是很自然的，同时也暗含了"面对西方世界政治和经济上的优势，唯有通过强调中华文明的伟大，才能满足他们的心理需要"这一动机。[30]

从文化径路解读中国民众宗教虔诚的另一种观点，则试图摆脱西方宗教一神论模式的窠臼，在认为中国存有宗教的前提下，挖掘中国宗教和民众宗教虔诚的独特性，且多呈现出肯定的价值立场，由此形塑宗教虔诚独特论。杨庆堃认为，和西方制度化宗教有自己独立的神学体系、仪式、组织所不同的是，中国更多是"弥散性宗教"，其神学、仪式、组织与世俗制度和社会

---

26 章立凡：《功利性宗教信仰，就是和佛神做交易》，搜狐网，2016 年 7 月 3 日访问，http://cul.sohu.com/20100826/n274500012.shtml。

27 邓晓芒：《中西信仰观之辨》，《东南学术》2007 年第 2 期。

28 李亦园：《宗教与神话》，桂林：广西师范大学出版社，2014 年，第 117 页。

29 转引自方文：《中国宗教图景上的浮沉》，载金泽、李华伟编：《宗教社会学（第二辑）》，北京：社会科学出版社，2014 年，第 267 页。

30 杨庆堃：《中国社会中的宗教》，成都：四川人民出版社，范丽珠译，2016 年，第 6 页。

秩序其他方面的观念和结构紧密交织在一起，成为中国民众主要的宗教生活形式。[31]杨氏的论断指向了中国民众所具有的独特宗教心理，在弥散性宗教这一独特的宗教体系下，信众的信仰心理更加强调宗教的功能意义，是一种神圣和世俗的纠集。承接此路，诸多研究都强调了这种独特性。譬如台湾学者郑志明用"游宗"来指涉中国民众宗教心理之特点，认为其是中国民众长期生活经验累积而成的文化共相，继承了传统的价值理念和行为模式。游宗的信仰心理，显示民众是以善男信女的身份，平等地对待社会中所存在的宗教形式，以广结善缘的方式进行彼此的交流与沟通，形成了"多元而多统"、"多体多中心"的文化运作形态，以及"多重至上神"的特殊神观体系。[32]牟钟鉴则提出了中国历史以来一直存有"宗法性传统宗教"，认为其是作为正宗信仰而为社会上下普遍接受并绵延数千年而不绝，构成了中国的本源性宗教，其"以天神崇拜和祖先崇拜为核心，以社稷、日月、山川等自然崇拜为翼羽，以其他多种鬼神崇拜为补充，形成相对稳固的郊社制度、宗庙制度以及其他祭祀制度，成为中国宗法等级社会礼俗的重要组成部分，是维系社会秩序和家族体系的精神力量，是慰藉中国人心灵的精神源泉。"[33]而近来卓新平对中国宗教文化的分析中，就以颇为自我欣赏的态度指出，中国人的宗教文化或宗教精神内含一种和谐的圆融文化，体现的是处于"有神"和"无神"之间的中庸精神，追求的是一种整体一元的共和理念，禀赋一种内外超越的超然之态。[34]

与此同时，针对饱受批判的中国信众宗教心理中的"功利性"或"不专一性"，不少学者都为之正名。如陈荣富指出，中国是一个宗教意识浓厚的国家，老百姓浓厚的宗教意识已经达到了"见神就拜、见神就信"的水平。[35]吾淳则从功利性与宗教发展的关系指出，功利性表征了中国宗教深刻嵌入于民众的俗世生活，构成了宗教发展的基本生命力。[36]王治心指出，"这样来说，怎么能说中国是没有宗教的呢？换一方面看，简直可以说每个中国人民，都有他混合

---

31 杨庆堃：《中国社会中的宗教》，成都：四川人民出版社，范丽珠译，2016 年，第17 页。

32 郑志明：《华人的信仰心理与宗教行为》，《鹅湖月刊》2002 年第 12 期。

33 牟钟鉴、张践：《中国宗教通史》，北京：中国社会科学出版社，2010 年，第 6 页。

34 卓新平：《中国人的宗教信仰》，北京：中国社会科学出版社，2015 年，第 196-198 页。

35 陈荣福：《比较宗教学》，北京：世界知识出版社，1993 年，第 235-237 页。

36 吾淳：《中国宗教的功利主义特征》，《朱子学刊》1999 年第 1 期。

式的宗教信仰：信天、信鬼、信万物都有神明……从好的一方面说，中国人民都是承认精神生活的重要，而且对精神修养方面，更有丰富的经验"。[37]

1.2.2 对信徒宗教虔诚的经验研究

"对信徒宗教虔诚的经验研究"作为一项西方学界（心理学、宗教学、社会学等）的显学议题，无论是在理论和经验上都形成了较好的学术积累。[38]国内的相关研究[39]虽然基础薄弱，但随着中西学科的交融互动以及宗教现象日益被国内学界所重视，这一议题也取得了一定的进展。在此，我们依据研究内容，从整体上将有关宗教虔诚的国内外经验研究分为三个面向：一是对宗教虔诚进行测量，二是探究影响个体宗教虔诚的因素（即作为"因变量"的宗教虔诚），三是探究宗教虔诚对个体观念、行为等的影响（即作为"自变量"的宗教虔诚）。

（1）宗教虔诚的测量

宗教虔诚作为判断一个人是否信教以及信仰的程度，关涉了信徒与非信徒的区分、信徒标志的界定、虔诚信徒与不虔诚信徒的分野等诸多经验问题，因而通过测量的形式使之科学化和标准化就具有极强的应用价值，关系到对宗教本质、宗教与个体、宗教与社会关系等议题的理解[40]。也正因此，兴起于20世纪中叶的宗教虔诚测量俨然成为了一项学界热点，历经50多年的发展，取得了丰富的研究成果，类型多样、体系复杂的宗教测量量表也被不断地开发出来——如在1999年出版的《宗教虔诚测量》（Measures of Religiosity）一书中，就记载了100多种测量量表[41]。在此，我们先简要梳理西方学界有关宗教虔诚测量的发展脉络，继而对国内的研究进展简要论及。

---

37 王治心：《中国基督教史纲》，上海古籍出版社，2004年，第13-14页。

38 在英文文献中，和本处所探讨的"宗教虔诚"的相关英文词汇有：religiosity、religious commitment、religious adherence、religious affiliation 等，这些不同的表达经常被不同学科背景（以心理学和社会学为主）的人使用。也正因为如此，国内学界也存在不同的翻译，如宗教性、宗教虔诚、宗教委身等等。

39 国内的一些通用表达是"宗教性"，故而在涉及国内文献时遵循原作者的"宗教性"表达，请读者注意。

40 吴越：《宗教性测量：历史与脉络》，载《2017年中国社会学年会·中国社会宗教信仰变迁论坛论文集》，未刊稿。

41 Hill, P. C., & Hood, R. W. *Measures of Religiosity. Birmingham*, Alabama: Religious Education Press, 1999.

其一，就西方宗教虔诚测量的发展脉络而言，发生了由单一维度到多元维度的转变。[42]在早期的测量那里，研究者倾向于使用"参加宗教仪式的频率"这一单一标准来衡量宗教虔诚。以此，经常去教堂也意味着一种"高宗教虔诚"，而不常去教堂则意味着一种"低宗教虔诚"。另外，其他的单方面或一组单方面的指标也相继被开发出来，比如信教者信仰的宗教类型[43]、信教者所属的宗教群体派系[44]等等。这些指标虽然直接明了但却忽视了个体宗教虔诚的复杂性，由此也招致不少的批评。如有研究指出，对于个体而言，其对宗教虔诚的理解以及如何达到宗教虔诚都是有差异的，单一指标的测量忽视了这类差异，存在着化约倾向。[45]比如有些信众虽然常去教堂，但却疏于宗教伦理的内化，因而并不一定就比不常去教堂的人更有宗教虔诚。

也因此，多元维度为研究者所注意，在具体的径路上，则是强调几种不同类型指标的结合，进而解释宗教虔诚的复杂性。美国社会学家菲赫特（Fichter）首先突破了单一测定法，他提出了天主教徒宗教虔诚获得的四种类型指标：参加弥撒、进行忏悔、孩子参加教区学校、参加教会附属群体活动。[46]而后不久，格洛克（Glock）注意到宗教虔诚的五个维度：意识形态维度、仪式维度、体验维度、理智维度和效果维度[47]，其后和斯塔克（Stark）一起将

---

42 有关这一特征的梳理，可参见高师宁：《西方宗教社会学中的宗教定义与宗教性的测定》，《世界宗教资料》1993年第4期；亦可见约翰斯通：《社会中的宗教——一种宗教社会学》，成都：四川人民出版社，尹今黎、张蕾译，1991年，第443-460页。

43 如一项上世纪五十年代的调查显示，天主教徒比新教徒和犹太教徒更具宗教虔诚，参见 Herberg, Will. "Protestant, Catholic, Jew." *American Journal of Sociology*, 1956（6）.

44 如有研究发现，不同的新教教会团体（如公理会、循道会、卫理工会、圣公会、长老会等）在宗教虔诚上具有一定的差异，参见约翰斯通：《社会中的宗教——一种宗教社会学》，成都：四川人民出版社，尹今黎、张蕾译，1991年，第449-450页。

45 Koenig H G, Zaben F A, Khalifa D A, et al. "Chapter 19 – Measures of Religiosity." *Measures of Personality & Social Psychological Constructs*, 2015.

46 转引自约翰斯通：《社会中的宗教——一种宗教社会学》，成都：四川人民出版社，尹今黎、张蕾译，1991年，第455页。

47 参见 Glock, C. Y. "On The Study of Religious Commitment." *Religious Education*, 1962（4）.我们对宗教虔诚的测量，也主要受到这五个维度的启发，详见后文对"宗教虔诚"的概念界定。

宗教虔诚阐释为宗教信仰、宗教体验、宗教实践、宗教知识和宗教影响五个方面的内容。[48]在此之后，不少研究者都基于宗教虔诚的上述五个向度开发出相应的量表，它为理解宗教虔诚的复杂性提供了系统的框架，某种程度也开启了宗教虔诚量化研究之路，预示了量化研究之繁荣。[49]至此，大量的多维度量表相继被开发出来，也被设计得愈加精致和更具科学性。

其二，就国内宗教虔诚测量的现状而言，近年来心理学界进行了有益的本土化尝试，表现为积极借鉴西方既有量表，并在对之进行适当改编的情况下，来对中国信众的宗教虔诚进行测量。其中，尤其以浙江师范大学陈永胜教授及其学术团队的系列成果为代表，产生了针对国内基督徒、佛教徒、天主教徒、道教徒、伊斯兰教徒、民间信仰者等的"宗教性"的测量。[50]当然，至于舶来于西方的测量工具，是否能够有效契合中国信众的宗教虔诚，也引起了学者们的反思。如有研究认为基于西方制度化宗教衍生出的宗教虔诚量表和中国的宗教经验事实存有一定的脱节，以致西方的测量工具不符合中国人宗教性表达的历史与文化[51]。还有研究指出，中国宗教现象十分复杂纷繁，既有土生土长的本土宗教如道教，也有外来的宗教如基督教，正因为中国国情的诸多复杂情况，关于宗教性的测定问题，具有较大的难度，不是几个简单问卷或公式就可以做到的。[52]

---

48 Glock, Charles Y, and R. Stark. "Religion and society in tension." *Sociological Analysis*, 1965（3）.

49 参见学海编辑部：《华人社会中的宗教：研究方法的多元和平衡》，《学海》2010 年第 3 期。

50 参见沈洋：《基督徒的宗教性：概念、结构和测量》，浙江师范大学硕士学位论文，2017 年；包涵：《中国佛教徒宗教性发展特点与影响因素研究》，浙江师范大学硕士学位论文，2013 年；王佳琦：《中国天主教徒宗教性的发展特点的影响因素研究》，浙江师范大学硕士学位论文，2013 年；王雪华：《道教徒个体宗教性发展的特点及影响因素研究》，浙江师范大学硕士学位论文，2013 年；翁浩然：《伊斯兰教徒个体宗教性的发展特点及影响因素研究》浙江师范大学硕士学位论文，2013 年；项先红：《民间信仰者个体宗教性的发展特点及影响因素研究》，浙江师范大学硕士学位论文，2013 年。

51 Tang W. "The Worshipping Atheist: Institutional and Diffused Religiosities in China." *China An International Journal*, 2014（3）.

52 彭康生、彭耀（主编）：《宗教社会学》，北京：社会科学文献出版社，2000 年，第 74 页。

（2）作为"因变量"的宗教虔诚

在作为因变量的宗教虔诚相关研究中，研究者试图揭示影响个体宗教虔诚的诸多因素。总体而言，在不同学科背景下，西方学界对宗教虔诚影响因素的研究主要包含"个体"和"社会"两个维度。

在个体维度上，主要表现为从诸多人口统计学变量（如种族、性别、年龄、教派等）出发，来探求其对宗教虔诚的影响。以性别为例，大量的研究发现，女性比男性更具宗教虔诚[53]，如表现在去教堂的频率、对宗教基本信念的持有上。关于这种差异，学界也有不同的解释，如人格差异、父母形象的投射、就业的影响等等。[54]在不同的年龄阶段，个体对宗教的理解和宗教虔诚的程度是有差异的。有研究指出，儿童很容易对宗教产生好感，在 12-14 岁青少年阶段开始之时，他们去教堂的频率和信念的水平都很高，在随后的几年，宗教活动在减少。进入成年期后，年长的人在内在宗教取向上得分更高。[55] 从个体维度阐释影响宗教虔诚因素的研究非常之多，此处不赘述。

在社会维度上，主要表现为关注家庭、宗教教育、同伴群体、宗教团体等对个体宗教虔诚的影响。比如，研究多认为，孩子们的宗教信念或宗教虔诚深受其父母的影响，亲子之间宗教行为的相似程度比其他方面（如体育行为、政治行为等）更尤为甚。[56]家庭何以影响子女的宗教虔诚？有研究指出，青少年在家里参加宗教活动、父母带孩子一起参加宗教活动分别对应了两种社会学习模式："模仿学习"和"不断的行为强化参与"，由此构成家庭影响子女宗教虔诚的机制。[57]同伴群体也是个体宗教虔诚成长的一个重要社会资源。研究显示，当孩子离开父母后，朋友比父母变得更为重要，也更能影响个体的宗教

---

53 代表性的研究参见：Levin J S, Taylor R J. "Gender and age differences in religiosity among black Americans." *Gerontologist*, 1993（1）. Loewenthal K M, Macleod A K, Cinnirella M. "Are women more religious than men? Gender differences in religious activity among different religious groups in the UK." *Personality & Individual Differences*, 2002 （1）.

54 关于不同的解释可参见 Beatrice Marovich. *Why Are Women More Religious Than Men*? Oxford University Press, 2012.

55 阿盖尔：《宗教心理学导论》，北京：中国人民大学出版社，陈彪译，2005 年，第 29-31 页。

56 Cavalli-Sforza L L, Feldman M W, Chen K H, et al. "Theory and Observation in Cultural Transmission."*Science*, 1982.

57 阿盖尔：《宗教心理学导论》，北京：中国人民大学出版社，陈彪译，2005 年，第 18 页。

态度和宗教行为。[58]宗教教育则指个体对教义文本、神话和仪式的学习，相对其他影响要素（如家庭），宗教教育的影响虽然微弱[59]，但却有助于个体理解宗教的象征符号和其中的象征友谊[60]。此外，教会自身的特点（如教会成员资格、排他性和制度性严格）也会促进信徒的宗教委身[61]。应当说，影响个体宗教虔诚的社会维度实质上蕴含了个体宗教虔诚成长中的宗教社会化机制，个体通过家庭、同伴群体、教会、学校等社会途径来获得宗教成长。

近年来国内研究也注意到了影响个体宗教虔诚的因素，并遵循和西方学界相仿的学术径路，且主要集中在社会学和心理学领域。其中，社会学领域强调影响宗教虔诚的社会维度。如卢云峰的研究指出，为了培养虔诚的信徒，一贯道举办各种不同类型的研究班和法会，由此，绵密的宗教参与强化了信仰，也培养出信徒新的生活取向和习性。同时，每参加一个研究班，成员需要立一个"愿"，在"愿"的带领下，新成员一步步转变成虔信徒[62]。林本炫通过对台湾新兴宗教团体的研究发现，像气功、禅坐、打坐等"信念转换媒介"在个体皈信和宗教成长过程中发挥着重要作用。[63]还有研究基于农民因病信教现象的分析，指出个体宗教心理如何通过教会组织所实施的"宗教的操演"而发生"信念"到"信仰"的转换。[64]而心理学则强调影响宗教虔诚的个体维度，譬如性别、年龄、婚姻、受教育程度以及教龄的影响[65]，此外，

58 Ozorak E W. "Social and Cognitive Influences on the Development of Religious Beliefs and Commitment in Adolescence." *Journal for the Scientific Study of Religion*, 1989（4）.

59 Francis, Leslie J, Brown, et al. "The Influence of Home, Church and School on Prayer among Sixteen-Year-Old Adolescents in Englan." *Review of Religious Research*, 1991（2）.

60 Pratt, J.B. *Eternal Values in Religion*, New York: Macmillan, 1950.

61 Rudy D R, Greil A L. "Taking the Pledge: The Commitment Process in Alcoholics Anonymous." *Sociological Focus*, 1987（1）.

62 卢云峰：《渐入圣域：虔信徒培养机制研究》，载周晓红、谢曙光（编）：《中国研究》，北京：社会科学文献出版社，2008 年，第 200-213 页。

63 林本炫：《改信过程中的信念转换媒介与自我说服》，载林美容（编）：《信仰、仪式与社会（中央研究院第三届国际汉学会议论文集）》，台北：中央研究院民族学研究所，2003 年，第 547-581 页。

64 周浪，孙秋云：《因病信教农民的宗教心理及其演变——试论"信念"概念对理解中国农村宗教实践的启示》，《社会》2017 年第 4 期。

65 王佳琦：《中国天主教徒宗教性的发展特点及影响因素研究》，浙江师范大学硕士学位论文，2013 年。

婚姻状况、职业身份、文化程度等也被纳入考察。[66]

（3）作为"自变量"的宗教虔诚

在作为自变量的宗教虔诚相关研究中，研究者关注宗教虔诚对其他变量所带来的影响及其机制。这类研究的主要内容大体可以分为三个面向：一是关注宗教虔诚对于身心层次健康的影响，二是关注宗教虔诚对于社会价值观的影响，三是关注宗教虔诚对于社会行为的影响。在这一学术脉络中，宗教虔诚的意义和价值得以体现。需要说明的是，在研究者的视域中，多把信教者的"宗教虔诚"等同于信教者所具有的"宗教信仰"。

我们先来看宗教虔诚与健康的关系。目前学界的共识是，参与宗教活动能够有效地减轻某些疾病的发生比率。[67]关于其中的原因，有研究认为宗教虔诚为个体带来了内心的平和以及紧张情绪的舒缓，进而作用于脉搏和血压，并影响身体健康。[68]也有研究认为，参与宗教活动所带来的特定行为（如不饮酒、不吸烟、合理饮食）客观上促进了健康。[69]其中，宗教信仰与心理健康（Mental health）的关系尤为研究者所注意。有不少研究都注意到宗教虔诚对于心理健康所具有的积极作用，认为宗教为人们提供了在不确定世界中的稳定感和意义来源，进而有助于心理调适。[70]也有研究持相反意见，认为宗教虔诚本身就是心理疾病的根源之一，指出宗教是一种制度化的"非理性"，会导致心理功能的失衡，损害心理健康。[71]还有研究认为宗教虔诚和心理健康没有明显的关系。

---

66 翁浩然：《伊斯兰教个体宗教性的发展特点及影响因素研究》，浙江师范大学硕士学位论文，2013 年。

67 阿盖尔、赫拉米：《宗教社会心理学》，台北：台湾巨流图书公司，李季桦和陆洛译，1996 年，第 157-158 页。

68 Comstock G W, Partridge K B. "Chruch Attendance and Health." *Journal of Chronic Diseases*, 1972 （12）.

69 Koenig L B, Vaillant G E. "A prospective study of church attendance and health over the lifespan." *Health Psychology Official Journal of the Division of Health Psychology American Psychological Association*, 2009 （1）.

70 如 Allport,G.W.*The individual and his religion: A psychological interpretation.* New York: Macmillian,1950. Koenig, H. G. and D. B. Larson. "Religion and mental health: Evidence for an association." *International Review of Psychiatry* ,2009（2）.

71 如 Ellis, A. "The psychotherapist's case against religion." Paper presented at a meeting of the Humanist Society. NewYork, 1965. Schafer, Walter E. "Religiosity, Spirituality, and Personal Distress among College Students." *Journal of College Student Development* ,1997（6）.

[72]之所以出现这种结论上的偏差，主要是和研究者对"宗教虔诚"及"心理健康"的概念操作化有关，对二者概念的不同理解导致了差异的产生。[73]

我们再来看宗教虔诚与价值观的关系。这种关系是双向和互为塑造的：一方面，宗教强调某些价值的重要性，而忽视另一些价值的重要性。[74]另一方面，有特定价值倾向的人才会选择皈依宗教。[75]对于作为自变量的宗教虔诚而言，诸多经验研究揭示了其与特定类型价值观的亲和。信仰宗教（或具有宗教虔诚）的人偏好有利于维持社会和个人秩序的价值观，比如传统（Tradition）、顺从（Conformity）、安全感（Security），而反对一些容易促进社会变化和个人自主性的价值观，比如刺激（Stimulation）、自主性（Self-Direction）。[76]还有研究认为，宗教虔诚以及所属宗教类型和政党偏好存在紧密关联，一项来自美国的经验显示，新教徒倾向于偏爱共和党，而天主教徒和犹太教徒则偏向民主党。[77]总体而言，宗教虔诚和保守以及集体主义紧密相关。[78]

宗教虔诚也会影响个体的社会行为。这一思路实际上是宗教虔诚与价值观关系的延续，因为价值观是社会行为发生的前提条件。这种社会行为包括慈善行为、犯罪和越轨行为、性行为等。如一项调查显示，每周做礼拜的信徒平均捐出每月收入的 3.8%，而偶尔做礼拜的人只捐出 1.5%，不做礼拜的人仅捐出 0.8%，也就是说，具有较高宗教虔诚的人更倾向于发生慈善行为[79]。

---

72 如 Lewis C A, Lanigan C, Joseph S, et al. "Religiosity and happiness: no evidence for an association among undergraduates." *Personality & Individual Differences*, 1997（1）.

73 相关综述参见：Hackney C H, Sanders G S. "Religiosity and Mental Health: A Meta–Analysis of Recent Studies." *Journal for the Scientific Study of Religion*, 2003（1）.

74 Rokeach, M. "Value systems and religion." *Review of Religious Research*, 1969（11）.

75 Hinde, R. A. *Why gods persist? A scientific approach to religion*. London: Routledge, 1999.

76 如：Saroglou V, Delpierre V, Dernelle R. "Values and religiosity: A meta-analysis of studies using Schwartz's model." *Personality & Individual Differences*, 2004（4）.; Schwartz S H, Huismans S. "Value Priorities and Religiosity in Four Western Religions."*Social Psychology Quarterly*, 1995（2）.

77 转引自阿盖尔、赫拉米：《宗教社会心理学》，台北：台湾巨流图书公司，李季桦和陆洛译，1996 年，第 129 页。

78 Cukur C S,De M G,Carlo G."Religiosity, values, and horizontal and vertical individualism-collectivism: a study of Turkey, the United States and the Philippines." J Soc Psychol, 2004（6）.

79 Myers,D.G. *The Pursuit of Happiness*, Newyork:William Morrow,1992.

再如对于婚外性行为而言，一项针对近 3000 位美国人的大型调查显示，那些自述为"非常虔诚"的信徒所发生的婚外性行为的比例远低于那些不信教的人。[80]对于犯罪行为而言，研究认为，具有宗教信仰者一般更能守法，因为信教者被告知要爱自己的邻居，而且宗教也鼓励社会团结，由此，人们普遍相信，宗教成为社会控制系统的一部分[81]。

国内的一些研究虽然未明确地使用"宗教虔诚"这一表达，但就宗教如何对人们的身心健康、价值观和社会行为的讨论也有所涉及。如探究宗教与幸福感的关系[82]、宗教性与价值观的关系、[83]宗教与公共参与的关系[84]等。总的来说，研究者多秉持功能主义的立场探究宗教虔诚或宗教之于身心健康、价值观和社会行为的影响，为我们理解宗教之重要性提供了全方位图景。

1.2.3 研究评述

"对中国民众宗教虔诚的文化判定"为我们呈现了中国民众宗教虔诚的本源性文化传统，赋予了其历史性和厚重感，并提示我们在后续的研究中应该对文化面向予以重视。然而，其不足之处也是明显的，正如方文所批评的那样，"中国文化特异性路径预设了中西宗教之间的二元对立"[85]，实质上，无论是宗教虔诚缺乏论抑或宗教虔诚独特论都是在"西土—中方"文化的比较之下而展开的，只不过是研究者各自的情怀和价值立场不同罢了。这类研究的问题还在于，在时间的线索上，这一文化判定主要立足于中国传统社会，它无法有效解释 1949 年之后，尤其是 1978 年后社会转型所带来的宗教图景变迁。因为在这一变迁历程中，无论是我们的文化传统还是整体意识形态氛围，都产生了巨大的变化，这一全方位的变化无疑会对宗教带来深刻影响。

---

80 Janus,S.S.And Januus ,C.The Janus Report.New York:Wiley.1993.

81 参见阿盖尔：《宗教心理学导论》，北京：中国人民大学出版社，陈彪译，2005 年，第 29-31 页。

82 许春燕、万明钢、孙继民：《基督徒宗教性与心理幸福感的中介变量研究》，《世界宗教文化》2015 年第 1 期。

83 王璇：《基督教徒的宗教性、价值观与身份认同——以天水市麦积区农村基督教徒为例》，西北师范大学硕士学位论文，2008 年。

84 李丁、卢云峰：《华人社会中的宗教信仰与公共参与：以台湾地区为例》，《学海》2010 年第 3 期。

85 方文：《中国宗教图景上的浮沉》，载金泽、李华伟编：《宗教社会学（第二辑）》，北京：社会科学出版社，2014 年，第 268 页。

比如，有研究就指出，传统社会中原有基于"差序格局"和"伦理本位"的社会结构已然发生改变，当代乡村社会结构呈现了"工具性圈层格局"和"核心家庭本位"等新特征，人伦关系不再具有准宗教功能。[86] 更为重要的，这些论断所基于的"中国宗教—西方基督教"的评判标准和预设，显然已不复存在，因为，曾经作为"西方宗教"的基督教已经在中国扎地生根，若将基于传统宗教而产生的文化判断用以分析当下乡村社会基督徒的宗教虔诚显然是错位而不妥的。总的来说，这一文化判定因其强烈的思辨色彩，导致不同立场的研究者会形成截然相异的判定，忽视了经验的复杂性。

发轫于西方的有关宗教虔诚的经验研究，具有明显的实证色彩。其中，宗教虔诚的测量体现研究者试图将宗教虔诚进行操作化和具体化的努力，并取得了较为丰富的研究成果。在此基础上，从自变量和因变量的角度来审视宗教虔诚，对宗教虔诚的影响因素和宗教虔诚的作用进行全方位的呈现，表征了一种量化研究的范式。国内的研究亦遵循实证思路，并就西方之理论工具进行借用和对话。不过总体而言，宗教作为西方社会生活的主要部分，因此宗教虔诚研究容易成为显学。相较之下，国内对宗教虔诚的实证研究刚刚起步，经验研究的诸多议题都有待深入挖掘，相关理论提炼尚付阙如。

本研究从"教会权力实践"来审视乡村基督徒的宗教虔诚及成长，显然隶属于"对信徒宗教虔诚经验研究"中的"作为因变量的宗教虔诚"这一学术脉络。在此，我们将充分吸收既有的实证研究成果，同时兼顾中国民众宗教信仰的深层文化机理，最终从经验层面为理解乡村基督徒的宗教虔诚提供机制分析。

1.3 核心概念

1.3.1 乡村基督徒

此处我们把乡村基督徒定义为："宣称自己信基督耶稣并去教会参加宗教活动的农民，而不管其是否受洗"。

---

86 谭同学：《在上帝和祖先之间——粤西程村基督徒信仰实践的人类学考察》,《世界宗教研究》2014 年第 2 期。

　　这一概念的界定是从经验出发的。依照三自协会的官方定义，所谓基督徒是指"信仰耶稣基督，效法耶稣基督，做耶稣基督门徒的人"，而"受洗"则作为这一信徒身份获得和宣称的制度化仪式。对于那些不受洗的人，则被称为"慕道友"，谈不上严格意义上的基督徒，也正因为如此，学界往往以"受洗与否"作为基督徒身份界定的标志。不过从农民自身的角度看，我们却发现，是否受洗对于其宗教身份的自我知觉并不重要。一方面，正如有研究所指出的那样，乡村社会中有关受洗的制度化条件较为缺乏，如仪式举行随意、缺乏专门神职人员等[87]，故而难以为受洗的发生提供充备的制度化条件，以致受洗并不普遍，也因之农民对受洗和宗教身份认同之间没有形成清晰的关联。另一方面，在大部分农民看来，"信"是根本，受洗只是一种形式，故而，只要自我宣传"信耶稣"并去过教堂参加过教会活动，都自认为是基督徒。正如田野中一位信徒告诉我的那样——"《圣经》上说，'你若口里认耶稣为主，心里信神叫他从死里复活，就必得救'，意思是，凡是只要口里承认、心里相信主耶稣的，那就是基督徒了"[88]。也由此，在这里我们把自我宣称"信耶稣"的农民，都视为乡村基督徒。实质上，近年来学界也注意到了这一点，比如考虑到中国人对宗教的制度性认同感不强，其信仰很有可能是以神灵为中心组织起来的，因而 CFPS（中国家庭追踪调查）在 2014 年有关宗教信仰的问题中把提问方式由"请问您属于什么宗教？"改为"您信什么？"。这样，只要宣传自己"信耶稣"的受访对象都被视为基督徒。有的基督徒或许不会明确承认自己信仰基督教，但真正的基督徒不会否认自己信奉耶稣基督。[89]

　　还需指出的是，定义中"去教会参加宗教活动"这一要素，对于教会参与的频率并没有要求。这就表明，不管是否经常去教会，只要宣称自己信耶稣并去过教会参加宗教活动的人皆被视为基督徒。之所以强调这一点，因为一般的学术研究或调查在归纳乡村基督徒特点时，往往以"经常去教会"信徒的特征来指涉（既有调查也往往在教会空间展开），如"老弱病残"，而那

87　王莹：《地方基督徒的身份建构研究——以中原地区 Y 县基督教会为例》，上海大学博士论文，2008 年。

88　陈村信徒陈进萍，2016 年 5 月 1 日访谈。依据学术惯例，对相关人名作了技术化处理，后文同。

89　卢云峰、张春泥：《当代中国基督教现状管窥：基于 CGSS 和 CFPS 调查数据》，《世界宗教文化》2016 年第 1 期。

些不常去教会却同样也宣称"信耶稣"的信众却被忽视了。比如调查中我们发现，"一人信教，全家皆信"的农民家庭不在少数，这类家庭中频繁参加教会的之所以为"老弱病残"，是因为她们（一般为中老年妇女）更有时间和精力来去教堂祷告、唱诗，而家庭中的中壮年男性虽然也"信耶稣"，却因养家糊口等生活压力和家庭发展的诉求而不能频繁去教堂。对于这样的因不常去教会而常被统计调查所忽视的群体[90]，我们也将之归为乡村基督徒。

1.3.2 宗教虔诚

通俗地讲，宗教虔诚是指信徒对信仰对象的笃信程度，即"信众对宗教神圣对象相信并进行宗教实践的程度"。宗教虔诚的这一定义指向了"心理"和"行为"两个面向：心理层面的"对宗教神圣对象相信"包含信徒对神圣对象的信靠、信任等认知、情感和体验等；行为层面的"进行宗教实践"包含信徒的宗教崇拜实践和宗教伦理实践两个方面。其中，宗教崇拜实践是指所有形式的宗教参与（典型的表现为上教会参与宗教活动、物质和金钱奉献等），宗教伦理实践是指遵守制约行动的宗教伦理规则（如不犯罪、爱人如己等）。[91]在这两个面向中，"心理"是宗教虔诚的内在构成，"行为"是宗教虔诚的外在表现。

既然宗教虔诚是作为一个"程度"概念而存在的，则必然涉及到对其的"测量"[92]。不过我们并不打算完全借用既有宗教心理学研究中错综复杂的量表或陷入"心理计量学（Psychometric paradigm）"的窠臼，而试图通过质性的方式来深度访谈和参与观察，并最终判断宗教虔诚的"程度"。当然，这也并不意味没有标准。结合定义，对宗教虔诚的测量也可以分为两个层次：一是对心理层面的认知、情感和体验进行测量，二是对行为层面的宗教崇拜实践和宗教伦理实践进行测量。

---

90 后文我们将揭示，这类不常去教会的信徒大多数秉持"灵验逻辑"，对信仰怀有实用功利心态。

91 此处"宗教崇拜实践"和"宗教伦理实践"的提出受益于斯塔克等对"客观委身"界定的启发，他认为客观委身是指信众发生的跟一个宗教组织所支持的解释相一致的行为。这种行为包括三个方面的内容：（1）是所有形式的宗教参与或实践（比如，参与礼仪仪式）、（2）是物质奉献（牺牲、捐物和捐钱）、（3）是遵守制约行动的规则（不犯罪）。参见斯塔克、芬克：《信仰的法则——解释宗教之人的方面》，北京：中国人民大学出版社，杨凤岗译，2004 年，第 128 页。

92 作为一项定性研究，本处我们谨慎地使用"测量"这一表达。

在具体的测量指标上，我们借鉴颇具代表性和影响力的宗教社会学家格洛克所提的"宗教虔诚五维度论（Religiosity in 5-D）"，它将宗教虔诚在五个维度上表现出来，意识形态的维度（Ideological）、仪式的维度（Ritualistic）、体验的维度（Experiential）、理智的维度（Intellectual）和效果的维度（Consequential）。其中，意识形态的维度是指祷告和崇拜等宗教活动；仪式的维度指参与种种的教会活动；体验的维度指皈依体验和其他的神秘体验；理智的维度指对宗教经典和实践的知识；而效果的维度则指宗教活动对其他领域的行为和心理的影响。[93]这一操作化维度影响广泛，不少研究都据此设计问卷并验证它的经验可行性，形成宗教性测量的五维度指标[94]。在本处定义的基础上，我们结合了宗教虔诚五维度论，同时参考了既有西方宗教心理学中的一些量表和本土经验[95]，设计了如下的测量方案：

表 1-1 宗教虔诚的测量维度及代表性指标

测量性质	测量维度	对应维度	代表性指标
心理层面	宗教认知	理智的维度	（1）信教目的 （2）上帝或耶稣和其他"神"的比较
	宗教经验和宗教情感	体验的维度	（1）对神的情感类型 （2）特定的宗教经验
行为层面	宗教崇拜实践	仪式和意识形态的维度	（1）参与教堂活动的频数 （2）祷告的频数及情境 （3）宗教奉献（金钱或劳务）

93 Glock, C. Y. "On The Study of Religious Commitment." *Religious Education*, 1962（4）. 并参见方文，2005，《群体符号边界如何形成？以北京基督信教群体为例》，《社会学研究》2005 年第 1 期。

94 Faulkner, J. E., & Jong, G. F. D. "Religiosity in 5-D: An Empirical Analysis." *Social Forces*, 1966（2）.

95 我们参考的量表有：（1）Allport & Ross 的"宗教取向量表（Religious Orientation Scale）"（参见：Allport, G. W., & Ross, J. M. "Personal religious orientation and prejudice." *Journal of Personality & Social Psychology*,1967（4）.）（2）Hoge 的"内在动机量表（Intrinsic Religious Motivation Scale）"（参见：Hoge, R. "A Validated Intrinsic Religious Motivation Scale." *Journal for the Scientific Study of Religion*, 1972（4）.）（3）沈洋：《基督徒的宗教性：概念、结构和测量》，浙江师范大学硕士学位论文，2017 年。

宗教伦理 实践	效果的维度	（1）自我层次：对待财富、对待工作、品德养 　　 成等
		（2）家庭层次：对家庭关系的处理、孝道践行等
		（3）社区层次：对邻里矛盾处理、是否助人等

需要交代的是，以上通过测量方式获得的信息主要用于描述和呈现各分层群体的总体特征，对信徒宗教虔诚的深度剖析必须通过对受访者及其家庭成员、邻里等相关人员的深入访谈，以及对受访者的系列宗教活动及俗世活动（如为人处世等）的参与观察而展开，这方面的工作往往难以通过"问卷"呈现[96]。总体而言，由于研究的质性社会学性质，我们的分析主要是建立在代表性个案的质性解读上，而非总体样本的量化呈现。与此同时，这一更加强调社会学而非心理学的径路，也意味着我们更加关注群体、家庭、社区、文化等社会学变量[97]，而对于性格、人格、年龄等心理学变量着墨不多。

1.3.3 教会权力

本处把教会权力定义为"教会组织依托特定宗教观念的生产、灌输来形塑信徒的心理强制，在此基础上具备向信徒贯彻其意志并制约信徒的能力"。

这一概念建立在我们对"权力"的理解上。"权力"作为"行动者在一个社会关系网中，可以排除抗拒以贯彻其意志的机会，而不论这种机会的基础是什么"，[98]从其来源的基础来看，其不外乎两种类型：一种是实体权，或

96　我们认为，任何一个类型都不是简单的"问卷"或"量表"所能测量的，故而作为一项社会学的研究，我们更愿意通过对信仰者本人的考察以及来自其他信仰同伴群体（如教会领袖、教内兄妹）的评价来共同确定信徒宗教虔诚的程度，也因此，我们并没有做"效度"或"信度"上的"科学"测试。

97　正如鲍曼（Bauman）和梅（May）指出的那样，"社会学的独特之处，就在于将人的行动视作更广泛的一些型构（figurations）的要素，所谓型构，即行动者在一个相互依赖的网络中关联起来的非随机组合"（参见鲍曼和梅：《社会学之思》，李康译，北京：社会科学文献出版社，2010 年，第 5 页），就乡村基督徒宗教虔诚成长背后的群体、家庭、社区、文化而言，某种程度也构成了一种"型构要素"，也是本研究社会学色彩的体现。

98　韦伯：《韦伯作品集：社会学的基本概念》，桂林：广西师范大学出版社，顾忠华译，2005 年，第 71-72 页。

物质性权力，因为占有某种特殊物质而获得的支配力和影响力；一种是意识权，或非物质性权力，因为占有某种优势思想而获得的支配力和影响力，这种权力没有具体实在的东西加以测量，更多的是一种隐性存在。[99] 显然，相较如通过对资本占有而获得的经济权力、对国家机器占有获得的政治权力、对武装力量占有而获得的军事权力等实体权而言，教会权力显然是一种非物质性的意识权，它是依托非物质性的宗教观念来形塑对信众的支配力和影响力的。这一宗教观念虽然内容多向，但其核心特征在于指涉人神之间"顺从——福佑"和"违背——惩罚"的关系认知架构。教会对此宗教观念的生产和灌输需要依托教义（以《圣经》为核心，以《赞美诗》《灵歌集》等为辅）、仪式（讲道、见证、祷告、唱诗等）、群体（资深信徒、相似经历信徒等）、象征符号（耶稣画像、教堂场所、十字架等）、集体情境（普通聚会情境、魔鬼发作情境、赶鬼情境等）、权威人物（教会领袖、讲道人及其他事工人员等）、表演活动（相声、小品、淮海戏、舞蹈、快板等）等形形色色的宗教和社会资源。通过上述过程，教会的权力能力也得以建构，表现为教会为信徒提供有关"顺从""福佑""违背""犯罪"等核心观念的解释、认定以及应对方案的提供，如以"违背——惩罚"为例，教会将"违背"解释为"犯罪"，通过帮助信徒"找罪"来对"犯罪"进行确证，将"惩罚"解释为"魔鬼作祟"，通过相关故事和仪式来对"魔鬼"进行确证，最后通过"赦罪""赶鬼"等来使得信徒脱离神的惩罚。[100] 由此，在信徒看来，教会对于自己获得神的福佑、避免神的惩罚进而获得彼世拯救具有重要作用，因而知觉一种"不得不去教会"和"不得不听神话"的心理强制力。关于教会的权力色彩，韦伯有精当的论述：

> 一个支配组织可看作是"神权组织"，如果且唯有当它使用分派或取消救赎资源来确保其心理强制式的秩序——即所谓"神权式"强制。"教会"则是一种神权式的经营机构，其管理干部宣称对神权式强制的使用具有正当性的独占权。[101]

---

99 徐勇：《"关系权"：关系与权力的双重视角——源于实证调查的政治社会学分析》，《探索与争鸣》2017 年第 7 期。

100 第 4 章"以威慑之：乡村基督徒宗教虔诚的发展"将对其展开充分论述。

101 韦伯：《韦伯作品集：社会学的基本概念》，桂林：广西师范大学出版社，顾忠华译，2005 年，第 74 页。

韦伯的论述虽然抽象，但却点明了教会是通过形塑信徒的心理强制来体现权力意涵的。教会组织权力禀赋的生产，还和基督教中教会的独特性有关——教会被视为神的人间代理机构，教权也被信众视为"神授"。

从教会权力的构成要件有看，其包括：第一，教会权力的主客体。教会权力的主体是教会组织。在基督教层面看，"教会"是一个非常丰富的概念，既可指信仰基督的某个宗教团体，又可指某个地方的教徒组织，既可指无形的基督身体，又可指有形的教堂建筑。[102]而在中国的特定宗教语境下，则主要指基于教堂、聚会点等基督教活动场所而形塑的宗教信仰和宗教活动的群体表达形式。[103]客体是信众，意味着信众是教会权力的受众和被支配者。[104]第二，教会权力的作用机制。教会依托宗教观念来形塑信徒一种心理上的强制，这表明教会权力的作用场域是信众的心理。为此，影响和改变信众的宗教心理构成（表征宗教虔诚的宗教认知、情感和意志等）是教会权力建构和支配的场域基础。

1.4 篇章安排

总体而言，文章以"教会权力实践"为视角，审视乡村基督徒宗教虔诚生成、发展和成熟的动力机制。本文的内容一共分为七个章节。除了交代议题、文献综述、核心概念的第 1 章"导论"外，其他各章的内容安排如下：

---

102 基督教词典编写组：《基督教词典》，北京语言学院出版社，1994 年，第 252 页。

103 李向平的研究指出，依据《宗教事务条例》第三章第十二条规定："信教公民的集体宗教活动，一般应当在经登记的宗教活动场所内举行"，因而宗教的任何活动则必须在固定的宗教活动场所内按照定时、定人、定点的方式进行。由此在中国基督教的运作模式之中，人们对于基督教的活动场所的管理和强调，已经使基督教活动场所发挥了教会组织的实际功能。这和西方社会中的"教会"概念大有不同，特别是在联合礼拜之后，中国基督教处于一种后宗派时期，根本就不存在那种如同西方"教会"那样的组织体系。参见李向平、吴小永：《当代中国基督教的"堂—点模式"——宗教的社会性与公共性视角》，《上海大学学报（社会科学版）》，2008 年第 5 期。

104 也正是在"权力客体"的角度上，决定了本处"教会权力"概念的使用和通用"教会权力"含义有所不同。本处的"教会权力"是指宗教内部教会组织和信徒之间的权力关系，而一般的"教会权力"概念意含宗教和世俗社会的关系，为此，在通常的既有表达中，"教会权力"一般作为与"王权"相对立的概念出现。

第 2 章题目为"理论与田野"，笔者将对本文所基于的理论视角和田野案例进行详细交代。我们首先呈现用以分析信徒宗教虔诚及其成长的理论取向——教会权力实践，并提供"理想类型"意义上的分析框架，继而交代本文所基于的田野——苏北河镇，分析其地理、社会和基督教概况，最后澄清研究方法和伦理。

第 3 章题目为"作为乡村基督徒宗教虔诚的苦难"，笔者将分析农民在信教前所经历的苦难是如何构成了宗教虔诚的前提。我们结合占据主流的农民皈信动机——因病信教和因事信教，分析了乡村社会中疾病和事故这两种主要的苦难类型，揭示了农民在面对苦难时的独特心理感受。在此基础上，分析了苦难之下非宗教方案及其局限，展现了农民对于宗教方案的寻求和对神圣对象庇护的诉求，由此构成宗教虔诚的前提。

第 4 章题目为"以善诱之：乡村基督徒宗教虔诚的形塑"，笔者将分析教会组织如何通过"以善诱之"这一权力"柔性"的一面来促进信徒宗教虔诚的生成。我们首先从教会组织意志实现的角度阐明了以善诱之的必要性，继而呈现"善"的生产过程，包括教会赋善能力、善的内容、获善条件的生产。通过上述权力实践，教会形塑了人神之间"顺从——福佑"的关系形态。在此基础上，分析了初信期信徒对教会及神圣对象的理解，归纳了其内含的基于"成本——收益"考量的灵验逻辑，以及由此生成的工具性宗教虔诚。

第 5 章题目为"以威慑之：乡村基督徒宗教虔诚的发展"，笔者将分析教会组织如何通过"以威慑之"这一权力"刚性"的一面来促进信徒宗教虔诚的发展。我们首先呈现教会通过对"魔鬼""罪"等基督教核心知识资源的动用来对信徒苦难进行宗教归因，由此塑造一种人神之间"违背（犯罪）——惩罚（魔鬼上身）"的关系形态。在此基础上，呈现此阶段畏罪逻辑下的信徒所生成的对（因犯罪而招致）神惩罚的恐惧以及所知觉的"不得不去教会"和"不得不听神话"的心理强制力，以及由此生成的混合性宗教虔诚。

第 6 章题目为："以圣导之：乡村基督徒宗教虔诚的成熟"，笔者将分析教会组织如何通过"以圣导之"这一权力"超越性"的一面来促成信徒宗教虔诚的成熟。具体而言，我们将揭示教会如何通过对信徒特定宗教经验的处理，来让信徒知觉、体验"神"的临在并自觉被"神"所拣选。在此过程中，教会以"神"的名义提出信仰要求，引导信徒由注重现世平安到注重彼世拯救的转变，以及由注重崇拜实践到注重伦理实践的转变。在被拣选的意识下，信徒秉持人侍奉神的认知，承担一种"活出基督样式"的神圣使命，体现出一种使命逻辑，并生成了神圣性宗教虔诚。

第 7 章题目为"结论与讨论"，笔者将总结上述田野和理论发现。具体而言，提炼人与教会及神圣对象之间所蕴含的庇护关系，分析其中的庇护者逻辑和被庇护者逻辑，继而归纳不同面向的教会权力实践与乡村基督徒宗教虔诚形塑、发展和成长的关联。最后就农民宗教皈信、基督教民间信仰化和乡村基督教热等议题进行延伸讨论。

第 2 章 理论与田野

本部分旨在对研究的理论视角以及田野工作进行介绍：在理论部分，我们阐释和论证了"教会权力实践"这一分析视角；在田野部分，我们着重呈现"苏北河镇"的地理、社会和基督教概况，并交代研究方法和伦理。通过以上内容，我们希冀澄清研究的抽象理论基础和实证经验来源。

2.1 理论视角：教会权力实践

以"教会权力实践"来审视乡村基督徒的宗教虔诚，是因为我们注意到了教会在农民信徒宗教成长中的主体地位。

我们首先来看经验中教会的重要性。对于广大农民基督徒而言，受制于自身读写能力的限制，通过个体灵修模式来获得宗教成长颇具难度，由此教会成为其获得宗教知识、参加宗教活动、举行宗教仪式的基本场所。故而，乡村基督徒的宗教生活呈现出以"教会场所"为中心的特点。[1]也正因如此，在农民的日常表达中，常以"上不上教会"表征"有无信仰"。教会对于农民信徒而言，既指涉一种物理空间意义上的信徒进行聚会、祷告、唱诗等活动的场所，并表现为教堂或聚会点形式，还蕴含了一种社会空间意义上的宗教共同体，其中，宗教领袖、宗教象征、宗教仪式、宗教规范、宗教集体情境等构成了这一共同体的基础元素。由此，教会的重要性可见一斑，正如涂尔

---

1 李向平:《"场所"为中心的宗教活动空间——变迁中的中国"宗教制度"》,《基督教文化评论：宗教社会学专辑》, 2007 年第 26 期。

干在对宗教的经典定义中所指出的那样[2]，"教会"这一道德共同体是宗教的基本构成。宗教虔诚，作为一种信教者的内在主观感受和外在行为表现，其生成、发展和成熟，自然离不开教会组织。这一经验上的重要性，还得益于基督教本身对教会独特性的强调——教会被视为神人关系的组织中介，是神的身体，是被"他（主）永远圣化了的人间团体"[3]。因而对信众而言，"上教会"不仅事关一种宗教生活的展开，更事关获得福佑、避免惩罚和荣升天堂等宗教目的的实现。

就教会与宗教虔诚关系而言，不少研究都把"参加教会"的情况（如频数）视为衡量个体宗教虔诚的重要甚至是唯一的指标。[4]当然，我们暂且不论这种测量对于宗教虔诚的把握是否得当或全面，但这最起码表明教会与个体宗教虔诚之间所具备的密切关联。在关联机制上，既有研究多从教会这一特定组织环境中的"人""事""物"等出发来考察其对信众宗教虔诚耳濡目染式的影响，具体而言，注意到教会领袖、信徒群体、宗教活动、宗教仪式、集体情境、象征符号等对于信徒之成为虔诚者的重要作用。如有研究认为教会严格有助于减少搭便车现象，提高信徒宗教委身[5]；金（King）和亨特（Hunt）所归纳的 11 种"成为虔诚者"的方式，也大多与教会相关，如参加教堂礼拜、参加教堂的组织活动、对教会的经济支持、祈祷生活等等。[6]这一认知当然是准确的，然而从这类分析蕴含的逻辑看，却过于聚焦于教会的感化面向。也就是说，既有研究多强调教会这一组织通过种种途径，以教化或感化的手段，让信徒自觉、主动发生宗教成长并提高宗教虔诚，由此就忽视了蕴含其间的教会的强制性一面，即"权力"的一面。

2　即"宗教是一种与既众不同、又不可冒犯的神圣事物有关的信仰与仪轨所组成的统一体系，这些信仰与仪轨将所有信奉它们的人结合在一个被称之为'教会'的道德共同体之内"。参见涂尔干：《宗教生活的基本形式》，上海人民出版社，渠东、汲喆译，1999 年，第 54 页。

3　拉辛格：《基督教导论》，上海三联书店，静也译，2002 年，第 296 页。

4　转引自约翰斯通：《社会中的宗教——一种宗教社会学》，成都：四川人民出版社，尹今黎、张蕾译，1991 年，第 452 页。

5　Iannaccone L R. "Why strict churches are strong." *American Journal of Sociology*, 1994（5）.

6　转引自约翰斯通：《社会中的宗教——一种宗教社会学》，成都：四川人民出版社，尹今黎、张蕾译，1991 年，第 458 页。

　　"权力"作为一种影响力的形式，其区别于其他影响方式（如教育、劝诫、诱导等）的本质特点在于这种影响的强制性，正如达尔（Dahl）所指出的，权力乃是"用制造严厉制裁的前景对付不服从，从而得到屈服……正是制裁的威胁把权力同一般意义上的影响力区别开来"[7]。这种强制性表现在：权力是一种使人服从的强制力量，是一种不服从就会受到惩罚或制裁的力量，是一种使人不得不放弃自己意志而服从他人意志的力量[8]。通过对权力强制性这一特性的揭示，我们可以说，在既有教会与信徒宗教虔诚关系的讨论中"权力"无疑是缺席的。

　　当然，既有研究对教会权力面向的忽视并不意味着其不重要。从乡村基督徒的经验来看，这一权力所塑造的心理强制色彩却是浓厚的。调研中，我们发现，"去了（教会）就不能不去了"是诸多信徒共享的观念。询其原因，则言"不去是对神的不尽心，会受到神的惩罚，魔鬼就会上身，让你不得安宁"。这一认知是由教会所塑造的，教会通过特定的技术使得信徒建构出一套人神之间"违背——惩罚、顺从——福佑"的二元关系认知逻辑，借此，塑造了信徒心理上的强制，体现出教会的权力色彩。信徒常见的表达——"信心不强要软弱，对神不顺鬼找窍"（找窍：方言，意找麻烦），生动形象地点明了其中的强制性意味。也即说，这种权力所具有的强制性是能够为（处于特定阶段）信徒所知觉和体验的，在这个意义上，这样的权力是真实存在的。当然，这一权力色彩也立基于乡村基督教浓厚的本土特征上。这一本土特征正如梁家麟所指出的那样：其一是乡村基督教采取了民间宗教的形式，表现为复原主义和灵恩倾向；其二是农民呈现出实用主义信仰风格，表现为农民皈信基督教后，并没有抛弃原有的功利主义宗教意识，反倒是本着传统的宗教期望而选择基督教的；其三是乡村基督教道门化，表现为农民信徒将大泛灵主义的传统迷信观念行为移进基督教，为之贴上了基督教的标签。[9]正是乡村基督教所表现出的这些特征，某种程度使得教会的感化逻辑无法有效提高信徒的宗教虔诚，而唯有依托于权力逻辑。

7　达尔：《现代政治分析》，上海译文出版社，王沪宁、陈峰译，1986 年，第 60 页。

8　王海明：《权力概念辨难》，《西南民族大学学报（人文社会科学版）》2010 年第 5 期。

9　梁家麟：《改革开放以来的中国农村教会》，香港：建道神学院，1999 年，第 408-424 页。

这里还需强调的是，从教会权力实践出发审视信徒的宗教虔诚，并不意味着一种偏见式地强调教会之于信徒的"洗脑"或"心灵控制"，也并非简单强调信徒的被动性或非理性，而是从二者的双向互动中来进行阐释。在这种互动中，教会和信徒都表现出主体性、能动性甚至是理性。

当然，权力虽然以强制性为根本特征，但其实践并不意味着一定要诉诸强制性。所谓"使强制生效的并不是实际使用强力，生效的是以强力来伤害他人的威胁，如果他不服从的话"[10]，这提醒我们要注意到教会权力的不同面向，既要看到"刚"的一面，也要看到"柔"的一面，甚至要看到"超越"的一面[11]。与此同时，既有有关宗教皈信（Conversion）的研究揭示，个体的宗教成长是一个渐进的心理过程，其达致并非一蹴而就。即"皈依包括了许多阶段，和从一个程度到另一个程度的前进"。[12]为此，我们在以教会权力实践来审视乡村基督徒的宗教虔诚时，注意到权力的不同实践（或面向）所形塑的不同阶段（或层次）的宗教虔诚。其中，我们把教会权力实践区分为三个面向：以善诱之、以威慑之和以圣导之。同时，受到奥尔波特（Allport）对"内在信徒"和"外在信徒"区分的启发[13]，我们将信徒的宗教虔诚亦分为三个层次：工具性宗教虔诚、混合性宗教虔诚和神圣性宗教虔诚。由此，教会权力的"三个面向"与乡村基督徒宗教虔诚的"三个层次"的对应关系为：教会通过以善诱之来形塑乡村基督徒的工具性宗教虔诚，教会通过以威慑之来形塑乡村基督徒的混合性宗教虔诚，教会通过以圣导之来形塑乡村基督徒的神圣性宗教虔诚。以上理想类型[14]建构揭示了教会权力实践的不同面向与乡村基督徒宗教虔诚不同阶段的关联。

10 达尔：《现代政治分析》，上海译文出版社，王沪宁、陈峰译，1986 年，第 63 页。

11 一般世俗权力都具备"柔性"和"刚性"的一面，所谓刚柔并济是也。除了"刚性"和"柔性"的一面外，教会权力和世俗权力的本质区别在于其所内含的"超越性"色彩，这种超越面向我们将在第 6 章详细分析。

12 约翰斯通：《社会中的宗教——一种宗教社会学》，成都：四川人民出版社，尹今黎、张蕾译，1991 年，第 87 页。

13 奥尔波特对宗教学的一个持久的贡献，就是他区分了所谓的"内在的"（Intrinsic）宗教取向和"外在的"（Extrinsic）宗教取向。内在取向的信教者是真正的信仰者，他们严肃对待宗教。而外在取向的信教者，更多的是把宗教当作达到其他目的的手段。参见 Allport,G.W.*The individual and his religion: A psychological interpretation.* New York: Macmillian, 1950.

14 关于"理想类型"的交代，详见第 7 章。

除此以外，在分析上述二者关系时，我们还注意到"苦难"对于占据主流的因病信教者、因事信教者的独特意义，它构成了教会权力实践和乡村基督徒宗教虔诚的前提。其中，对苦难的处理成为教会权力实践的核心构成，苦难境遇及其感受是信徒宗教虔诚的经验基础。我们也还注意到，需要把二者置于"神人关系"之中来理解。正如詹姆斯（James）所言，宗教信仰意味着"个人独自产生的某些感情、行为和经验，使他觉得自己与他所认为的神圣对象发生关系"[15]，由此，神人关系及其神圣性的建构就成为"信仰"的基本内涵。[16]就信众的宗教虔诚而言，其作为"信众对宗教神圣对象相信并进行宗教实践的程度"，本质上也是人神关系的建构和体现。而对于教会权力实践来说，其也立足于"神"的存在这一基础背景而展开。在诸多农民信徒看来，教会也内含了神圣性，甚至把神圣对象、教会乃至某特定教会领袖都视为具备神圣光环，某种程度上构成了一种神圣的"三位一体"。总的来说，"神"对于信徒宗教虔诚以及教会权力实践而言，是无时无处不在的。基于以上的内容，我们以下图呈现本研究的分析框架：

图 2-1　本研究的分析框架

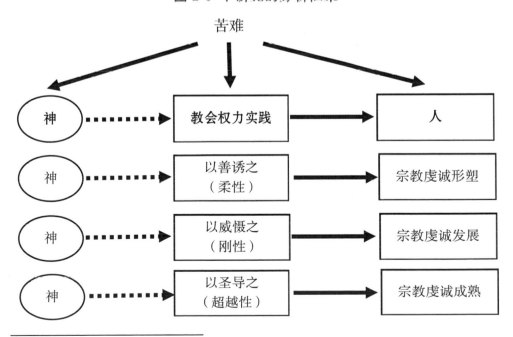

15 詹姆斯：《宗教经验种种》，北京：华夏出版社，尚新建译，2012 年，第 23 页。
16 李向平：《两种信仰概念及其权力观》，《华东师范大学学报（哲学社会科学版）》2013 年第 2 期。

2.2 田野介绍：苏北河镇

2.2.1 地理、社会和基督教概况

本文的田野点"河镇"位处江苏省北部的楚县[17]，距离江苏省省会南京约 300 公里，是苏北 500 余个乡镇中普通的一个，因之，河镇的地方性色彩中也蘸上了浓郁的苏北风味。以下，我们将依苏北、楚县、河镇的行政隶属顺序对各自自然地理、社会经济和基督教层面的概况进行呈现和解读。

（1）苏北与基督教概况

苏北，顾名思义，乃江苏北部。按照现在江苏通行的行政区域划分，其包括徐州、连云港、宿迁、淮安、盐城 5 个地级市，总辖 37 个县（市、区），土地总面积达 5 万多平方公里，常住人口 3000 多万人。就地理特征而言，苏北地处黄淮平原东南部，地形主要以坦荡的平原为主，除东北部沿海和西北部有海拔不高的群山丘陵外，其余地区地势较为低洼，且湖荡水网密布，淮河、沂沭河和京杭运河纵横交错。

一说起苏北，人们总条件反射般地将之和苏南相比，并形成苏北"落后"的判断和刻板印象。的确，长期以来，由于地理区位和历史传承的双重作用，苏北的社会经济发展水平确不如苏南。一项 2015 年的数据显示，全省人均地区生产总值 8.7995 万元，全省城镇常住居民人均可支配收入 3.7173 万元，全省农村常住居民人均可支配收入 1.6257 万元。其中，苏南地区人均地区生产总值 12.5002 万元，苏南城镇常住居民人均可支配收入 4.6222 万元，苏南农村常住居民人均可支配收入 2.2760 万元。相较之下，苏北的各项指标均落后于苏南和全省平均水平，其中，苏北地区人均地区生产总值 5.5127 万元，苏北城镇常住居民人均可支配收入 2.6349 万元，苏北农村常住居民人均可支配收入 1.3841 万元。[18]正因如此，在江苏省政府出台的历次社会经济发展规划中，"苏北崛起（或振兴）"始终是一个亮眼的关键词，并专门成立了"苏北发展协调小组"。

---

17 依据学术惯例，对相关地名作了技术处理。

18 《中国江苏楚县 2015 年统计年鉴》，第 363-368 页。

　　和经济社会发展的相对落后相比，苏北乡村基督教的发达却格外耀眼。来自 2015 年的官方数据显示，在全省 200 多万基督徒中，苏北五市基督徒数量占据了全省基督徒数量的 80% 左右。且在苏北各市的所有宗教类型中，基督教规模俨然最大，其信众规模占所有信众群体的 80% 以上。[19]当然，今日苏北地区基督教"一教独大"的格局也并非一蹴而就，其有着悠久的历史传统。《南京条约》签定以后，光绪十八年（1892 年），美国长老会派贾雅各等 10 名传教士到两淮、宿迁开设教堂，此为基督教首次传入苏北地区。[20]经过近十年的发展，苏北地区的基督教在上世纪四十年代已初具规模，为日后的发展打下了基础。新中国成立后，因众所周知的政治原因，苏北地区的基督教发展受到了很大的挫折。随着政策的开放，基督教得以迅速发展，早在上世纪 90 年代就形成了相当的规模，以致当时苏北徐州、淮阴、盐城及连云港四市及所属各县的信徒，便占全省近 75% 至 80% 之多。[21]其中，农民是基督徒群体的主要构成，一项开展于上世纪九十年代的调查报告指出，江苏基督徒中的农民群体占整体信徒的 86.79%[22]。近年一份来自江苏省宗教局官员的调查报告亦指出，集中在苏北的农村基督徒是江苏省基督信仰的主体，以致"苏北农村几乎每个县和镇都建有富丽堂皇的教堂，能容纳数千人左右"。[23]

　　社会经济的相对落后与基督教的迅猛发展，自然容易让人联想起这二者的关联。也正因如此，无论是官方和学界，都倾向于从社会经济的落后来阐释乡村基督教的发达，认为贫困、落后是宗教滋生的土壤，当处于贫苦之中的个体无法从社会中获取救济之道时，便会转向宗教以获得某种补偿。比如曾任国家宗教事务局局长的叶小文就曾指出："从地域来看，农村的教徒聚

---

19 依据江苏省政府及苏北宿迁、淮安、盐城、连云港、徐州各级地方政府网站公布的数据计算而来。

20 吕朝阳：《苏北农村基督教发展现状及其原因分析》，《南京师大学报（社会科学版）》1999 年第 6 期。

21 叶小文：《苏北基督教问题考察报告》，载氏着：《多视角看社会问题》，北京：中共中央党校出版社，1997 年，第 580 页。另见沙广义：《有关江苏基督教发展几个问题的探讨》，《宗教》1997 年第 1 期。

22 李平晔：《90 年代中国基督教发展状况报告》，载李华伟（主编）：《三十年来中国基督教现状研究论著选》，北京：社会科学文献出版社，2016 年。

23 张全录，《江苏基督教现状及发展趋势》，《唯实》2010 年第 3 期。

集带大都是经济不发达的贫困带。苏北的自然条件远比苏南差，土地贫瘠，天灾频仍。因此苏北信教者远比苏南多"[24]。这一判断继承了马列主义对宗教的解释取向，因为在马克思那里，"宗教是被压迫心灵的叹息，是无情世界的感情"[25]。

无疑，这一判断具有一定的解释力，它表征了农民把宗教视为一种解决现实苦难的方案，但也存有化约和还原论之嫌。正如费孝通先生晚年所反思的那样，"还原论式的解释方式（注：即把精神层面的问题简单地用非精神层面的政治、经济、文化等来解释），看似一种圆满的'解释'，实际上这种'解释'恰恰忽视了精神世界自身的特点，忽视了'精神世界'——把人和其他生物区别开来的特殊存在物——的不可替代性。"[26]质言之，这一解释虽然道出了宗教发展与社会经济间存在着的相互关系（Correlation），但这种关系却不必然是因果关系（Causal relation）。[27]比如，在经济小康的地区（如浙江温州），也存在着基督教非常发达的现象，而在经济相对落后的地区（如贵州和四川等地的农村），基督教也未必发达。这表明，在社会经济和宗教发展之间，存在较为复杂的机制关联，也因此，应从多维而非单维出发来审视之。在具体的操作径路上，亦要充分呈现特定地域经济、文化、历史、社会等方方面面内容，以理解经济社会与基督教发展之间关系的复杂图景。我们正是在这个意义上理解接下来所要言及的"楚县与基督教概况"的。

（2）楚县与基督教概况

苏北的社会经济及基督教概况为我们理解河镇的宏观时空背景提供了参照或浅描。要深刻理解河镇，还需在河镇所在的"楚县"中一探究竟。因为，"河镇"和"楚县"的关联无论在何种层面上（地理的、行政的、文化的、经济的）都强于"河镇"和"苏北"的关联。任何一个区域的内部都不是同质的，楚县在具备"苏北"标签所指涉的共性之余，却也有其独特之处。我们先来看楚县的历史、地理和社会经济。

---

24 叶小文：《苏北基督教问题考察报告》，载氏著：《多视角看社会问题》，北京：中共中央党校出版社，1997年，第587页。

25 马克思：《黑格尔法哲学批评》，北京：人民出版社，1963年，第2页。

26 费孝通：《试谈扩展社会学研究的传统界限》，《北京大学学报（哲学社会科学版）》2003年第3期。

27 邢福增：《从社会阶层看当代中国基督教的发展》，《建道学刊》2001年第15期。

　　历史上的楚县，乃是一座古城。上世纪五十年代以来，境内发现的古遗址、古墓葬和相继出土的石器、陶器、骨器等表明，在七千多年前的新石器时代楚县就有人群的居住和文明的产生。而据史载，楚县春秋时期属鲁国，战国时期归楚地。北周建德七年（公元 578 年）始定楚县县名，沿用至今。隋唐以降，建制及隶属常有变化。

　　由于楚县地处沂、沭河下游，以致历史上水患频繁，动辄河堤决口，百姓流离失所，有"洪水走廊"之称，故而防洪、赈灾、修堤成为历代政府的重要大事。据《楚县县志》记载，明代洪熙元年（1425 年）至民国末年（1948 年）境内共发生大的洪涝灾害有 105 年，约 5 年一遇。1949 年后，新政府大兴水利建设，开凿人工河流以泄洪，洪涝灾害大为减轻，但由暴雨导致的暂时性雨涝灾害却仍然频繁发生，夏涝致灾十分严重，约 3 年一遇。如一次发生于 1964 年夏季的灾害，降水量高达 1 米以上，境内主要河流发生大规模决口，遍地汪洋，中晚秋作物受灾面积达 200 多万亩，全县倒塌房屋 12.6 万间，受灾人数达 61.99 万。[28] 时隔 50 余年后，一位亲历过此次洪水的长者在回忆时仍然心有余悸："连续下了几个月的大雨，河流涨满，水都快要漫过人头，房子被水冲没了……到处都是水，死了不少人"[29]。明人杨于臣有感楚县水患贫乏，有诗云：

> 余考周职方，沭为青州浸。
>
> 支流久湮塞，横溢害殊甚。
>
> 九渠十八堰，沈氏泽犹沁。
>
> 伊来想神母，硕项剧成谶。
>
> 河决城屡迁，版筑紧谁任。
>
> 平壤通南北，争鹜成氛祲。

　　诗中所言的支流淤塞、河水横溢、河堤决口、城池屡迁切实反映了水患频发的事实和灾难性后果[30]。也因此，清朝楚县一知县面对"水涨"，亦无奈

28　《楚县县志》（1997 年版），第 159 页。

29　河镇农民王天志，1934 年出生，2016 年 12 月 1 日访谈。

30　楚县所在区域也隶属"淮北"，裴宜理将"淮北"视为为中国历史上的一个"关键地区"，其水患贫发的独特地理环境某种程度参与塑造了农民持久的"叛乱"传统。有关"淮北"地理的详细论述参见裴宜理：《华北的叛乱者与革命者 1845-1945》，池子华、刘平译，北京：商务印书馆，2007 年，第 18-59 页。

地感慨"空传贾让策，莫觅李冰才"[31]，民国时期地方官员亦感慨"吾乡有水害，无水利"[32]。

除了水患这一"天灾"外，战争这一"人祸"也对楚县民众社会生活带来了深刻影响。因独特的地理位置，楚县所在区域历来是兵家必争的军事要地。明建都南京以后，楚县在南京的通辽干线上，兵事渐多。清末，捻军入境，与官军、地主频繁交战。民国初期，军阀混乱，盗贼蜂起，战事不断。民国28年（1939年）2月，日军侵占楚县，掀起地方民众抗日怒潮，由此发生的抗日，大小战争数以千计。[33]在解放战争中，楚县所在的苏皖第六行政区，是连接山东和苏皖两大解放区的枢纽地带，也是通向华北解放区的重要通道，在苏皖解放区内，则是盐阜区的前哨和屏障，亦是淮北和淮南的基地和后方，因此具有重要的战略地位。[34]楚县还是淮海战役的主战场，战争期间，大量群众参与战斗，由此构成战争取胜的群众基础。据记载，仅1948年的12月，"全县2.7122万余人支援淮海战役前线运送军粮，其中出动牛车1697辆、手推车7502辆、毛驴2045头……是年，楚县地方武装和民兵参加大小战斗3163次"。[35]

正是上述自然地理和兵家争纷，使得楚县和其他苏北地区一样，形成了近现代以来经济社会发展的历史负担，因而和得天独厚，太平安康的苏南相比，自是要落后一些。《史记·货殖列传》即记载了这种差距："是故江、淮以南，无冻饿之人，亦无千金之家。沂、泗水以北，宜五谷桑麻六畜，地小人众，数被水旱之害"。解放后，虽然百废待兴、战争不再，但不以人意志为转移的水患和提留、征粮、税收等依然对背朝黄土面朝天的农民之生活构成了不小的负担。故而，一直到90年代，楚县农民的生活都堪称疾苦，是时一首反应农民生活困苦的当地民歌如是唱道：

全村里淹死多少泡桐树，有多少大树被刮连根抛。

有多少道路冲塌不好走，有多少人家墙塌房屋倒。

成片的玉米大豆被淹死，红高粱弯腰低头地上倒。

---

31 该诗名《水涨》，全诗内容为：积潦崩长堰，河流泛滥来。空传贾让策，莫觅李冰才。舟楫人争美，桑田客浪猜。那堪风雨夕，更听泽鸿哀。

32 民国楚县一官员：《在就职县农会会长会议上的演说》，载《楚县县志（1987-2005）》（2013年版），第1018页。

33 《楚县县志》（1997年版），第576页。

34 楚县县委党史工委编：《苏皖第六行政区：全国解放战争时期》，2012年。

35 《楚县县志（1987-2005）》（2013年版），第52页。

山芋地多远闻到酒糟味，棉花田遍地皆掉棉花桃。

眼看着血汗化成东流水，农民们心头如插一把刀。

全村里既有人口三千七，两千七不是缺粮就没烧。

村干部人民疾苦不反映，瞒灾情提留征款加倍要。

说什么今年减产不减购，提留款二十六万不能少。

征购粮四十一万六千三，比去年多出一倍还要高。

可知俺农民为种一亩地，全家里男女老少受苦劳。

六月天赤日如火不歇着，为耕作身上脱掉几层泡。

九九天挣耕追肥斗冰霜，忍受着寒风扑来痛如刀。

因而可以说，历史上的楚县具有浓厚的苏北意味，符合人们对苏北贫穷落后的一贯判断。然而，进入 21 世纪新纪元后，楚县的社会经济发展却表现出一股猛劲，农民的生活水平也大为提升。以致近年来，楚县经济总量一度持续稳居苏北前列，创造出了所谓的"楚县速度"，并多次跻身"全国百强县"之列。《楚县 2016 年国民经济和社会发展情况统计公报》显示，2016 年楚县地区生产总值近 700 多亿元，人均地区生产总值 4.5 万多元，在小康社会建设的全部 36 个指标中，有 15 个指标已达到小康目标，指标达标率为 41.7%。农民生活水平也相对可观，其中，农村居民可支配收入近 1.5 万元，人均生活消费支出近 1 万元，人均住房建筑面积近 50 平方米，农村居民恩格尔系数 37.5%[36]，农民生活水平相对富裕。当然，这一生活水平的变化不仅体现在冰冷的统计数字上，也反映在农民鲜活的日常生活水平的改观上：房屋由砖瓦房变成了 2 到 3 层的楼房、饮食日渐多样化、轿车在农村越来越普遍、农民的赚钱渠道更加多元。

和近十几年来经济社会发展的相对迅速同步的是，楚县基督教的发展也引人注目。[37]在详细论述之前，我们先简要交代楚县的基督教发展历史。早期基督教的来楚传教史无疑具有深刻的时代印记，其典型表现是，在内忧外患、列强入侵的背景下，基督教被视为一种"洋教"，在民族主义高涨的氛

---

36 根据联合国粮农组织的标准划分：恩格尔系数在 60% 以上为贫困，在 50%-59% 为温饱，在 40%-49% 为小康，在 30%-39% 为富裕，30% 以下为最富裕。

37 这一经验也提示我们，我们在审视"社会经济落后与基督教发展"这一判断时，应注意到社会经济发展的不同阶段和可能性，也由此，在社会经济水平和基督教发展状态之间并不存在单一的、简化的逻辑关联。

围中，其传播自是遭遇了不小的阻力。据记载，"20 世纪 20 年代末，豪绅程肇湜引法国天主教徒在西关建教堂，楚县进步青年群起反对，赶走传教士"[38]，而后耶稣教（基督新教）传入楚县，并零星缓慢发展。相比之下，此一时期，占据主流的是佛教，民国 16 年（1927 年），时有佛教庙宇多达 118 所，有僧尼 200 余人。[39]而后，随着日军占领楚县（1937 年），僧尼出走，县内制度化的佛教活动几乎绝迹。因而可以说，突发的政权更迭打破了原有以佛教为主的宗教生态，其意外后果是，促进了耶稣教这一具有"洋人"背景宗教的发展，是时，各种不同的西方基督教教派也相继涌入楚县。其中，"南长老会教派"于民国 25 年（1936 年）春入楚县。彼时，设在清江浦的美国基督教南长老会差传部派遣郭如柏（美国人）来楚传教，时有教徒 60 人，两年后教徒变发展至数百人。之后，"神召会教派""安息日会教派"、"真耶稣教派"也相继进入楚县传播。值得一提的是，民国 31 年（1942 年）入楚的"真耶稣教派"发展最为迅速，期间上海真耶稣教派总部派史提多牧师来楚主持教会活动，史提多牧师在楚大力加强传教活动，在楚县多地设点聚会，广收教徒。至解放初，该教派在楚县已有多个聚会点，千余名信徒。[40]

　　1958 年是基督教在楚县的转折点。就此一时期的全国局势来看，有研究指出，"大跃进时期，全国人民都要投入劳动生产，教会被迫进行合并，陷于瘫痪状态，信徒群众被当作一种落后势力，而受到歧视"。[41]当然，楚县也不例外，这一年，楚县开展"无宗教县"运动，基督教各传教点被取缔，公开的宗教活动被禁止，各教派教会的负责人相继锒铛入狱或被划为"右派分子"，而后随着极左路线的展开，这一进程越来越严厉。文革期间，基督徒被批判揪斗，《圣经》遭焚烧，教堂被拆掉，如此种种使得基督教的传播环境空前严峻。[42]不过，和官方所宣称的"无宗教"相比，实际上，基督教却没有

---

38 《楚县县志》（1997 年版），第 819 页。

39 《楚县县志》（1997 年版），第 817 页。

40 《楚县县志》（1997 年版），第 821 页。

41 赵天恩：《中国当代基督教发展史（1949-1997）》，台北：中福出版社，1997 年，第 131 页。

42 值得一提的是，1949 年后的新中国旨在打破一切旧的框框以建设一个全新的社会，因此发动了一系列社会改造运动。这些运动虽然多数并非针对宗教，但宗教在此中都受到极大冲击。参见孙砚菲：《千年未有之变局：近代中国宗教生态格局的变迁》，《学海》2014 年的第 2 期。

被完全取缔，而是以家庭教会的形式隐秘的存在。一位老信徒向笔者讲了当时的情况："那个时候批斗得狠，抓起来，要戴高帽，全村游街，说是反动分子，我们聚会只能偷偷的。在晚上的时候，我们几个兄弟姐妹到远离村庄的田地里头，一块祷告，或者到某个信徒家，关起门来……那个时候虽然困难，但大家都信仰坚定，感觉受的苦越多，越能得着神"。[43] 我们无从统计当时这种地下教会的规模，但时至今日，我们依然发现不少文革甚至更早时候就信教的老信徒，他们在某种程度上也构成了改革开放后楚县基督教复兴和迅猛发展的人力基础。

　　十一届三中全会以后，楚县落实党的宗教政策，相关教牧人员或宗教领袖得以平反昭雪和恢复荣誉，耶稣教逐渐恢复活动，并发展迅猛。图 2-2 和图 2-3 分别为改革开放以来楚县基督徒人数和聚会点数目的发展趋势：

图 2-2　改革开放以来楚县基督徒人数增长趋势

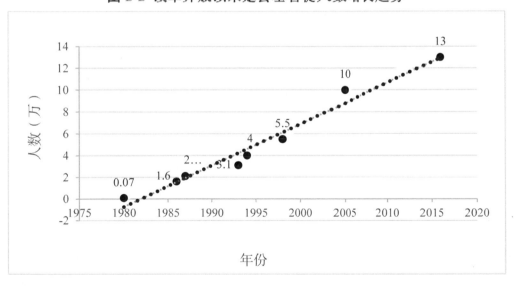

---

43 河镇陈村信徒陈光霞，1960 年代信教，2017 年 6 月 1 日访谈。

图 2-3 改革开放以来楚县基督教聚会点数增长趋势

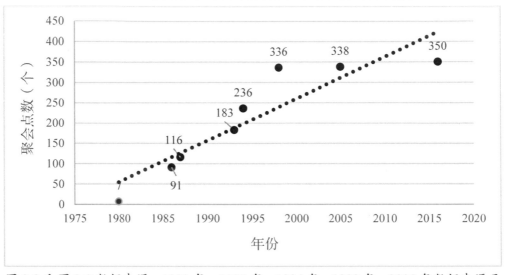

图 2-2 和图 2-3 数据来源：1980 年、1987 年、1994 年、1998 年、2005 年数据来源于《楚县县志》（1997 年版）、《楚县县志（1987-2005）》（2013 年版）；2016 年数据来源于对县民宗局工作人员的访谈；1986 年、1993 年的数据来自于梁家麟《改革开放以来的中国农村教会》一书。

从图 2-2 和图 2-3 可以看出，楚县登记在册基督信徒规模从 1980 年的 700 余人到 2016 年的 13 万人，迄今约占总人口比例达 5%以上，聚会点数量也从 1980 年的不足 10 处到 2016 年的近 350 处。这一数字还不包括那些因各种原因未被统计在内的信徒和聚会点（如私设点）[44]，也即说，实际中楚县基督徒和聚会点规模会高于上述统计数字。[45]而这一时期的其他宗教信仰则相形见绌，甚至可以忽略不计。[46]时至今日，楚县基督教派的类型延续了民国时

---

44 关于基督徒人数统计，学界一直有争议。对于农村教会而言，来自官方的数字往往会低于真实值。如笔者在楚县调研时，各个农村教堂的负责人表示他们均根据平时所留下的大概印象"报个差不多的数字上去"。虽然楚县宗教实行"三定"（定人、定片、定点）宗教管理政策，但由于农民基督徒宗教活动的灵活性以及统计工作中的不严谨性，这一数字很难做到精准化。比如，笔者观察到在一次信徒信息登记中，教会方面则直接询问信徒中谁带了身份证，并把带有身份证信徒的身份信息登记在表，而绝大部分不带身份证的信徒则不被登记。

45 据相关人士介绍，楚县曾因基督教聚会点数目过多（多于楚县基层党组织数目）而引起上级政府的重视和专项调研。

46 关于改革开放后，基督教"兴"而其他宗教信仰"不兴"的缘由，孙砚菲认为，革命政权在现代民族国家的建构过程中摧毁了传统宗教生态中主导性宗教的制

期基督教传入时的基本格局：以真耶稣教派为主，长老会为辅，兼以少数神召会的教派格局。这种教派分野主要集中在城市教会，对于乡村教会而言，则没有明显的教派意识，甚至明确反对"分派""各占山头"。

什么原因促使基督教在楚县的发展呢？通过对楚县社会经济发展和基督教概况的对比，我们可以发现，如果说，在 21 世纪前，把基督教在楚县的发展主要归因于社会经济的落后尚具有一定解释力的话，那么进入 21 世纪以来经济发展的突飞猛进和基督教的迅速传播同行并进的这一经验事实，却在一定程度上消解了这一观点的解释力。当然，基督教复兴的原因是多样的，学界对此也有充分的讨论，[47] 此处，我们不作展开。然而楚县的前述经验提示我们，除了经济发展、宗教生态等外生变量外，我们或许要从宗教自身中去挖掘这种原因，从基督徒的信仰生活中来理解宗教复兴的微观心理机制，正是这个意义上，凸显了本研究之现实意义，而如何解释改革开放以来发生在农村的大规模"基督热"，也是本文在"讨论"部分所重点探究的内容之一。

（3）河镇与基督教概况

如果说，前述"苏北"和"楚县"为我们理解河镇这一田野提供了整体图景的话，那么，"河镇"自身这一局部图景，自然值得深描。我们依然先就河镇的地理环境、历史沿革和经济概貌等进行介绍，这些因素构成了河镇的自然和社会生态，是河镇农民基督徒日常生活和宗教实践的场域。

河镇位于楚县县域中部，毗邻县城，是楚县三十多个乡镇之一。其下辖 13 个行政村（居委会），河镇的村庄命名多围绕姓氏展开，据《楚县民政志》载，楚县村庄命名多"以自然聚落为单位，以姓氏为专名，以庄、寨为通名而形成的地名，如王庄、李庄、张庄、孙庄等"[48]。为此，我们取《百家姓》前 13 个姓氏，将河镇所属 13 个村庄分别匿名处理为赵村、钱村、孙村、李

度支持和社会基础，不期然地为基督宗教在改革开放时代的发展扩展了空间和清除了传统性障碍。由此，形成了以基督宗教为强势宗教的"新宗教生态"。参见孙砚菲：《千年未有之变局：近代中国宗教生态格局的变迁》，《学海》2014 年的第 2 期。

47 可参见梁家麟，《改革开放以来的中国农村宗教教会》一书的第六章"农民教会蓬勃增长的社会解释"，香港：建道神学院，1999 年，第 198-242 页。

48 《楚县民政志》，1990 年，第 182 页。

村、周村、吴村、郑村、王村、冯村、陈村、褚村、卫村、蒋村。[49]这 13 个村庄共包含 150 多个村民小组，农户约 1.5 万户，乡域面积约 60 平方公里，耕地近 3 万亩，2017 年的总人口约 5 万余人。就其地理状况而言，河镇地势平坦，境内最高海拔仅 10 米左右，最低洼地海拔也不过 5 米有余。和大多数平原地区一样，河镇境内交通发达，铁路、高速、国道、省道贯穿全境。

历史上的河镇和楚县的大部分地区一样，作为天灾的水患和作为人祸的战争构成了河镇近世以来农民生活贫困的主要缘由。因而，即使河镇土地平衍，土质良好、气候温暖，适合农作物生长，[50]但由于频繁的天灾和战乱，农民仍然过着"丰年吃不饱，灾年去逃荒"的悲惨生活。新中国成立后，河镇兴修农田水利[51]，整体形势虽有好转，但因为"左倾"的偏差，饥饿成为一代人刻骨铭心的记忆，并表现在农民的日常话语之中，"有吃的""粮食""吃饱了"都在有过饥饿记忆农民的日常观念中占据重要位置。河镇乡村社会贫苦的另一个表现是，直至上世纪末，农村的大龄男性单身青年（俗称"男光棍"）都非常之多，他们因为贫穷娶不起媳妇，为此，不得不从云南、贵州、四川等更贫穷的农村地区"买媳妇"。

21 世纪以来，河镇经济发展迅速，目前已然跻身楚县经济发展的第一梯队。就整体产业格局而言，形成了一二三产业融合发展的局面。其中，工业是该镇的主要经济支撑，2016 年官方信息显示，全镇有各类私营企业约 600 家，其中年产值超过 2000 万元的"规模企业"有数十家，形成以板材、化工为主导产业的工业发展格局。工业也为政府所重视，《河镇十三五时期发展规划》指出河镇的发展策略是大力发展工业，具体举措包括"通过招商引资吸纳投资、通过全民创业激活民资、通过政府投入撬动投资、通过金融信贷加大投资"。工业发展直接带动了当地农民的就业，"在小板厂上班""在化

---

49 也因此，文本中涉及某村信徒，我们均以处理后的村庄名为其姓氏进行匿名化处理。如周村的某一位信徒，我们在文本中称其为"周xx"。

50 来自楚县农业部门对河镇土地测试显示，该镇大部分土地属于"淤土农业区"，地势平坦，土层深厚，耕作层有机质含量 1-1.5%，有利于各种作物生长与机械耕作，在全县的土地品种中，属于上等。参见《楚县县志》（1997 年版），第 241 页。

51 依据《楚县县志》记载，1949 年以来，河镇相继开掘了大、中、小沟、斗、支、毛渠共 243 条、298 公里，并建配套桥、闸、涵 320 座，机电排灌站 12 座，建成旱涝保收田达 1.7 万亩，有效灌溉面积 3.5 万亩。也正因为这个缘故，农户家中出劳动力拔河疏通河流成为一代人的记忆。

工厂做事"成为不少农民的职业选择。除此以外，基于花木产业的物流、电商行业也深刻影响了农民（尤其是新生代农民）的生产、生计乃至生活方式。花木产业作为该镇农民的传统产业，据新近的官方资料显示，河镇已建成花卉苗木基地近 2 万亩，占全镇耕地总面积的 60%以上，年销售额近 4000 万元。与此同时，伴随着电商（以淘宝为主）的发展，不少年轻人借着"互联网+"以及"大众创新、万众创业"的政策红利回到家乡进行自主创业[52]，将花木销往全国各地。截止 2017 年，该镇 13 个行政村（居委会）中，有 5 个被评选为"淘宝村"。[53]电子商务的发展直接影响了花农的生计方式，形成一种新型家庭分工：其中，家庭中年纪大的长辈（父母）负责花木种植、进货、包装、发货等劳务性工作，家庭中年轻一代（子女）负责电商运营等技术工作。此外，还有部分农民因为自身能力以及其他条件的限制，而选择成为从事重体力工作的农民工，尤其集中在建筑领域，如做瓦匠、贴砖板、开墙角线、吊沙、装潢、做木工、装防水等。整体而言，由于在家乡能够基本满足生产生计，故而外出务工的相对较少。从河镇民众的就业结构来看，2015 年的数据显示，河镇第一产业从业人员 6000 多人，第二产业从业人员约 2 万人，第三产业从业人员近 5000 人。从中可以看出，河镇并非以传统农业为主体的传统乡镇，工业、服务业占据较大比重。[54]

接下来，我们再来看河镇的基督教概况。虽然在民国时期楚县就有基督教的出现，但由于历史久远又缺乏文献记载，在那一时期河镇是否有基督教信徒以及聚会点也就难以考证。目前比较公认的最早信教者是钱村教堂的教会领袖钱木兰，其信教时间可以追溯至上世纪 60 年代末，以下是她的皈信经历：

> 1966 年的一天，时年 18 岁的钱木兰刚结婚不久。一日，在家中干活之时，听得隔壁邻居家里传来外地口音的歌唱声，内容隐约是"耶稣啊，我赞美你"之类。在钱村这样一个封闭的小村庄，在那样一个年代，邻居家来了个外地人，还哼着不是红歌的曲子，自然是件稀奇的事儿。于是，她放下手中的活，便去一探个究竟。原

---

52 河镇政府对返乡创业的年轻大学生专门设置了政策优惠，比如返乡创业大学生可以挂职村委副书记，并获得每月 2000 元的补贴。

53 淘宝村是指活跃网店数量达到当地家庭户数 10%以上、电子商务年交易额达到 1000 万元以上的村庄。

54 《中国江苏楚县 2015 年统计年鉴》，2016 年，第 258 页。

来，这是来自邻县东海县的传道人在"传福音"，他声称信耶稣能治病，能保平安，他们所唱的乃是赞美神的歌。钱木兰对此也没有产生多大的触动，只是在心里寻思着，"耶稣"这个名字不像是中国人的名字，难道是个外国人？"耶稣"难道是和"毛主席"一样的伟大领袖？不过让她印象深刻的是，传道人唱的曲子很好听，很悦耳，比革命歌曲还好听[55]。一年以后，钱木兰干活的时候，突然腰椎剧痛，而后病情恶化，下身瘫痪，自此卧床不起。因当时医疗条件落后，家中又无看病的钱，钱木兰一家只能觅得一些民间偏方，寻些巫婆神汉，不过终归也无济于事。生病的第二年，那位东海传道人又来了，不过这次不是去邻居家，而是来到了钱木兰家。传道人告诉她，这病是魔鬼引起，需要赶鬼，于是便为她连续祷告了 3 天，神奇的是，经过祷告，钱木兰竟然感觉身体好了许多，就这样，钱木兰便信了耶稣。传道人给她留下了地址和一本《圣经》，便东去了。疾病的好转给钱木兰带来了生活的信心，也坚定了她跟随主耶稣的信心。其间，她的病情复发或出现新的病况时，她首先想到的就是东海的传道人，于是就按着留下的地址，自己步行前往东海寻找那位传道人。当时由于社会形势大力提倡"反对迷信"，村中凡是从事相关行当的人（如风水先生、阴阳先生、巫婆神汉等），甚至相关的物品（纸钱、土地庙等）都受到了冲击[56]。村中的治保主任也明确要求钱木兰不准信教，更不许她前往东海。虽然如此，她还是在晚上的时候，偷偷地出村，奔波数日前往东海。在这样的反反复复中，钱木兰开始学习识字，学习经文，学习唱歌，甚至到了入迷的程度。据村中的百姓回忆，那个时候，经常见到钱木兰，手里持着一本《圣经》，早读晚读，还不时唱歌。不久后，钱木兰就在村中偷偷地传福音，动员老百姓信耶稣，信众规模也慢慢发展扩大，不过都是以地下家庭教会的形式存在。[57]

---

55 时隔多年后，钱木兰把这种"际遇"视为神的安排。

56 受冲击而不绝迹是当时宗教或民间信仰的生存状态，即使受到打压，农民也会采取诸多策略继续进行相关活动。如在晚上偷偷进行、或者假装在风水先生家门口拣树枝以伺机沟通、或者朝阴阳先生的院子中扔石头暗示等等。

57 根据调研资料整理，2016 年 12 月。

改革开放后，随着宗教管制的逐渐放开，钱木兰在自己家的院子中修了一间茅草房，以为信徒聚会之用。随着信徒人数的越来越多，聚会点几经修葺，到 2003 年已经成为可以容纳 1000 人左右的教堂[58]，且远近闻名，并在河镇以及附近的乡镇都开设了聚会点[59]，以方便那些年纪较大、不便走远的信徒就近聚会。其间，原本在钱村教堂负责讲道的钱红影因为和教会的利益纠纷，带领一帮信徒从中分化出来，另起炉灶，成立了一个聚会点。此一时期，其他村庄也相继出现了教堂和聚会点。创办人的经历和钱木兰都非常相似，因生病或家庭中的其他变故而际遇基督教，并获得了某种"神迹"，经过一段时间后，便在自己的村庄独立创办教会，并成为教会负责人。除了这些由本村信众成立的土生土长的教会以外，还有一些教会是其他村落或乡镇大教会的分设点。

通过以上的教会组织发展模式，截至 2017 年，经 30 多年的发展，目前在河镇的 13 个村庄（居委会），一共形成了依法登记的 14 个"持训"[60]聚会点或教堂，除此之外，还有若干无证私设点，本处选取其中的 4 处。从平时信众的规模来看，除了若干较大教会外，其他教会的正常规模一般都在 30 至 100 人左右，总人数约 2000 人左右。他们的分布地点、名称、平时聚会规模以及教会领袖的情况如下表：

表 2-1　河镇 13 个村庄 18 个教会的基本信息[61]

所在村庄	编号	教堂或聚会点名称	平时聚会规模（人）	教会领袖	备　注
赵村	1	赵村一点	90	赵金花	——
	2	赵村二点	80	赵银菊	无证私设点
钱村	3	钱村一堂	600	钱木兰	——
	4	钱村二点	150	钱红影	——

58　目前有固定座位 800 余个，还有可以容纳 200 余人的场地空间，相关设施一应俱全（比如空调、电子影像设备），颇具现代化特色。

59　关于聚会点，有两种类型：一种是教堂为了方便当地年纪比较大的信徒信教而设立的分点。比如此处钱村教堂在孙村所设立的分点。一个是村庄本土自发形成的点，只是一般规模较小，尚未达到堂的程度。

60　指"宗教活动场所登记证"。

61　相关数据信息是在参考《河镇宗教场所信教群众信息登记表》的情况下，从每个教会的教会负责人、普通信众处了解的"估数"。

孙村	5	孙村一点	50	孙水艳	无证私设点
	6	孙村二点	60	钱木兰	钱村一堂的分设点
李村	7	李村一点	70	李真梅	——
	8	李村二点	80	李声琴	——
周村	9	周村堂	120	周晓荣	——
吴村	10	吴村点	80	吴宝强	邻镇一教堂分设点
郑村	11	郑村点	25	郑漫媛	无证私设点
王村	12	王村堂	200	王学荣	——
冯村	13	冯村点	30	冯孟慧	无证私设点
陈村	14	陈村点	130	陈贵婷	——
褚村	15	褚村点	40	褚贤惠	——
卫村	16	卫村点	80	卫凰凤	——
蒋村	17	蒋村一点	50	钱红影	钱村二点的分设点
	18	蒋村二点	60	蒋晓敏	——
合计	——	——	1995	——	——

从上表可知，在 18 个教会中，教堂有 3 处，其余皆为聚会点。[62] 在这 18 个教堂或聚会点中，从场所的设置水平来看，其中达到基础硬件条件（如有专门场所、场所内有桌椅、有讲桌、有影像设备、有专门祷告处等等）的有 11 个，其余 7 个则多在私人家聚会——在家里头的便屋、过道，或者在院子里搭个棚子，条件较为简陋。就信徒整体规模而言，河镇平时参与宗教活动的信徒约有 2000 人[63]，而官方统计在册的信徒数为 1567 名。此处，我们依照官方的登记信息，对统计在册的 1567 名信徒的基本信息进行如下表的汇总：

---

62 按照规定，教会相关配置达到一定标准（如信徒规模、事工人员人数、场所大小等）方可称为"教堂"。但就实际而言，虽然有些"聚会点"已经具备了"教堂"的标准，仍然难以成为"教堂"，其缘由在于相关部门对教堂数量乃至聚会点数量的把控。

63 值得一提的是，信徒的地域并没有严格的界限，既来自河镇，也来自其他乡镇，从其他县市远道而来的信徒也不在少数。

表 2-2　河镇信徒基本信息

类　别	性　别	年　龄	学　历	信教时间[64]
所占比例或平均值	女性 81.9% 男性 18.1%	平均 55 岁	文盲 20.3% 小学 47.6% 初中 27.9% 高中 4.2%	平均 15 年，其中 30 年以上有 198 人，10 年以下有 531 人。

　　通过表中数据可知，就平时"经常去教会"的信众而言，的确表现出女性多、年龄高、学历低这一具有普遍性意义的整体面貌。在信教时间上，呈现出"老中青"三代共存的特征。依据"三自"河镇片片长钱红影（钱村二点负责人）的估计，受洗人数不到 3 成，这表明"受洗与否"对于大部分信徒宗教身份的获得都无关紧要。同时，如果把那些因平时"不常去教会"而被统计所忽视的信众也纳入考察，一定程度上会稀释上述特征。

　　此外，18 个教会共有传道人 32 名，其中，持有传道证的有 4 位，具备施洗权力的长老有 1 位。在每个聚会点或教堂中，教会负责人是核心人物，他们一般被信徒称为"教会头子"。这 16 位教会负责人（有 2 个聚会点因是本镇其他教会的分设点，故而负责人重复不计入统计）的基本信息如下表：

表 2-3　河镇 16 位教会负责人的基本信息

类　别	性　别	年　龄	信教时间	文化程度
信息	14 女 2 男	平均 57 岁	平均 27 年	2 个文盲，6 个小学， 7 个初中，1 个高中

　　从中可以看出，各教会负责人以女性居多，年龄偏大，信教时间较长，文化程度整体不高。值得一提的是，虽然学历不高，但他们也通过参加县"三自"组织的培训、阅读书籍、到县城大教堂听道等方式而具备一定的神学知识。尤其是两位文盲，她们通过自学，也具备阅读《圣经》甚至讲道的能力。不过，对于普通信徒而言，他们更看重的是"教会头子"在赶鬼、治病等上所具有的"卡里斯马"式的权柄和人格魅力，至于学识则是无关紧要的。

---

64 截至 2017 年 12 月。

2.2.2 研究方法和伦理

本研究作为一项个案研究，笔者此处无意介入相关的方法论之争[65]，我们的立场和学界取得的共识一致，即个案研究不具备"代表性"，也不追求"代表性"，但却可以有"走出个案"的理论诉求。在此，我们试图说明研究所持的"工具性个案"之构思。根据研究目的，斯特克（Stake）将个案研究分成三种类型，分别是内在的个案研究（Intrinsic case study）、工具性个案研究（Instrumental case study）和多个案研究（Multiple case study or collective case study）。[66]在工具性个案研究中，研究者更多地将个案当作探讨某种议题、提炼概括性结论的工具，对于个案本身的兴趣退居次要地位。由此，工具性个案试图通过理论的建构来展现研究者走出个案的抱负，它要求研究者在"个案中进行概括"，也即关注研究的"个案特征"而非"个案"。本研究即希望借助来自河镇的个案，来试图归纳和提炼中国乡村基督徒宗教虔诚成长的一般机制。

之所以强调工具性个案，首先和本研究的议题有关。就本文的议题"乡村基督徒宗教虔诚的形成及成长"而言，其本质上是人神关系的体现，这一关系模式主要基于教义的神学架构（虽然也有本土成分）及乡村社会的性质，它本身具有超越地方特殊性的（虽然也有嵌入）内在属性。也就是说，对于乡村基督徒而言，这一基本关系构成具有一定的普适性。与此同时，在理论的建构中，笔者也将自觉抽取个案所具有的代表性和典型性特征，进而通过对个案中研究对象特征、表现等经验材料复杂性的分析性概括，来为理解之提供具有启示意义的理论命题。

本文所使用的资料收集和分析方法主要有：一是文献分析法。本文使用了地方志、讲道材料、统计报表、信徒信仰记录（如日记、听道记录本）等文献资料。二是访谈法。我们对普通信徒（包含其家属）、教牧人员、非信徒、村干部、医生等展开了结构式或半结构式访谈。三是参与观察法。笔者以"慕道友"的身份和其他信徒一样，参与到宗教生活中去（如听道、祷告、唱诗

---

65 有关方法论层面的讨论可参见：王宁：《代表性还是典型性》，《社会学研究》2002年第 5 期；吴毅：《何以个案，为何叙述——对经典农村研究方法质疑的质问》，《探索与争鸣》2007 年第 4 期。

66 卢晖临：《如何走出个案——从个案研究到拓展个案研究》，《中国社会科学》2007年第 1 期。

等），并观察信徒在宗教参与以及日常生活中种种心理和行为表现。由于这一研究涉及到个体宗教虔诚的动态变化，因而我们也将以动态追踪的方法来把握信徒宗教虔诚的成长痕迹。

以社会科学的手段来研究立基于"神学"的宗教现象，本身就内含了一种若隐若现的张力。如在人类学和基督教关系史上，就曾存在着颇为紧张的关系。基督教（至少其中相当多的人和流派）把人类学简单化地归结为"反神的""敌基督的"学科而予以整体地抵制和放弃[67]。与此同时，在部分社会科学家看来，宗教亦是"荒谬的"，正如宗教社会学家朱克曼（Zuckerman）直截了当所提出的那样——"我们不该也不能回避宗教信仰的真理和谬误问题，因为解释成千上万具有健全理性大脑的人民何以会相信明显不可信者，是社会科学无法回避的一个理论难题"。[68]

张力如果不可避免的话，那么，其可行之处便是坦诚交代研究者自身的身份、立场和价值倾向。不可否认，对于宗教信仰的社会科学研究而言，研究者本人是否具有宗教身份将会对研究带来重大影响。一般认为，研究者的信仰身份对于理解研究对象的思想和生活方式有着得天独厚的优势[69]。但其局限之处在于，研究者往往难以超越自身的信仰立场。因而，在这个意义上，笔者作为"非基督徒"，其弊在于不能充分（至少是短时间内）对基督徒的宗教生活赋以神学层面的理解，其利在于，能够超越基督信仰本身的价值倾向而予以一种新的视角。不过好在学界目前已经取得了这样的共识——有信仰、没信仰都可以研究宗教，关键是注意一些原则性问题，尽可能保持立场的客观。[70]在具体的径路上，要基于经验事实展开，尽量避免带入过多的价值评判，这也正如欧大年所提醒的那样，"对于宗教进行科学研究的目的，应

---

67 黄剑波、胡梦茵:《势不两立抑或欲说还休？——人类学与基督教关系史再思考》《道风》2016 年第 45A 期，第 71-89 页。

68 由此，其进一步断言"任何宗教的大多数'真理/事实性断言'并不可信"，因而宗教社会学面临的根本问题是"要对其他人之所以如此相信的原因，提出合理的说明"。参见朱克曼:《宗教社会学的邀请》，曹义昆译，北京大学出版社，2012年，第 133 页、第 137 页。

69 黄剑波:《四人堂纪事——中国乡村基督教的人类学研究》，中央民族大学博士学位论文，2003 年，第 7 页；也可参见杨凤岗:《皈信·同化·叠合身份认同——北美华人基督徒研究》，北京：民族出版社，默言译，2008 年，第 15 页。

70 吕大吉:《宗教学纲要》，北京：高等教育出版社，2003 年，第 12-13 页。

为了解人们的信仰和行为，而不是维护或批判他们的信仰"[71]。为了深入了解农民信徒的信仰心理和行为，对于笔者这样的非基督徒而言，则主要在于能否"入乎其内、出乎其外"——既要深入信众宗教实践，尽可能理解其所思、所想、所行，也要不局限于信仰本身，而以社会科学的立场审视之。在具体的研究过程中：就"入"而言，一是研读《圣经》及其附属内容（赞美诗、神学等），在教义体系上增强对基督宗教知识及其神学构建的理解；二是参与宗教活动。和普通信徒一道参加聚会，聆听讲道，对信徒祷告、见证、唱诗等活动进行参与观察；三是尽可能站在农民信众的角度考虑问题，以做到同情理解。就"出"而言，则是要跳出宗教立场的局限，从社会学的一般视角来对宗教现象做出解读，尤其表现为超越神学立场，关注宗教现象背后的社会基础，由此构成一种宗教社会学或宗教社会心理学径路。

---

71 欧大年：《中国民间宗教教派研究》，上海古籍出版社，刘心勇等译，1992年，第2页。

第 3 章　作为乡村基督徒宗教虔诚前提的苦难

> 没苦没难，谁能得着神，人要没病没痛，教会就是弄酒席请他
> 他都不去。
>
> ——2016 年 12 月 1 日周村信徒周荷芳自白。
>
> 在世上你们有苦难，但你们可以放心，主已经胜了世界。
> ——《约翰福音》16 章 33 节，2017 年 10 月 4 日周村教会讲道引用经文。

在河镇的调研中，我们发现"因病信教"或"因事信教"是农民主要的宗教皈信动机，即因自己（或家人）生病或遇到了事故而皈信宗教。这类群体所占比例高达 90%以上，其中，又以因病信教为甚[1]。剩余不多的信众则为"平安信教"，即在平平安安、没有疾病或没有事故时而接受了基督信仰，当地也称之为"靠的是平安主"，其信教动机主要是打发时间、休闲娱乐或追求教义真理等。对于农民来说，"疾病"和"事故"是作为一种苦难而存在的，其意味着对日常生活进程的破坏以及由此所导致的困苦、焦虑、无助等苦难感受。"信教"也是作为一种苦难应对的方案而存在的，农民希冀通过宗教来治病和化事，以回归和修复正常生活。由此可以说，苦难及其应对成为农民宗教皈信的直接动机，并成为乡村基督徒宗教虔诚得以形塑的前提

1　因病信教的普遍性已为相关调查研究所证实，如全国抽样调查显示，有 2/3 以上基督徒提及信教是因为"自己或家人生病"，参见金泽、邱永辉（编）：《宗教蓝皮书：中国宗教报告》，北京：社会科学文献出版社，2010 年，第 192 页。

条件。换言之，要理解农民的宗教虔诚，首先要理解农民的苦难。在本部分的写作径路上，我们先呈现乡村社会中苦难的两种主要类型：作为"疾痛"的疾病和作为"破坏"的事故，继而分析农民的宗教方案寻求及对庇护关系的诉求。

3.1 作为一种"疾痛"的疾病

3.1.1 疾病的类型及其社会生产

疾病不纯粹是生物医学问题，也有其深刻的社会基础。在社会生活与疾病关系的认知中，"生活越来越好，病却越来越多"的认知普遍存在于河镇农民的观念世界中。陈村已愈古稀之年的陈守德老人的下面一番话颇有代表性：

> "现在社会，要什么有什么，要吃什么就吃什么，想喝什么就喝什么，比之前的日子好多了。之前是吃不饱，穿不好，毛泽东时候，生产队收点粮食，都交给生产队了，一天四五两粮食，只能保证饿不死，饿了就吃芋头叶子，一直到土地下户才吃饱肚子（注：1981 年）。现在哪家不是大鱼大肉，哪家还愁吃愁穿，可病也越来多越多，之前从来没听过的病，什么高血压、糖尿病、脑血栓、还有这个癌那个癌也都出现了。可以说，村里上了五十岁的人，高血压一查一个准，有人在地里干活好好的，突然就晕倒，血管破裂了，你说，搁在之前，别说五十岁，就是七八十的人身板子都硬，哪里有这些稀奇古怪的病。"[2]

受访者这一有关生活方式和疾病类型的直觉判断，实质上暗含了社会经济发展与疾病的关联。这种关联的一个外在表现是以前不常有的"病"伴随着"发展"而出现了。从农民的表达以及请教当地医生，我们发现以心脑血管疾病（高血压、冠心病、脑卒中等）、糖尿病、恶性肿瘤、慢性阻塞性肺部疾病（慢性气管炎、肺气肿等）、精神异常和精神病等为代表的一组疾病（也即通常意义上的"慢性病"）近年来在河镇乡村社会中较为普遍。对于因病信教农民而言，他们在信教前所患的疾病也主要为上述疾病类型。笔者对陈

---

2 陈村农民陈守德，2017 年 3 月 20 日访谈。注：为方便读者理解，访谈中出现的部分方言用词被转换为通用表达，后文同。

村教会某日参与聚会的 96 位（当日聚会总人数约 130 位）因病信教信众信教前所患疾病进行了统计，归纳出如下 10 种常见病：

表 3-1　陈村教会因病信教信众信教前所患的常见疾病

所患疾病名称	患病人数[3]	所占比例（患病人数/96）
高血压	27	28.1%
糖尿病	26	27.1%
精神疾病	13	13.5%
慢性支气管炎	12	12.5%
胆道疾病	12	12.5%
心脏病	10	10.4%
肾脏疾病	9	9.4%
脑血栓	7	7.3%
肝脏疾病	7	7.3%
恶性肿瘤	4	4.2%

从医学社会学的角度看，慢性病的确是现代社会的症候。考克汉姆（Cockerham）考察了不同经济发展阶段的健康图景，认为在导致残疾和死亡的因素中，存在着不同的疾病模式。如 1900 年美国排名靠前的死亡原因是流行性感冒、肺炎和肺结核，而到了 2004 年，心脏病、癌症和脑血管或中风替代了这些疾病，成为主要的死亡原因。在经济社会发展的过程中，慢性病——被定义为长期的、不可治愈的疾病——取代了传染病，成为了健康的主要威胁，慢性病本身显然已成为现代疾病的典型。[4]中国亦然，2017 年国家出台的《中国防治慢性病中长期规划（2017-2025 年）》中，明确指出"慢性病是严重威胁我国居民健康的一类疾病，已成为影响国家经济社会发展的重大公共卫生问题"。[5]且总体而言，农民的慢性病发病率是高于城市的，且在

3　有些信徒不止患有一种类型的疾病，故患病人数总和高于 96。

4　考克汉姆：《医学社会学（第 11 版）》北京：中国人民大学出版社，高永平、杨渤彦译，2009 年，第 9 页。

5　国务院办公厅：《中国防治慢性病中长期规划（2017-2025 年）》，2017 年 1 月 22 日。

某些疾病上表现明显，来自卫生部的专家层言及："癌症高发区多半都是在农村地区，像慢性呼吸系统疾病，农村是高于城市的，而像心血管病和糖尿病，这几年来在农村也有快速上升的势头。"[6]至于其中的原因，农民也有自己的理解，在一次焦点访谈中，周村的村民主要从生活方式、环境、医疗、健康观几个层面进行了阐释：

> 在生活方式层面，周兰说："生活条件改善了，吃的喝的都是好的，之前都是吃的蔬菜、五谷杂粮，喝的照人影稀饭，现在突然吃好了，身体受不了，当然要发病，你就说糖尿病，也就是富贵病，病从口入，就是天天吃出来的"。[7]在环境层面，周波说："现在吃的，喝的，哪个不是饲料化肥农药整出来的，之前为什么生病少，（因为吃的喝的）都是纯天然绿色的，环境没污染，现在吃的喝的都有毒，经常这样，肯定要生病"。[8]在医疗层面，周静说"现在很多病，搁在之前都不叫'病'，正常人到医院一查都是病，巴不得吓你，骗你的钱"。[9]在健康观层面，周罗说："之前，不是病少，是大家觉得身体是一种工具，谁都会得病，不得病那是命好，现在只不过是生活条件好了，大家开始慢慢注意养生，注意力放在这个地方，自然而然就能发现很多病，之前病少，只不过是没发现而已"。[10]

有研究指出，生活条件的改善、人均寿命的延长、食品安全问题的凸显、医学技术的进步都构成了中国乡村社会慢性病的社会根源。[11]上述农民自白的内容，也透露出慢性病的社会基础，并较为全面地展现了社会经济发展与疾病变多感知的中介原因。如伴随着生活水平的提高，农民的生活方式发生变化，造成一些之前不常有疾病的发生（比如肥胖、糖尿病）；随着医疗条件和科学技术的进步，以前无法确诊（原因包括没钱去医院接受治疗或医疗技

---

6 卫生部：我国农村慢性病发病率高于农村，参见 http://china.cnr.cn/news/201207/t20120709_510161920.

7 村民周兰，2017 年 6 月 6 日焦点访谈。

8 村民周波，2017 年 6 月 6 日焦点访谈。

9 村民周静，2017 年 6 月 6 日焦点访谈。

10 信徒周罗，2017 年 6 月 6 日焦点访谈。

11 郇建立：《乡村社会慢性病的社会根源——基于冀南沙村的田野考察》，《北方民族大学学报》2014 年第 6 期。

术本身的局限）的一些症状逐渐被贴上了"疾病"这一医学标签；抑或农民本身的健康观发生了变化，更加注意自身的身体感受，由此，疾病被拿上了前台。实际上，这几种认知是同时存在的，也正是它们的交叉纠集形塑了农民疾病变多的感知，凸显了慢性病的社会生产意涵。

在河镇，疾病社会生产的一个典型例子是吴村化工厂污染与村民所普遍患有皮肤病的关联。吴村邻近一个化工园区，化工生产排放出大量污染物（废气、污水等），农民认为皮肤病就和这样的污染有关。该村的村干部吴天军透露：

> "这个园区里面的不少工厂，因为环保不达标，政府早就不让生产了，牌子都摘下来了，可人家给你玩捉迷藏，白天不生产，晚上偷偷生产，一到晚上，他们生产这个什么叫二氟溴乙酸乙酯，这个东西有毒，一生产的时候就会有一股白烟，还有刺鼻的酸不拉几味道，闻了之后人受不了。这些企业为了赚钱，真是丧尽天良……我们这很多人，都因为这个得了皮肤病，就是因为空气之中，有那个什么有毒物质"。[12]

2017 年，在"263"环境治理专项行动下[13]，河镇开展了建立隔离带、拆迁安置以及专项整治等系列活动，对吴村进行了整体搬迁，村民从此远离了化工园区，不过环境污染对其所带来的身体伤害却难以磨灭。化工污染的产生有其深刻的结构性基础，河镇作为毗邻县城的重镇，是化工、造纸等污染企业的所在地，以工业为经济支柱的河镇，在追求经济绩效的逻辑下，面对污染问题也只能"睁一只眼闭一只眼"，原因在于"一个造纸厂的税收比其他一个乡镇还多"。[14]

除了这种因环境污染而导致的直接疾病生产外，农民所知觉的社会压力也间接参与了疾病的社会生产，且尤其表现在各种精神疾病的发生上。李银花，在其信教前患有精神疾病，症状为心情持续低落、容易疲乏、频繁失眠，

12　吴村村干部吴天军，2017 年 10 月 1 日访谈。

13　"263"即江苏省开展的"两减六治三提升"环境治理专项行动。其中，"两减"指以减少煤炭消费总量和减少落后化工产能为重；"六治"重点治理太湖水环境、生活垃圾、黑臭水体、畜禽养殖污染、挥发性有机物污染和环境隐患；"三提升"，则是提升生态保护水平、提升环境经济政策调控水平、提升环境监管执法水平。

14　河镇政府一工作人员河天，2017 年 7 月 1 日访谈。

而又无器质性病变。来自县医院神经内科的诊断书如是写道："（症状）难以入睡、睡眠不深、易醒、多梦、疲乏，脑电波检查正常，疑压力过大导致。"[15]说起她患病的原因，其家人邻里常以"她是盘心盘出来"来进行归因。所谓盘心，即操心，进一步地了解得知，李银花的确面临了诸多足以让她盘心的压力情境——周围邻里都盖了三层楼房的情况下自家却盖不起，家里的平房在村中显得格外突兀；大儿子谈了一个女朋友最终因拿不出彩礼钱而告吹；小儿子高考连续两年都失利；丈夫在工地干活不小心摔伤躺在床上。对于这些压力，李银花"觉得无助，不知道怎么办，天天晚上脑海里都是想着这些事情"。[16]在持久的压力作用以及长期的睡眠不足下，李银花身体上还出现了诸多并发症，如高血压、糖尿病。医学社会学的研究指出，个体对社会情境的主观解读，是引发生理反应的"扳机"。对此，坎农（Cannon）建构出一种压力和身体生理变化的机制关联，用以阐释人体是怎么样应对源自社会情境的压力——作为压力情境结果的人体生理改变主要涉及自主神经和神经内分泌系统，压力情境促动了人体下丘脑、交感系统、内分泌腺、肾上腺、脑垂体等产生生理或生物上的反应。[17]国内外一系列的经验研究显示，人类有机体对社会压力情境的反应，能够导致心血管并发症和高血压、消化性溃疡、肌肉疼痛、强迫性呕吐、哮喘、偏头痛、精神性痢疾以及其他健康问题[18]。对于李银花而言，充斥周遭的社会情境意味着一种压力生成的象征符号，以致"每每抬头看到别人的楼房，就感觉低人一等"，"看到别人的孩子成家立业，就觉得对不起孩子"，这种对压力情境的解读，诱使她患有了精神层面的症状以及身体其他并发症。

---

15 楚县人民医院对李村信徒李银花的疾病诊断书，2017 年 8 月 1 日阅读。

16 李村信徒李银花，2017 年 9 月 1 日访谈。

17 转引自考克汉姆：《医学社会学（第 11 版）》北京：中国人民大学出版社，高永平、杨渤彦译，2009 年，第 67 页。

18 关于压力情境导致身体疾病的国内外研究可参见：House J S. "Understanding Social Factors and Inequalities in Health: 20th Century Progress and 21st Century Prospects." *Journal of Health & Social Behavior*, 2002 （2）；Siegrist J. *Work Stress and Health*// The Blackwell Companion to Medical Sociology. 1998；郑丹丹：《身体的社会形塑与性别象征——对阿文的疾病现象学分析以及性别解读》，《社会学研究》2007 年第 2 期。

3.1.2 农民的疾痛感受

当农民身患这类疾病时，有如何的感受呢？威廉姆斯（Williams）指出，病人在解释病因时，不仅关注病因学的说法，还会联想到他们的人生经历，如恶劣的工作环境、不愉快的工作经历、家庭成员的死亡、生活事件的压力、自我的压抑等，[19]正如上文中的李银花案例。对于农民而言，慢性病不仅改变了病人想当然的生活世界，还破坏了病人的身体、自我和社会之间的有机联系[20]，意味着如伯里（Bury）所言的"人生进程的破坏"[21]。来自医学话语的冰冷冷、寥寥数语式的诊断显然无法契合主体复杂而多向的经验感受，这种感受呈现出一种"疾痛"（Illnces）特征，医学人类学家克莱曼（Kleinman）指出：

> 当我用"疾痛"（Illness）这个词时，我意在表现人的难以避免的病患经验：可怕的症状、苦楚和困扰。疾痛指的是病人及其家人、乃至更广的社会关系，是如何接受病患事实，带病生活的，又是如何对付和处理病患的症状以及由之引起的各种困苦烦恼的……"疾病"（Disease）是医生根据疾病理论解释和重组疾痛时提出或发明的，训练有素的医生，透过各自特定的专业理论滤光镜，从患者的疾痛经验中看到的是疾病。也就是说，患者及其家人所抱怨的"疾痛"问题，在医生的头脑中被重组简化成狭隘的科技议题，即转化为疾病问题。[22]

质言之，对于患者而言，患病不仅仅是一种生物或生理结构的变化，更意味着全方位的冲击。以疾痛来审视患病农民的患病感受，可以归纳为"生理"和"心理"两个方面：

（1）是个体生理层面所知觉的不适症状。对身体状况的破坏是疾病带来的最直接感受。因为疾病，原本一些基本能力受到了限制，病人无法进行如

---

19 转引自郇建立：《乡村社会慢性病的社会根源——基于冀南沙村的田野考察》，《北方民族大学学报》2014 年第 6 期。

20 郇建立：《乡村慢性病人的生活世界——基于冀南沙村中风病人的田野考察》，《广西民族大学学报（哲学社会科学版）》2012 年第 2 期。

21 Bury, M."Chronic Illness as Biographical Disruption." *Sociology of Health and Illness*,1982（2）.

22 克莱曼：《疾痛的故事——苦难、治愈与人的境况》，上海译文出版社，方筱丽译，2010 年，第 1-4 页。

弯腰、伸腿、抬臂、握拳、吃饭、说话等基础生理活动。依据症状的持续状态，我们大体可以简化为两种类型：一种是持续化的身体不适。如一位患有脑血栓的陈村 60 多岁的信徒陈凯，患病 10 年来，失去自我照料能力，老伴称其"像个小孩"，吃喝拉撒都得由她照顾。在笔者和其老伴聊天的过程中，陈凯蜷缩在床上，不能流利地言语，只能点头或艰难地发出一些"啊""嗯"等以示回应。对其老伴来说，最难做的事情是扶着他如厕，因为两个人年事都已高，最怕出现摔倒的情况，后来干脆在床上安了一个马桶。[23]一种是身体状况时好时坏。来自王村的 40 多岁信徒王翠，在 20 多年前哺乳小孩时，由于奶水不够，又不知道"吸奶器"[24]的存在，因而导致哺乳过程中婴儿的过度吮吸，由此落下了乳腺增生的疾病（后又发展为乳腺结节）。在以后的 20 多年中，她经常定期不定期地知觉疼痛，"疼起来，感觉里头有个东西在揪着肉，衣服碰都疼，什么事情也干不了，不疼的时候，基本没什么感觉，也不影响做事"。[25]从角色的角度看，之于持续化的身体不适，意味着当事人的核心角色是"患者"，无法正常履行其他社会角色（如作为父亲、作为丈夫）。以此，正如帕森斯（Parsons）对病人角色所分析的那样，病人被免除正常的社会角色。[26]之于身体状况时好时坏者，则意味着"患者"角色和其他社会角色的交替。美国医学社会学家查默兹（Charmaz）用"好日子"（Gooddays）和"坏日子"（Baddays）来形容慢性病患者所体验的交替阶段：在症状减轻的好日子里，他们可以从事很多其他活动，疾病走到了后台。在症状发作的坏日子里，疾病则走向了前台，患者的其他活动受到了限制。[27]

（2）无论持续性的症状抑或时好时坏的身体状况，其不仅会触发个体生理层面的不适，也会触发心理层面的诸多负面情绪。在对其进行审视之前，我们尚须对农民的身体观或者健康观进行简要交代，它构成情绪生成的价值基础。正如被经验研究所证实的那样，对较低社会阶层而言，健康被视为持

---

23 陈村信徒陈凯及其老伴，2017 年 3 月 1 日访谈。

24 一种用于挤出积聚在乳腺里的母乳的工具，一般适用于婴儿无法直接吮吸母乳的时候。

25 王村信徒王翠，2017 年 4 月 1 日访谈。

26 转引自考克汉姆：《医学社会学（第 11 版）》北京：中国人民大学出版社，高永平、杨渤彦译，2009 年，第 111-112 页。

27 Charmaz, K. *Good Days, Bad Days: the Self in Chronic Illness and Time*, New Brunswik, NJ:Rutgers University Press,1991,51-52.

续工作的前提和能力，健康本身是一种达到营生目的的手段[28]。对农民而言，身体被视为一种做事情的核心资源，指涉了一种工具化的身体观或健康观。[29]具体来看，这主要和农民生产生活中所主要从事的体力劳动有关，无论是下地种花，还是从事建筑类工作，一个健康的身体都是一种基础性资源，而患病则导致原本是"资源"的身体变成了一种"负担"。也正因为如此，在患者的疾痛感受中，因患病而不能从事生产生活及由此引发的诸多焦虑成为横亘在疾病之上的主要负面情绪。卫村一位被医院诊断为患有风湿性关节炎的卫东生向笔者哭诉到："我这个腿动不动就关节疼，疼起来，路都走不了，什么活也干不了。我家里头，上有老，下有小，两个老的年纪都大了，也不能帮衬帮衬。家里（指妻子）也没什么正经工作，就在家里带小孩，没什么经济来源。我自己之前在木厂上班，就是抬木头，腿疼了，就干不了了，工钱都是按天算的，不去就没有钱，就没法赚钱了，人家后来嫌我经常请假，也不要我做了。我现在没办法，就弄个三轮车拖拖客，也赚不了什么钱，生意好的时候，一天能赚个百八十，没生意的时候五十都不赚。小孩上学花钱也越来越多了，你说我怎能不愁"[30]。同样的，即使有些农民被诊断为不能从事重体力活，但因生计生活所迫，依然不遵医嘱，带病劳作。孙村一位从事农耕的孙超，鼻子经常出血且动辄血流不止，医院诊断为"鼻神经错位"，医生叮嘱其"多休息，不可从事重体力活"。然而，每逢五六月份的农忙季节，孙超都要开上拖拉机，自备干粮，远行百里，到附近的县或乡镇进行靶地。由于土地面积较大，一般需要连续作业，因而持续的体力劳动以及忙得吃不上饭就是常态，也因此，过度疲劳常常导致鼻子出血，对此，孙超似乎不以为意，认为这是赚钱的良机，不可错过。"我也晓得干这个累，但是一年到头就这点时间，平时拖拉机都闲在家里，这个来钱快，平均能赚 50 块钱一亩地，政府还能给点补贴，一天下来，能赚个一两千……这也是无奈，不苦没有办

28　D'Houtaud A, Field M G. "The image of health: variations in perception by social class in a French population." *Sociology of Health & Illness*, 1984（1）.

29　虽然有研究基于长三角地区一个村庄的调查指出，目前农民的把身体视为工具的"工具化健康观"有所淡化（参见姚泽麟：《"工具性"色彩的淡化：一种新健康观的生成与实践——以绍兴醴村为例》，《社会》2010 年第 1 期），但我们在河镇的调研却发现，农民依然持有浓厚的"工具化健康观"色彩，对处于苦难之中的农民而言，这种工具化健康观更为浓厚。

30　卫村信徒卫东生，2017 年 3 月 5 日访谈。

法，周围人家都盖了楼房，我家的还没盖，两个儿子虽然分家了，但我好歹也要每家给点钱，不苦哪里的钱"[31]。孙超"可以赚钱"的欣喜中也包含了"不得不"的无奈，构成带病工作农民的心境写照。这一工具化的身体观表明，身体并非独立，而是与社会生活世界紧密联通，在这个意义上，正如克莱曼所言，"对于中国人而言，身体是一个开放系统，连接着自我和社会环境"[32]。农民身体系统所遭遇的问题，直接影响了家庭的基础生计，由此，延伸出系列心理层面的苦痛感受，而相较之下，尤为西方医学社会学者所重视的患者在文化以及自我认同层面的感受似乎不那么重要[33]。通过对多位患者的访谈，我们发现，个体所知觉出的各种负面情绪及其表达（如焦虑、紧张、悲伤、痛苦、抱怨、自责、悔恨、担忧、不安、郁闷、伤心、难过、失望、烦躁、生气等）都和经济困境有或多或少的关联。对于患病农民而言，除了无法从事稳定的经济营生外，还要支出疾病治疗所花费的较多费用。也因此，乡村社会因病致贫的案例较为常见，疾病由此成为导致农村贫困的最重要的原因。[34]在笔者陪同赵村一位信徒前往医院的时候，医生提出住院治疗建议，他却以"家里事情多离不开人"为借口回绝了医生的建议，其真实原因则是"住院要花更多的钱"[35]。

疾痛感受无疑是多元而复杂的，以上生理和心理两个层面的内容也仅是简要论及。总的来说，患病农民无论在生理层面抑或心理层面所知觉的各种症状以及负面情绪，都蕴含了一种社会隐喻（如社会角色的缺位、经济困境）。疾病对个体是作为疾痛式的鲜活经验而存在的，具有丰富的社会

---

31 孙村村民孙超，2016 年 10 月 15 日访谈。

32 克莱曼：《疾痛的故事——苦难、治愈与人的境况》，上海译文出版社，方筱丽译，2010 年，第 11 页。

33 有关医学社会学的研究强调疾病的多重影响，除了对经济状况的影响外，还关注了疾病对自我认同、社会交往等的影响。如 charmaz 认为，慢性病破坏了身体和自我的统一，触发了认同危机。Kleinman 等认为，慢性病意味着潜在的社会死亡，会导致患者无法和社会关系网络进行正常的交往。分别见：Charmaz K. "The Body, Identity, And Self." *Sociological Quarterly*, 1995 （4）. Kleinman A, Wang W Z, Li S C, et al. "The social course of epilepsy: Chronic illness as social experience in interior China." *Social Science & Medicine*, 1995（10）.

34 姚洋、高梦涛：《健康、村民民主和农村发展》，北京大学出版社，2007 年，第 1 页。

35 赵村信徒赵大邦，2016 年 10 月 3 日访谈。

意涵。在这个意义上，"疾痛像一块海绵，在病人的世界中吸收了个人和社会的意义"。[36]

3.2 作为一种"破坏"的事故

3.2.1 事故的类型及其社会生产

事，事故也。在农村，当一个农民得知自己家出事的时候，往往会感到不知所措，难以接受，宛若晴天霹雳。在农民的日常表达中，"事"是一个非常笼统的概念，意指一切不好的事情。"出事"犹如掷入平静水面的石子，总要掀起一圈涟漪。在农民的朴素认知那里，"遇到事了"意味着对日常生活进程的破坏，对过日子稳态的威胁。依据事故的突发与否，可以将其分为如下两种类型：

一种是突发的意外伤害，指当事人或家庭没有预料到的事故伤害，比如出车祸、溺水、火灾、中毒、工作时意外伤害、失窃等。它的特点在于非本意、由外来原因造成、突然发生三个方面[37]；一种是非突发的事故，主要表现为因长期矛盾积累而触发的对生活稳定秩序构成威胁的事件。比如在家庭层次的夫妻打架、夫妻闹离婚、家人离家出走等等，在社区层次的邻里言语纠纷、地界纠纷等日常琐碎纠纷。和突发的意外伤害相比，它的特征是可预料、由内部原因造成的、自然发生的事情。

上述两种类型事故和疾病一样，均意味着对正常生活进程的打断，并构成当下家庭生活的焦点所在。笔者对陈村教会 30 位因事信教信徒（在信教前）所遭遇的事故进行了统计，并分别选取 7 件具有代表性的突发事故和非突发事故，见下表：

---

36 克莱曼：《疾痛的故事——苦难、治愈与人的境况》，上海译文出版社，方筱丽译，2010 年，第 33 页。

37 突发的意外伤害，也是我们对一般"事故"的理解。但在本文中，则取"事故"的宽泛含义，既指突发的，也指非突发的。

表3-2 陈村教会因事信教信众信教前所经历的代表性事故

序号 \ 类型	突发事故	非突发事故
1	信徒陈艳丈夫夜班回家，穿越公路时，被挂车撞到，伤重去世。	信徒陈军因地界矛盾和邻居打架，其妻子头部被打出血。
2	信徒陈兵开车上班途中，在拐弯处，撞到一位老人，后送医院，赔偿3000元。	信徒陈跃妻子因夫妻矛盾离家出走，半年没回家。
3	信徒陈宏家门口200颗价值10万元左右的五针松盆景失窃，后报警，无果。	信徒陈惠因楼房高度问题和邻居发生口角，并打架，后乡政府介入处理，陈惠自觉吃亏。
4	信徒陈广在给别人装修房子时，从二楼摔下，腿受伤，住院治疗。	信徒陈婷家和别人做生意因分红闹矛盾而打官司。
5	信徒陈德在木厂作业时，金属异物蹦入眼睛，后手术治疗。	信徒陈遥儿子成绩一落千丈且不听管教，一次打骂后，儿子离家出走，半月未归。
6	信徒陈静儿子在 SARS 蔓延期间患流感病重，高烧持续不退。	村民陈勇因琐事被儿子殴打，陈勇觉得委屈。
7	信徒陈红被电话诈骗，损失2000元。	信徒陈媛丈夫出轨，并殴打陈媛。

这类事故的发生是导致信徒皈信宗教的直接诱因，事故的解决，如疾病的医治、窃贼的抓获、财产损失的挽回、官司的打赢、配偶的回心转意、儿子的归家等等，就成了主要的宗教目的。和疾病相似，事故也具有浓厚的社会生产的一面。以突发的事故为例，蒋村一位年过8旬的老人认为：

"现在社会，就好比说这车祸，你看那个路口，几年时间同一个地方出过不下于6次的车祸。现在人啊，有点钱，不管需要不需要，都买辆车，显摆自己有钱，车多了，路上就危险了，动不动路边就有120的车子开，都是出的交通事故。所以我家小孩在外开车，每次我都是提心吊胆的。另外，老百姓干的话，大多都是危险的活，你看那些瓦匠工、吊沙的、弄装修的，要爬高，在楼顶上走来走去，看着都让人捏把汗，可又不能不做啊，这一行赚钱多，这真的是血汗钱呐，这也是命钱呐！放在之前，老百姓就是种种地，也没那么多危险，路上也没那么多车子，就是盖房子，也都是盖的一层的平房，不用怎么爬高……还有去木厂上班的，有人被蹦出的钉子打到，每年都有这样的事情发生……现在人心也坏，专门骗我们这种老头子，骗人的也多，骗人的手段也是五花加八门，前段时间，村里还有人被骗去了戒指什么的。"[38]

老人的话，朴素地反映出现代社会与农民风险认知的关联。和传统社会相比，当代农村的生活环境、群众的道德水平、农民所从事的职业类型等都参与了社会风险的塑造。以生活环境为例，河镇乡村社会道路设计中普遍缺乏减速带、路灯、红绿灯等必备安全设施，因而导致乡村公路的某些地段成为交通事故高发区域，由此象征现代化的公路蕴含了一种风险要素。对于职业类型而言，我们发现对于那些 40 岁以上又缺乏专业谋生技术的农民而言，他们多从事建筑工、帮别人开车等技术含量较低而风险较大的工作。以房屋修建为例，近年来河镇农民大兴土木，每家每户都竞相盖起楼房[39]，也因此催生了大量从事建筑的工人，瓦工、木工、电工等成为众多农民的职业选择。房屋修建的过程中，一般都缺乏必要的安全防护的硬件和技术条件，因而意外事故也频繁发生。在调研期间，笔者经常见到工人在三四层高的楼顶边缘位置无任何防护措施地行走、架料、砌墙，让人不禁捏一把汗。当然，对于这样的风险，农民是自觉的，甚至自甘冒这样的风险，因为除此以外，别无他法。由此，和前现代社会诸如饥饿、寒冷、传染病这类因自然因素引起的风险不同，现代社会的风险概念被扩展了，它不仅被限定在自然领域，而且"也存在于人类当中，在他们的行为中，在他们的自由中，在他们之间的相互关系中，在他们与所处社会彼此联系的这一事实当中"。[40]

作为一种非突发的事故，因农民家庭和社区生活中矛盾而触发的冲突是主要类型，如表 3-2 中的夫妻矛盾、亲子矛盾、邻里矛盾、工作矛盾等。一位负责农村矛盾调解的镇驻村干部河广怀如此感慨：

---

38 蒋村蒋建德，2017 年 10 月 2 日访谈。

39 家家户户盖楼房，俨然近年来成为河镇农村的"风景线"。对农民而言，如果不盖楼房，意味着将被别人瞧不起，同时还意味着"风水"的不好，尤其是两边盖了，中间不盖，则被视为差风水，将会带来厄运。

40 Ewald,F. Two infinities of risk.In Massumi,B.（ed.）,The Politics of Everday Fear.Minneapolis,Minnesota:University of Minnesota Press,1993:221-228.转引自勒普顿：《风险》，雷云飞译，南京大学出版社，2016 年，第 5 页。

　　"农村的矛盾，一直都有，历史上'吵仗磨牙'也就没断过，比如说夫妻吵架了，邻里打仗了。但那个时候，事情再严重，也不会怎么样，就好比说这个夫妻矛盾吧，也不会说闹到离婚，为了孩子，为了家人，加上村里头的邻居长辈说说话，日子也就能将就过了，现在这个很难将就了，动不动就要闹离婚。之前，邻里因为地界闹个矛盾，找个长辈调解调解就算了，现在不行了，农村现在年轻人都不睬这些老长辈，弄得动不动就打110，原来那一套不管用了。地界这个事，包括其他的事，可大可小，相互让一让就能解决，现在的老百姓，就是'不让人'，得理不饶人，本来地界都树桩砸好了，可偏要趁着晚上偷偷地把树桩换个位置，引起矛盾，甚至拉下仇恨。动不动就能吵一架，干一杖"。[41]

　　驻村干部的上述言论暗含了基层矛盾频发背后的社会性，如市场经济的发展、传统权威的式微、个体权力意识的觉醒等。这些因素的交叉纠集使基层社会的矛盾更加多发、复杂且难以解决。调解这些矛盾也使得村干部忙得目不暇接，王村的村书记王大海甚至抱怨："现在最怕老百姓要我调解地界矛盾，公说公有理，婆说婆有理，老百姓现在也不怎么认我们这些村干部，调解满足他的意愿了，说你好，要是不满足，天天骂你"[42]。在河镇，我们发现一个普遍存在的现象，即几乎每一户都曾经或者正在和同村的邻里甚至近亲存有矛盾，而矛盾的由头无外乎如地界纠纷等零碎之事。与此同时，王大海所言"老百姓现在也不怎么认我们这些村干部"所指涉的乡村公共权力的式微，某种程度也诱致了基层矛盾化解的困难，构成了纠纷难以化解的"基础性宏观体制根源"[43]。而河广怀所说的"农村现在年轻人都不睬这些老长辈"所指涉的传统权威的衰落，[44]进一步地加剧了矛盾化解的难度。

3.2.2 农民的遇事感受

　　无论是突发的意外或者是非突发的矛盾冲突，对于农民而言，都意味着

---

41 河镇驻陈村干部河广怀，2017 年 6 月 1 日访谈。

42 王村村支书王大海，2016 年 12 月 3 日访谈。

43 刘刚、王芳：《乡村纠纷调解中的公共权力与权威》，《中国农村观察》2008 年第 6 期。

44 有鉴于此，河镇于 2017 年专门在每个村庄评选了若干乡贤以发挥他们调解基层矛盾的作用。

对生活秩序（经济基础、家庭关系、社会关系等）的破坏，都是一种苦难。而要理解这样的苦难以及农民面对之的感受，就需要进入农民日常生活所处的家庭、邻里、社区等微观场域。为此，布迪厄（Bourdieu）有关从"小社会"入手理解苦难的思想颇具有启迪意义，他在《世界的苦难》一书中指出：

> "在小社会里（办公室、车间、小企业、邻居和大家庭）可以直接感受到的社会互动甚至会支配或者至少改变人们在大社会里对于自身地位的体验……只讲（大社会中）生存条件的深重苦难而排斥其他一切困苦，无异于对很大一部分反映社会秩序的困苦视而不见和不理解。无疑，社会秩序已经使大苦大难有所减轻，可是在社会分化的过程中，社会空间大大扩展，从而制造了助长各种日常困苦空前加深的条件"。[45]

布迪厄的观点启示我们，苦难不一定是那种指向宏大叙事的"大社会"中的大苦大难（如战争、洪水、地震等），苦难也可以是人们基于日常生活的"小社会"中琐粹却又真切的困苦。因而我们注意到，如果仅仅从宏观大社会来透视，我们就难以理解农民不同层次的苦难——大社会话语所营造和建构的是一派"和谐"的画面，尤其在位处发达地区的河镇，无论从大社会的哪一个角度看，民众的生活水平和质量都居于前列，由此，农民的日常困苦就容易被宏大话语遮蔽。从小社会的视角看，农民在际遇事故时的感受主要表现为在自我心灵、家庭和社会层面所知觉的失序状态：

首先是自我心灵的失序。突发或非突发事故直接打破了当事人的常规心灵秩序，并促成其生成一系列的心理设问，如"为什么是我（家）"、"我该怎么办"等。事故的发生往往意味着舒茨意义上的"手头库存知识"（Stock of knowledge at hand）的失效。信徒陈遥在其儿子离家出走后如是表述了自己当时的心态："小孩（注：12 岁）沉迷游戏，成绩下滑，不听话，之前我说说他，骂骂他，他听着也就过去了。那天我骂完之后，我还觉得不解气，就扇了他几巴掌，没想到这个小子竟然离家出走，怎么也联系不上，当时我脑海里，心焦啊，想着小孩在外面要是被人骗去传销，饿了怎么办，渴了怎么办……谁能知道这个家伙能来这一招，他总体是个乖顺的孩子，想着怎么可能离家出走呢。亲戚朋友连续找了一个星期，都报警了，小孩都没找到，我当时的

---

45 布迪厄：《世界的苦难——布迪厄的社会调查》，北京：中国人民大学出版社，张祖建译，2017 年，第 5 页。

想法是，心里头乱，小孩找不到，我也不活了"[46]。对于陈遥而言，孩子的离家出走让她始料未及，这一从未有过的经验使得她不知如何应对，作为常规方案的"亲戚朋友寻找"和"报警"都未能把孩子找回，更加重了其无力感和焦虑感，造成"心里头乱"这一心灵的失序。

其次是家庭生活秩序的打乱。突发的事故直接导致相对稳定的家庭生活进程的中断（如家计模式、家庭关系、家庭角色、家庭地位）。正如有研究指出的那样，家庭突发事故通过直接冲击影响家庭内部网络结构、家庭经济物质基础和家庭精神情感基础，进而造成家庭结构的解体或家庭运行出现重大障碍。[47]质言之，事故对家庭的冲击是全方位的。信徒陈艳丈夫出车祸去世后，她除了不得不接受这一痛苦的现实外，更多的是思考"这个家怎么办""家里谁来挣钱""孩子谁来带""自家会不会被别人家欺负""家里的地谁种""家里两个老的怎么办"等一系列维持家庭基本生活秩序的现实问题。[48]对于诸多以家庭矛盾为典型表现的非突发事故而言，家庭本身就是这类问题的生成空间，并进一步撕裂、毁坏家庭。家庭是人的基本生存处境，而不仅仅是一个社会组织，人生的幸福取决于家庭生活[49]。正因为家庭的重要性，事故发生后，农民最担忧的也恰恰是对家庭的顾虑。信徒陈媛得知自己丈夫出轨，因考虑到孩子或者说家庭的存续而选择忍气吞声。信徒陈广摔伤后，首先担心的是自己将成为儿子的负担。

最后是社区层面秩序的打乱。对于每一个农民个体或家庭而言，其都深嵌于乡村社区空间之中。作为兼具物理和社会属性的社区空间，社会关系、人情、面子、地位蕴含其中。事故的发生，将直接影响个体或家庭与社区空间的关联。信徒陈静儿子在 SARS 蔓延期间患流感病重后，全村人都"投来了异样的眼光"，之前经常来窜门的亲朋好友也不来了，儿子的玩伴也应家长要求不再和他玩，村干部三天两头询问病情进展，因为"他们深怕孩子将病传染给他们"[50]。信徒陈惠因楼房高度问题和邻居发生口角并打架后，乡政府介入处理，被要求把"高出来"的部分拆掉。自此，陈惠觉得"很没面子"，

---

46 陈村信徒陈遥，2017 年 8 月 5 日访谈。

47 邓遥：《系统论视野下的乡村家庭突发事故研究——基于 Q 自然村落的个案研究》，上海大学博士论文，2009 年，第 1 页。

48 陈村信徒陈艳，根据 2017 年 8 月 6 日访谈整理。

49 吴飞：《论"过日子"》，《社会学研究》2007 年第 6 期。

50 陈村信徒陈静，根据 2017 年 8 月 1 日访谈整理。

坚称对方找了关系，感觉在村庄中抬不起头，感觉自己被人瞧不起。[51]由此可见，事故的发生能够打破既有社会关系格局以及影响当事人及其家庭在社区村落中的系列社会属性（如阶层、地位、面子等）。

总的来说，个体遇事的感受无疑是复杂多样的，此处聚焦"失序"所展开的"小社会"（个体、家庭和社区）意义上的分析，表明苦难给当事人及其家庭所带来的独特感受，这种感受往往是"大社会"之立场所难以理解的。比如信徒陈红被电话诈骗以致损失 2000 元这一事故对于绝大多数人而言，其实都算不上什么大事。但对于陈红而言，2000 块对她意义非凡，其是全家省吃俭用攒下的用以给孩子交学费的钱。损失 2000 块更是意味着遭受丈夫、公公、婆婆的指责以及由此所造成的自责。[52]

3.3　宗教方案寻求与庇护关系诉求

3.3.1　非宗教方案及其局限

总的来说，作为两种主要的苦难类型，疾病和事故意味着对农民过日子进程的破坏。"过日子"作为一项中国人对生活过程的概括，包含出生、成长、成家、立业、生子、教子、养老、年老、送终等环节，意味着一个人走完一辈子的过程[53]。这一过程的每个环节都是以家庭为背景而展开的，疾病和事故的共同破坏性在于，它打破了既定的日常生活进程，瓦解了家庭这一基础性稳定系统的存在。之于疾病，"其是一个破坏性的事件，它破坏了日常生活的结构以及作为其基础的知识形式，意味着病人要接受痛苦和苦难，甚至死亡"[54]。之于事故，无论是突发的抑或非突发的，都意味着对生命进程中的既定安排、家庭生活的基本节奏带来破坏性影响。

然而，面对疾病和事故的农民及其家庭，也并非提线木偶，尽受命运的支配。尽管苦难对当事人带来了许多问题和困难，破坏了他们的人生进程，但他们亦非消极被动，相反，他们试图动用各种资源、采用各种手段去适应

51　陈村信徒陈惠，根据 2017 年 8 月 5 日访谈整理。

52　陈村信徒陈红，根据 2017 年 8 月 6 日访谈整理。

53　吴飞：《论"过日子"》，《社会学研究》2007 年第 6 期。

54　Bury, M. "Chronic Illness as Biographical Disruption." *Sociology of Health and Illness*, 1982（2）.

或解决之。正如郭于华所言及的那样，"受苦人"对苦难有着自己的应对方式和解释，在苦难中挣扎以求得生存是所有下层人民仅有的选择。[55]此种能动性也引起了研究者的注意。如郇建立的研究指出，乡村慢性病人并不是被动地适应慢性病的冲击，而会主动采取各种生存策略去认识、应对和管理慢性病（如执行治疗方案、探索用药效果、重建日常生活等），以便更好地带病生存。[56]事故发生之时，家庭会采取"即时回应策略"和"事后恢复策略"来解决事故所造成的急迫性问题以重建家庭并维持家庭正常运行。[57]经验中我们发现，农民在应对苦难时，出于一种习惯而自然的本能反应，首选的往往不是宗教方案，而是"非宗教方案"，正如斯塔克等所提出的经典命题那样，"在知道并且可用一个更便宜或更有效的方法时，人们将不求诸超自然"[58]。这一非宗教方案主要包含个人、家庭、社区和政府四个层次，如下表所示：

表 3-3 苦难应对的非宗教方案

应对层次	个 体	家 庭	社 区	政 府
应对内容	（1）改变观念（健康观、身体观等） （2）改变生活方式（戒烟戒酒、注意安全、少生气等） （3）积极配合医生、警方等	（1）参与基本生活照料 （2）调整家庭分工 （3）情感慰藉等	（1）经济、人力支持 （2）邻里照料 （3）社区融入 （4）情感支持等	（1）政策支持（如医保政策、精准帮扶等） （2）社保支持（如贫困户、五保户申请、资金抚恤）等

---

55 郭于华：《作为历史见证的"受苦人"的讲述》，《社会学研究》2008 年第 1 期，第 5 页。

56 郇建立：《乡村慢性病人的生存策略——基于冀南沙村的田野考察》，《思想战线》2014 年第 3 期。

57 邓遂：《系统论视野下的乡村家庭突发事故研究——基于 Q 自然村落的个案研究》，上海大学博士论文，2009 年，第 110-142 页。

58 斯塔克、芬克：《信仰的法则——解释宗教之人的方面》，北京：中国人民大学出版社，杨凤岗译，2004 年，第 343 页。

上述非宗教方案的梗概表明，面临苦难之时，受难者及其家庭会想尽一切可能的方案来应对之。在此，我们以卫村卫梅丈夫被查出癌症为例，来阐释苦难的应对过程：

> 2015 年盛夏的一天，卫梅的丈夫腹痛，起初以为是吃错了东西，在村里的小诊所输了一个月的液都未见好转。后来，去市里的医院，检查是胃癌，并已经是晚期。其实，这一绝症之来也并非没有征兆。卫梅的丈夫常年在外打工，从事建筑类重体力活。由于想多节省点钱，因而在饮食上相当随意。"饥一顿、饱一顿"以及"随便几个馒头开水应付了事"很是常见，久而久之，就出现了肠胃疾病。虽然如此，其丈夫不以为意，因忙于挣钱，而忽视了身体所发出的疾病信号。癌症确诊后，对原本就贫困的家庭而言，犹如晴天霹雳，雪上加霜。然而生活总还是要过下去，整理好痛苦和悲伤的情绪后，全家进入了"苦难应对"的模式。首先是寻求医学这一常规路径，接受医院的建议，进行了手术，胃被切除了一半。手术治疗的费用大部分来自亲朋好友的救济。手术后，病情得到了暂时的遏制，但由于住院费的高昂，便回家治疗。在治疗期间，卫梅积极了解相关医保政策，并叮嘱医生使用报销比例较大的国产药。为了节省金钱和方便照料，卫梅正在市外读卫校的小女儿回家当起了"护士"，给父亲打针、输液、熬药成为她每日必做的事情。还在读高中的大女儿因为要面临高考，无暇回家照料，就承担起"情感慰藉者"的角色，经常给她父亲打电话，让父亲放心，告诉他"病一定会好的""自己一定考上好的大学让父亲骄傲"。由于小女儿的回家，卫梅得以能够继续在木厂上班赚钱，在她看来，能赚一些是一些，"钱能续命"。除此以外，她还向自己的同事、朋友借钱，并委托自己的侄子申请成为"贫困户"，以获得相应的经济支持。而卫梅的丈夫自己，也把重心投入到自己的身体上，积极询问、尝试各种民间秘方，听闻吃花生对胃好，于是，从早到晚，卫梅的丈夫就不停地吃花生，期待奇迹的发生。[59]

---

59 依据对卫梅及其家庭成员的访谈整理，2017 年 7 月份访谈。

通过以上内容，可以看出卫梅一家试图在个体、家庭、社区和政府层面进行应对的方案，俨然形成一种"家庭策略"[60]。家庭策略强调的是，家庭是一个能动的主体，对所面临的问题能作出相应的努力，尤其体现在家庭对危机的反应上[61]。然而，立基于世俗社会的非宗教方案虽然为苦难应对提供了一定的空间，但对于农民当事人而言，其局限性也是非常明显的，且主要表现为两个向度：一是在具体苦难处理的效果上，二是在苦难背后的意义解释上。

（1）之于苦难处理，非宗教方案（如医疗技术之于疾病的治疗、社会保障制度建设之于意外伤害的规避、亲人照料之于情感的慰藉）在面对具体的苦难议题时，有其自身不可避免的局限性，它无法提供承诺和效力。对疾病而言，医疗这一主要的非宗教方案，其局限性既表现为现代医学在面对癌症等疑难杂症时所表现出的技术局限，也表现在医疗方案所附带的高昂的、远远超过普通农民家庭负担的经济成本。对事故而言，个体、家庭、社区、政府在事故议题的解决上，同样具有相应的局限。这不仅表现为诸如"矛盾难以化解"这样的手段局限，更在于很多时候，原本作为"方案执行者"的上述主体，本身就是事故产生的根源，比如家庭矛盾、社区排斥、政府失责等等。（2）之于苦难意义，无论是疾病还是事故，都内含了意义问题。这一意义问题指涉了这样的基本追问：为什么是我或我的家庭？为什么这个时候？为什么会以这样的形式?等等。一位信徒在家中接二连三地发生事故后（先是妻子生病，后是老人病故），其觉得"老天无眼"。认为自己的妻子平时对长辈孝顺、对孩子爱护、对邻居友善，勤劳而又贤惠，自己的父母同样是村里有名的热心肠，可最终还是出了这样的事，不时感慨"好人没好报"。非宗教方案虽然也具有指向情感慰藉以及心理辅导的功能，但却无法有效回应苦难背后的意义发生学。

同时，我们还注意到乡村社会现代化进程中国家在化解农民苦难的制度性方案建设上所作的努力。比如就疾病而言，近年来国家大力推动新农合，相较以往，农民的医疗保障水平空前提高。楚县近年也不断提高新农合筹资

---

60 所谓"家庭策略"，顾名思义是强调家庭本身的主体性、能动性和其应对复杂多元化社会中的调整与适应。由此，家庭不是被动地接受社会变迁的影响，而是以自己原有的特点对社会做出反应。参见麻国庆：《家庭策略研究与社会转型》，《思想战线》2016 年第 2 期；杨善华：《家庭与婚姻》，载李培林等编：《社会学与中国社会》，北京：社会科学出版社，2009 年，第 89 页。

61 樊欢欢：《家庭策略研究的方法论》，《社会学研究》2000 年第 5 期。

和补偿标准，其 2017 年度新农合筹资标准为每人 620 元，比 2016 年筹资标准 545 元每人上调了 14%，其中财政补助每人 470 元、参合人员个人缴纳 150元，对于低保户、五保户、民政重点优抚对象、孤儿、重度残疾人等个人缴费部分由县民政局从城乡医疗救助基金中全额划转。与此同时，楚县还提高了门诊和特殊慢性病补偿限额，其中普通门诊费用补偿限额由 100 元/人年提高到 200 元/人每年。特殊慢性病患者中高血压病（Ⅲ期）、糖尿病等慢病门诊补偿限额由 2000 元/人每年提高到 4000 元/人每年；系统性红斑狼疮、帕金森综合症、肾病综合症、慢性乙肝合并肝硬化门诊补偿限额由 20000 元/人每年提高到 40000 元/人每年；终末期肾病透析治疗、器官移植抗排异治疗、再生障碍性贫血、骨髓增生异常综合症、血友病 A、白血病及恶性肿瘤放化疗的，每人每年门诊补偿限额由 5 万元/人每年提高到 6 万元/人每年。[62]这类政策对于农民而言无疑是利好消息，然而，因病致贫现象却在乡村社会中普遍存在，补偿限额的提高对于巨额医疗费用依然是"杯水车薪"，更不论在医疗报销过程中所涉及的比例限制以及较为复杂的手续，调研中我们发现有多位患者因没有及时办理转院手续而导致没有获得相应的补偿。[63]就事故而言，乡村社会近年来在基层社会矛盾化解、风险规避上采取了一些举措，比如派设驻村干部、针对低收入群体的扶贫工作、乡贤的设立等等。2017 年间，镇干部和村干部共为周村农民处理了 107 件"急愁难"事件，其中和疾病有关的有 59件，和事故有关的有 37 件，其他（如慰问、贷款担保等）有 11 件。作为总共不足 5 人的工作队伍，除了日常繁忙工作外，每个月还要处理平均 9 件多的事情，不可不谓在苦难应对的制度性方案上下了不少功夫。表 3-4 为周村12 月份中旬驻村（社区）服务工作组化解"急愁难"情况，从中可以看出基层政府在农民的苦难应对上所做的努力。[64]虽然如此，所谓"清官难断家务

62　参见《楚县 2017 年提高医疗报销条例》，2017 年。

63　楚县有关规定显示，新农合外地就医必须办理转院，在本地医疗条件允许及其可以治疗的情况下，百姓应优先选择本地医院，如确需转诊，需由本地最高等级医院出示转诊证明，由三位主任医师签字同意，至省内外更高等级医院进行治疗，参见《楚县新农合异地报销指南》。

64　既有研究多认为社会保障的缺乏以及公共服务不足是农民皈信宗教的原因（如郑风田、阮荣平、刘力：《风险、社会保障与农村宗教信仰》，《经济学（季刊）》2010年第 3 期；江金启、郑风田、刘杰：《健康风险与农民信仰选择》，《南方经济》2011 年第 3 期），但我们认为即使通过政府的努力，使得社会保障得以健全、公

事"、所谓"人有不测风云"，无论是突发的事故抑或非突发事故依然不可避免地会出现。与此同时，国家和社会层面的努力也只能通过补助、照料、扶贫等技术性手段而展开，而无法有效处理意义问题，在这个层面上，也正如克莱曼所指出的那样，"社会对它（苦难）的反应却几乎完全集中在理性的技术控制上，鲜有对其更深层次的意义探索"。[65]

表 3-4 周村 12 月份中旬驻村（社区）服务工作组化解"急愁难"情况[66]

姓　名	河人超（镇民政办主任）	时间	2017 年 12 月 10 日	地点	周村
工作内容	周村五组周金来，无儿无女，又患脑血栓，生活不能自理，在镇敬老院生活，又无人整天照顾，河主任得知后主动与县民政局联系，为其办理手续，帮他在县敬老院生活。				
姓　名	河京（镇国土所所长）	时间	2017 年 12 月 15 日	地点	周村
工作内容	周村三组周春开和周春来两家，因互相换地引发矛盾，多次找村干部调解无结果，河所长得知后配合村干部到田间测量，事情自然解决。				
姓　名	河宝强（副镇长）	时间	2017 年 12 月 21 日	地点	周村
工作内容	周村二组周小林家，本人患有尿毒症，妻子过早去世，生活非常困难。他有一个儿子周帅已经结婚，周帅的妻子有妇科病，资金很缺乏，这时河镇长知道后，主动在政策范围之内为其报销合作医疗报销后的医疗费用，同时给一些补助费。				

3.3.2 宗教方案与庇护关系的形塑

在非宗教方案具有无可避免之局限性的背景下，乡村基督教会所提供的宗教方案就有独特的存在空间和意义。我们首先来看宗教方案是如何传播以及其主要内容是什么。

在形式上，正如既有研究所揭示的那样，乡村基督教的传播充分动员了乡村熟人社会的关系网络，利用了地缘、血缘、业缘和趣缘等关系资源。

共服务得以完善，农民皈信宗教现象仍然不会杜绝，其原因在于现实空间的非宗教方案无论多么完善，对特定人群而言都有其局限所在，因而农民便会出乎本能寻求立基于超现实空间的宗教方案的帮助。

[65] 克莱曼：《疾痛的故事——苦难、治愈与人的境况》，上海译文出版社，方筱丽译，2010 年，第 32 页。

[66] 周村村委会公共事务栏张贴的内容，2017 年 12 月 25 日摘抄。

[67]河镇的经验也如此，我们对钱村教会（钱村二点）某日参加聚会的 143 名信徒的皈信渠道进行了统计，其中，通过熟人（亲戚、邻里、朋友等）方式的有 128 名，约占 90%，没有经人介绍而自己主动前往教会的有 5 人，约占 3%。而代际传播（即父母信教进而带动子女信教的一种传播方式）有 10 人，约占 7%。质言之，绝大多数信徒都是经由熟人途径而皈信宗教。"熟人传教"这一形式对于农民而言，具有独特的心理意涵，它意味着提供了一种天然的信任情感，这正如信徒钱平说的那样：

> "要是陌生人给我传教，那我还感觉他（她）是个传销呢，说不定还是个那些歪魔邪道，万一把我骗了也有可能。熟人都是亲戚朋友邻居的，抬头不见低头见，他（她）来给你说，先不管到底能不能起到作用，但最起码不会骗你，觉得即使没什么作用，去了也不会害我……况且他（她）说的那些话，比如谁谁病好了，得到福报了，那人我也认识，还真有这么一回事……也就是抱着试试看的心态，去了不吃亏，也不上当。"[68]

关于传教，值得一提的是，由于乡村基督教会专职事工人员的缺乏，因而并无专门的专职意义上的传教人，但这并不意味着没有人传教，相反，每一个信徒都可以是传教人，其原因在于普通信徒都乐于在平日窜门聊天中向不信教之人道及信教的好处，并把这种行为视为一种讨"神"喜悦的事。囿于宗教水平以及宗教偏好，农民的传教之道并不在于对教义真理的宣称（实质上大部分信徒自己也不了解），而是着力宣传神恩神迹。因为这种传教的业余性质，我们可以说这种传教甚至不是专门的一项宗教活动，神迹神恩也只不过是信徒茶余饭后的一种谈资。但无论如何，非信徒的农民都是对这些神迹神恩抱有猎奇心理的，因而这些内容也是对农民极有吸引力的。在传教内容上，则主要聚焦为如下几个面向：一是强调苦难的积极意义。诸如"神就喜悦有苦有难的人""只有苦难才能得着神""苦难不可耻，是神拣选人的方式"等。二是宣扬神的大能甚至是无所不能。比如"很多疑难杂症医院治不好，上教会给治好了""不孕不育，求求主就生下了双胞胎""上教会后小孩考上了名牌大学"等内容经常为传教者所欣欣乐道，其所构建的种种好

---

67 参见董磊明、杨华：《西方宗教在中国农村的传播现状》，《文化纵横》2014 年第 6 期。

68 钱村信徒钱平，2016 年 10 月 2 日访谈。

处对有诉求的农民而言无疑是具有诱惑力的。三是宣扬神恩获得的途径。作为一项神迹、福佑获得的前提条件，那就是信神，并提出信神的具体要求，用农民的表达即是"上教会"，如要去教会听道、祷告等。四是宣扬基督教的"先进性"，比如以"很多科学家都信""国家领导人都支持""美国总统奥巴马都信"等话语来佐证。在一次焦点访谈中，王村信徒们在回忆自己面对这样传教内容的感受时，如是说道：[69]

> "反正这个病去医院怎么看都没看好，前前后后，这么长时间，说明医院技术水平有限。听传道人说癌症都能治好，我这病比癌症轻多了，按理也能靠主靠好呢！"

> "就是去去教会嘛，就是'信'就行，又不用花钱、不用吃药、不用打针、还又不遭罪、也不花多少时间、不耽误干活，有时候在家闲着也是闲着，去去有没有好处不敢说，但肯定没坏处"。

> "听说那些当官的、有钱的、还有美国科学家都信耶稣，他们又不半（比）我们老百姓，都是有文化、有知识的。他们这些人都上教会，那教会应该是有用的。村里头王兵家条件那么好，都去教堂，就好比人穿的衣服一样，有地位的人穿得衣服质量那肯定好。"

结合教会宗教方案的传播形式和具体内容，我们可以尝试对上述农民的心理感受进行如下表的归纳：

表3-5 宗教方案传播与农民心理感受

宗教方案的传播	传教形式：熟人	传教内容一：苦难的积极面向	传教内容二：神的大能	传教内容三：神恩获得路径是"信"	传教内容四：先进性宣称
接受传教后的农民心理	信任、相信	苦难不可怕	向往"神迹"	愿意去"信"	信赖教会

和非宗教方案相比，宗教方案的典型特征是指涉了一种超现实空间，表现为：一是个体苦难应对不受个体所处社会中的结构性位置的制约。在现实空间的诸多常规方案中，个体所处的经济水平、社会地位等制约了个体应对苦难的途径及其效果。而在宗教所承诺的方案中，一切制约元素都被消解，

---

69 对王村教会信徒的焦点访谈，三段文本分别为信徒王一雪、王二水、王三冰的表达，2017年7月8日。

个体只要突出一个"信"即可，所谓因信得救。二是神具有无上的、不受限制的能力。在宗教面前，无论是何种疾病、何种事故都被宣称能够得到解决，其典型表现是通过神恩神迹来达到上述目标。三是苦难的意义问题。在宗教方案中，苦难不是耻辱，不是负担，反而意味着"得着神"的机会，体现了一种苦难的神义论色彩。就宗教方案的承诺而言，其很好契合了农民应对苦难的感受。对于疾病所带来的疾痛感受，如生理层面所知觉的不适症状以及心理层面知觉的各种负面情绪，宗教方案蕴含了化解苦痛的可能性。对于事故所带来的在个体心灵、家庭和社区层面的失序感受，宗教方案蕴含了一种秩序恢复的空间，由此，宗教成为"常人重构生活秩序"的方式[70]。质言之，指向超现实空间的宗教方案消解了苦难者在现实空间中求诸非宗教方案的不确定性（如医疗技术的不确定、治疗成本的不确定、矛盾化解的不确定、苦难意义的不确定等），体现了卢曼（Luhmann）所言的宗教的重要功能——宗教即是要将"生命意义"及其相关各种问题去"吊诡化"，使人不再去理会现世中不确定的复杂性和吊诡的问题，因而得以在千变万化的世界里得到信心和安全。[71] 也正是在这个意义上，"每一种宗教被看成是人们在寻求生命的帮助和意义时，所铸造的成果"。[72]

　　进一步地分析，我们发现宗教方案和个体苦难感受之间蕴含了一种个体与宗教的关系雏形。我们把这种关系称为"庇护关系"——即在个体"信"宗教的基础上，宗教为个体提供"庇护"，并认为因苦难而生的这一庇护关系是乡村基督徒宗教虔诚的前提。

　　如果运用流行的理性选择理论的说法，那么，在这一庇护关系中，农民的代价是"信"[73]，收益是"获得来自神的福佑"。这一庇护关系的心理预期契合了中国传统宗教或民间信仰中人神关系的一贯模式，它的典型特点是神人互惠。对这种独特的关系模式，学界也有所讨论和概括，比如"礼物范式"[74]

70　那瑛：《常人宗教与社会秩序的重建》，《理论探讨》2012 年第 3 期。

71　Luhmann, Niklas.1984. *Religious Dogmatics and the Evolution of Societies*, New York: The Edwin Mellen Press, 1984:12.

72　史密斯：《人的宗教》，刘安云译，海口：海南出版社，2001 年，第 14 页。

73　当然，在不同阶段教会对"信"的建构以及农民对"信"的理解并非一成不变，相反存在显著差异的。

74　David A. Palmer. "Gift and market in the Chinese religious economy". *Religion*, 2011（4）.

"灵验——报恩"[75] "关系/来往模式"[76] "契约关系"[77]等。在此，我们认为这些认识充分反应了中国民众宗教生活所具有的一种基于来"来——往"和"报——偿"的人神关系特点，有的分析还相当深入，如指出人神互动之间的时间间隔隐含着信用观和道德观，构成一种源于"负债"的"集体期待"[78]。但这类认知的不足在于，是把个体与宗教(或神)理解为处于一个"平等"的交换关系之中，弱化了人与神或者个体与宗教之间的力量强弱和能力差距。换言之，既有研究虽然注意到了中国民众宗教生活中独特的人神关系模式，如"报""酬""许(愿)""还(愿)"等，但却多从交换理论的角度来审视这些关系模式。然而，正如周飞舟所指出的那样，"用交换理论来分析'报'的观念，而无视其理论背后的个体主义和平等主义预设，分析的结果只能是将这些观念中的本土特征消解掉而已，并不能构成对这些观念真正深入的认识"[79]。而如果考虑到双方主体的"强弱"这一特点，我们发现，用庇护关系是较为合适的。庇护关系的核心特征在于：强者为弱者提供庇护，作为代价，弱者需要为强者提供忠诚(即"信")。质言之，在个体接受宗教方案的宣称后，所形塑的心理预期是横亘于人与宗教之间的庇护关系，是"被庇护者"与"庇护者"的关系。

要理解这一关系，我们还得从农民宗教心理的本土经验出发。卢云峰的研究提示我们，在研究中国宗教实践时，应尤其注意"本土概念"(如"灵""义")的社会科学化，否则就会屏蔽掉中国宗教中最隐秘与核心的内容[80]。笔者对此深表认同，认为应当审慎反思我们所赋予这些本土概念的预设理解，并从行动者主体出发重新考量这些概念的本真意义。在农民信教前的诸多表

---

75 如甘满堂：《灵验与感恩——汉民族宗教体验的互动模式》，《民俗研究》2010 年第 1 期。

76 "关系/来往模式"是周越归纳的中国民众做宗教的五种模式之一，这一模式占据主流。参见周越：《"做宗教"的模式》，《温州大学学报(社会科学版)》2009 年第 5 期。

77 胡安宁：《宗教组织拓扑结构的"理想型"及其社会学启示》，载金泽、李华伟主编：《宗教社会学(第三辑)》，北京：社会科学文献出版社，2015 年，第 37 页。

78 参见梁永佳：《中国农村宗教复兴与"宗教"的中国命运》，《社会》2015 年第 1 期)。

79 周飞舟：《行动伦理与关系社会——社会学中国化的路径》，《社会学研究》2018 年第 1 期。

80 卢云峰《从类型学到动态研究：兼论信仰的流动》，《社会》2013 年第 2 期。

达中, 我们注意到了这样一些概念或词汇的存在——农民之于宗教, 有"求""靠""拜""报""祷"等, 宗教之于农民则有"赐""保""护"等。这类词汇频繁地现于农民有关人神关系的表达之中, 我们先简要罗列信徒传教时常见的一些表达:

> "你只要求求主, 主就会知道, 你有什么需求, 主就会赐福给你的。"

> "靠神靠得好的人, 神肯定会保他平安的。"

> "上教会很简单, 就是拜拜主, 祷祷告。"

> "只要靠了主, 干什么都放心, 神会护着你的, 神会助你的。"

传教者言简意赅的表达切中庇护关系的肯綮。对于处于苦难之中、作为"弱者"的农民而言, 的确需要这样一个"强者"来伸出援助之手, 助力他们摆脱苦难的渊薮。在这个意义上, 强者一方提供的"赐福""保平安""护着"的确具有吸引力。对于农民, 若能得"神助", 则犹如久旱逢露, 也由此, 凸显了一种弱者对强者的庇护诉求, 一位反复听过如是传教的陈村农民陈金勇说道:

> "听了那些话, 先不说到底信不信吧, 这和你上学上课一样, 有些知识点老师讲过一遍, 也不一定理解。但人家的话的确说到了心坎里去, 你说我出了这个事 (注: 在工地干活时从楼上摔下, 无法从事重体力劳动, 半身不遂), 就没睡过一天好觉, 没吃过一天安稳饭。小孩现在上高中, 正是花钱的时候, 家里头 (注: 其妻子) 身体也不好, 不能干重活, 只能在家做点家务, 弄点饭。人家还有两个老的照看一下, 帮帮做饭, 还能帮帮赚点钱, 我家也没有老的照看, 我心里头愁啊, 这日子什么时候是个头啊, 有时候说真的, 要不是看在孩子, 看在家里, 真是不想过了。这段时间, 我躺在床上, 不管是白天还是黑夜, 我脑海里都幻求着老天爷能感觉到我的苦, 可怜可怜我, 让我好起来, 我做什么都愿意……孩子啊, 你是没体验过, 我这种情况, 只要有一点机会, 就要抓住, 你看到我桌子上都是各种药吧, 还有那个土鳖虫,[81] 不管是药还是虫子, 我只要听说有好处我就吃…………恰巧小孩他二娘上教会, 经常到我这里说, 求主拜神, 神有大能, 能好, 不能说信不信吧, 最起码感到

---

81 土鳖虫, 学名土元, 民间认为食之有利于治疗跌打损伤。

有点希望，想着把自己托付给神，赐福给我，保佑我，让我的腿好起来。"[82]

陈金勇在接触基督教之前，就生成了一种祈求"老天爷""可怜自己"的诉求，这无疑是底层弱者对"无上强者"的一种呼唤，而乡村基督教的传教活动恰好迎合了受难者的这一庇护诉求。同时，传道活动以及农民生发的心理感受，都是基于对庇护关系的预期而展开。更为重要的是，在这一庇护关系的构建和期许中，苦难独特的意涵得以彰显，成为农民产生庇护诉求、形塑庇护关系预期的基础条件。

接下来，我们再简要交代庇护关系和宗教虔诚的关联。[83]在传统政治学领域中，庇护关系的核心要义在于：地位较高的庇护者利用自己手中的权力或资源向地位较低的个人或群体施以恩惠或利益，被庇护者则向庇护者回报以支持、忠诚或服务，从而形成较为稳定的互惠关系。[84]我们此处所指神（或教会）与人之间的庇护关系也具有这样的特征，即"忠诚——利益"是庇护关系中被庇护者与庇护者关系的基本机制。在传教者所建构的宗教方案中，这种"忠诚"就是要"信"，它是信徒宗教虔诚的前提。和基督教义中"信就是所望之事的实底，是未见之事的确据"（《希伯来书》11 章 1 节）所具有的丰富意涵不同的是，此阶段农民对"信"的理解直接而简单，在他们看来，"信就是上教会，总比打针吃药要好""信简单，就是内心里头相信就行"。由此可见，农民以工具化和最小成本化来审视作为代价的"信"，某种程度构成乡村基督徒宗教虔诚的底色。

3.4 小结

在经验上，苦难对个体而言意味着一种鲜活的体验，其包含了：沮丧、焦虑、内疚、耻辱、厌倦以及悲痛等多种情感[85]。在理论上，苦难作为一项连

---

82 陈村农民陈金勇，2016 年 10 月 4 日访谈，彼时陈金勇尚未信教，在多次接受传道后，于 2016 年 12 月信教。

83 关于庇护关系的详细论述，可参见第 7 章"结论和讨论"部分。

84 陈尧：《庇护关系：一种政治交换的模式》，《上海交通大学学报（哲学社会科学版）》2012 年第 4 期。

85 Wilkinson I. *Suffering: A Sociological Introduction*.UK, Cambridge: Polity Press.2005.16-17.

通宏观社会和微观个体的一项高度主体化的体验，其具有丰富的社会意涵，由此，"苦难成为了考察现代社会的一个绝佳主题"。[86]对乡村社会的普通农民而言，苦难同样具有经验和理论上的独特性，因而我们选择从苦难入手来理解现代社会中乡村基督徒的宗教虔诚。

苦难对于农民而言，是处于不断生产过程之中的，而非静态、单一的。如对于疾病而言，一种疾病或可引起其他并发症，如糖尿病引起心脑血管病变；对于事故而言，一种事故或可诱发另一件事故，如夫妻离婚引发孩子辍学。换言之，苦难一旦触发，对于个体而言，就是绵延、持续和不绝的，同时还充满了系列意义关联和社会隐喻。由此，即使是再完备——更何况很多时候是不健全的——的非宗教方案，都有其限度。苦难的这一特性，也更加强化了受苦者对于指向超越、神圣的宗教方案的寻求。这一过程隐含了弱者与强者间的庇护关系雏形，为后续宗教虔诚的形塑打下了心理基础。

---

86 孙飞宇：《对苦难的社会学解读：开始，而不是终结——读埃恩·威尔金森〈苦难：一种社会学的引介〉》，《社会学研究》2007 年第 4 期。

第 4 章　以善诱之：乡村基督徒宗教虔诚的形塑

> 上教会能够得到各种各样的好处，保平安，得福佑，不然谁闲着没事去呢！
>
> ——2016 年 8 月 3 日陈村信徒陈银花自白。
>
> 应当一无挂虑，只要凡事借着祷告，祈求，和感谢，将你们所要的告诉神。神所赐出人意外的平安，必在基督耶稣里，保守你们的心怀意念。
>
> ——《腓立比书》4 章 6-7 节，2016 年 3 月 29 日赵村教会讲道引用经文。

面对苦难的农民皈信宗教后，如何形塑他们的宗教虔诚（即使是最低程度的宗教虔诚），成为此阶段教会权力实践的核心。这一阶段，教会的权力实践表现为"以善诱之"，即通过建构人神之间"顺服——福佑"关系来吸引初信徒参加宗教生活，进而塑造其对神圣对象的虔诚和对教会的依赖。其中，追求世俗生活处境的改善是深处苦难之中农民皈信宗教的直接动力和目标，以善诱之是教会迎合信众的策略方案，同时也蕴含了教会组织意志的实现路径。由此，表征"善"的实利成为教会和农民互动的基础。在本部分的写作径路上，我们先分析教会以善诱之的必要性，继而分析"善"的生产实践，在此基础上，探讨信徒的灵验逻辑和工具性宗教虔诚的生成。

4.1 以善诱之的必要性

善，即是一种"好处"，所谓以善诱之，是指教会组织通过对信教所能带来好处的强调以及确证，来提高信徒对教会以及神圣对象的依赖。之所以采用以善诱之的办法，是教会自身的组织意志以及信徒本身的特点所致，换言之，是二者互动的产物。

我们首先来看教会（其组织形式为教堂或聚会点）的组织意志。从基督教神学立场看，教会组织是作为一种神的人间代理机构而存在的。而从世俗的角度看，教会组织作为嵌入于乡村社会中的一种组织实体，也必然面临着一般组织目标的实现。由此，对于教会组织而言，其存有两种类型的意志：一种是神圣意志，一种是世俗意志。之于前者，主要是指教会组织宗教目的的实现。比如教会通过各种仪式和相关事工部门的运作，来为信徒提供宗教性服务和产品（如传递福音、施行神迹、提高信徒灵性等），并在此过程中，发展自己的信徒群体，这一神圣意志的实现构成教会组织的主要目的。[1]之于后者，则是教会组织世俗目的的实现，比如日常秩序的管理、稳定的资金奉献、提高知名度和影响力等。当然，这两种意志在诸多时候是一脉相承的，世俗意志的达致乃以宗教意志的实现为基础，钱村教会（钱村一堂）负责人钱木兰讲述了这种关联：

> "我们这周边几个村有好几个教会，为什么人都到我这里来多，那是因为来我这里的人都得了神恩。你看我这里的规模、设施、空调、装修，全河镇我们家数一数二，这些都是信徒自愿奉献来的。每次（聚会）结束后，你也看到了很多信徒能主动留下来、捡垃圾、扫地、拖地、整理桌子，维持秩序，这是为什么呢？这是因为来我们这里，他们得了福音，得了好处，得了神的祝福和恩赐后，内心喜悦，家庭和睦，心里头要感谢神，自然而然就愿意做奉献，这也是虔诚的表现。"[2]

这其中的逻辑是清晰而明了的——农民上教会后，获得了好处，进而愿意做奉献。换言之，教会组织成功地实现了其神圣意志，方带来了世俗意志的达致。要实现上述两类意志，需要采取何种策略？这就关涉到信众群体的

1　李峰：《乡村教会的组织结构及其运行机制》，上海大学博士论文，2014 年，第 73 页。

2　钱村一堂教会领袖钱木兰，2017 年 3 月 5 日访谈。

基本特征以及诉求，对此，周村教会领袖周晓荣的下述一番话恰到好处地表明了农民信徒的特点：

> "老百姓不比你们有知识、有文化的人，信教是为了获得真理。老百姓这个很简单，就是为了获得实际的好处，比如说治病了，保平安，夫妻和睦，事业顺利……要将心比心，信徒家里遇到不平安了，遇到苦难了，他这个时候来教会，为什么要来，凭什么要来，那是为了能够得到好处，能够治病，能够保平安。我们虽然现在说这种思想是不合格的，也就是'吃饼得饱'（注：来自《约翰福音》6章，意指只顾眼前自我利益的满足），只求自己得到好处，神是不喜乐的。但是呢，也要理解，我自己一开始信教的时候，也是这样，就是想着靠神把我的病治好。换句话说，教会要是不能给好处，谁又愿意来，追逐好处可以说是人的本性"[3]。

所谓无利不起早，周晓荣的上述一番话点明了信徒所具有的逐利这一本性。对于广大农民信徒而言，苦难亦加深了信众对好处或善的追求。正如有研究所指出的那样，农民委身基督教之初与信仰本身并无直接相关关系，而是与生命历程中发生的以疾病患难为表征的危机性事件有关。[4] 苦难使得对农民对于好处的追逐更为紧迫，这从"平安信教"和"因病信教"、"因事信教"农民的心态比较中可见端倪：我们对平安信教者的访谈中，发现其所追逐之善在时间向度上多聚焦于"未来"，如"希望儿子能娶到媳妇""将来能赚更多的钱""保佑出行平安""希望孩子大学毕业后能找到好的工作"，在某种程度上，这种指向未来的实利体现了"幸福追求"。这种幸福追求对于平安信教的信徒而言，乃是一种锦上添花，有之是为福，无之亦无妨。[5] 和平安信教者相比，因病信教者和因事信教者无疑对于好处或善的诉求更具紧迫性，因而其所追求的善在时间的维度上更加指向"当下"，如"希望目前的病赶快好起来""希望丈夫不要出轨""希望离家出走的孩子赶快回家"等，体现了一种"苦难应对"。对于这类信徒而言，苦难及其应对成为个体和家庭一切生活的核心，走向了日常生活的前台，成为当下生活的焦

3　周村教会领袖周晓荣，2017 年 8 月 1 日访谈。

4　梁振华：《灵验与拯救——以一个河南乡村基督教会为例》，中国农业大学博士学位论文，2015 年，第 1 页。

5　实质上，正是缺乏对"善"追求的紧迫性，乡村社会中平安信教的信徒并不多见。

点。换言之，因病信教者和因事信教者首先面临的是一种"短缺"，他们所追求的是"弥补短缺"这一当下的、紧迫的善。这种苦难应对对他们而言，乃是一种雪中送炭，有之是为喜，无之是为悲。

面对之于善有紧迫性诉求的农民，教会方面采取以善诱之的办法也就在情理之中了。这一策略除了契合信徒特征及其需求外，还符合信徒宗教信仰成长的渐进性这一特点。既有对宗教皈信（Conversion）的研究都强皈信或信徒的宗教成长往往是渐进的历程，而非某些突然和瞬间的体验。它包含着若干阶段，一个人的皈信便是沿此阶段一步步深入发展的。[6]在循序渐进的过程中，个体逐渐达致认知、感情以及道德上的宗教成熟[7]。由此，从个体宗教虔诚成长的历时性进程看，以善诱之便是其中的第一步。陈村教会领袖陈贵婷讲述了其中的渐进性：

> "刚信教的人，你不能说这个不能做，那个不能做，也不适合讲多少真理要求以及戒规戒律。书上说，叫'按时分粮'（《路加福音》12 章 42 节），意思就是要按信徒不同时间的需求分粮，刚刚信的人，他这个时间段的需要很简单，就是实际的好处，这个时候，就要多强调这个好处。就好比小孩的成长过程一样，一开始你不能要求他这个或那个，你就负责给他喂奶水，让他尝到甜头，等长大了，他自己自然而然就不需要你喂了，自己就能吃饭了"。[8]

从教会权力来看，以善诱之呈现出权力柔性的一面，某种程度也是教会权力建构和实践的起点。在这个意义上，其对于维系教会权力的"绩效合法性"具有重要的作用。政治学对绩效合法性的研究指出："所谓绩效合法性，也就是政治统治的有效性，是指通过发展经济，改善人民的生活水平，满足人民的基本需求而获得大多数公众对政治体系的认同，至少是对这种政治秩序持默认的态度"[9]。此处借用"绩效合法性"这一概念意在表明，对于教会而言，如果要想俘获人心，必须要能够提供实利，以证明信仰的有效性。对于这一点，曾经是基督徒而后改信佛教的陈村陈玉超说："我之前信耶稣，

6　约翰斯通：《社会中的宗教——一种宗教社会学》，成都：四川人民出版社，尹今黎、张蕾译，1991 年，第 184-185 页。

7　Conn, Walter E. 1986. "Adult conversions."*Pastoral Psychology*1986（4）.

8　陈村教会领袖陈贵婷，2017 年 5 月 4 日访谈。

9　何显明：《绩效合法性的困境及其超越》,《浙江社会科学》2004 年第 5 期。

一直在陈村教会，但是感觉没有什么效果，去了有半年吧，钱倒是奉献了不少，每逢过节都要捐个一两百，但我还是经常头痛。后来，听人说（隔壁）江镇的大庙效果好，就去了，后来我就一直去那里了，人家的确有效果"[10]。每次听讲道都喜欢做笔记的信徒王丽花在上教会一年后，其丈夫仍然因病去世，王丽花对教会颇感愤怒，一气之下撕了所有的听道记录本，从她提供的残缺纸张中，笔者清晰看到在一段听道记录文字旁，有一个红色的"X（叉号）"，并标注有文字"都是他妈的胡扯！"。对此，王丽花说，"上教会都是弄空（注：方言，意"无效"），都是胡扯，我上了教会也没看家里（注：其丈夫）病有什么好转，其实没有好处，没有什么效果"。[11]我们对接触到的、曾经由基督教改宗到其他宗教的 27 位信徒的情况进行了统计，发现绝大多数（22位）都是因为"没得到好处"（甚至会带来坏处）而进行信仰的流动。[12]

总的来说，以善诱之既关乎教会组织意志的实现并迎合处于苦难之中农民信众在初信期的心理特征，也契合信徒宗教成长的渐进性特点和教会组织的绩效合法性，还体现了教会权力柔性的一面。

4.2 "善"的生产

以善诱之的过程实质上就是善的生产过程，即教会组织通过特定手段对善进行生产建构的过程，在这个过程中，善得以确证化。其意在向信徒表明：一是教会为什么有让人得善的能力和禀赋；二是教会能够给人带来什么样的善；三是人若获得善，需要付出什么条件。这三个问题实质上涉及到善的生产主体、构成内容和获得条件，我们分而论之。

4.2.1 教会的赋善能力

"上教会有好处"，这是信徒对非信徒常说的一句话，甚至成为普通信徒的口头禅。那么，上教会何以会有好处，或者说，教会如何具备给信徒带来好处（即"赋善"）的能力，就成为教会以善诱之的前提条件。其主要依托教义和仪式而展开。

10　陈村陈玉超，2016 年 5 月 20 日访谈。

11　王村王丽花，2016 年 6 月 21 日访谈并观察记录。

12　其余 5 人的原因则分别为："去庙里一个月去一次就行""都是神，性质都一样的""大庙离家近""教会讲的内容不好懂""庙里有朋友"等。

（1）首先是教义层面的生产。对建制化、体系化的基督教而言，以《圣经》为基础的丰富的教义体系是其有别于其他民间信仰的一个重要特征，基于教义的讲道也构成每次聚会活动的必备环节。[13]讲道活动的目的，用教内的话语说是"为了更好地造就信徒服侍教会，让信徒在神的话语里面生命不断更新成长，成为主美好的见证"。教会的赋善能力和禀赋也通过讲道活动而展开，在阐释具体的讲道内容之前，我们先呈现有关教会讲道和信徒听道的两个基础前提：

前提一：农民信徒对于教义知识的理解和吸收主要是通过教会的灌输而非自我学习。因自身能力的限制以及"不想看、无暇看"等主客观原因，对于初信期的农民而言，来自教会的讲道是其获得教义内容、理解神学知识的主要渠道。一项对乡村基督徒宗教教义内化途径的调研显示，信徒自己阅读教义仅占8%左右[14]，对于初信期的农民而言，则更为明显。我们对蒋村教会（蒋村二点）一日57位参加聚会信徒的《圣经》阅读情况进行了了解，发现只有4人会在聚会结束后自己翻阅《圣经》，原因除了"看不懂"之外，还包含"觉得读经不重要""没时间"等。这意味着教会组织某种程度上具有对以教义为基础的神学知识的垄断。

前提二：乡村教会教牧人员囿于自身能力和资质，对于经文的选择、解释空间较大。正如梁家麟的研究所揭示的那样，"（乡村基督教会）无论是领袖还是信徒，他们对于基督教传统基本上是不甚了了的，他们既在组织和神学上和西方的基督教割裂，也无法取得海外的咨询，只能徒手发现或创造基督教的礼仪及神学形式"[15]。在18个教堂或聚会点的32名讲道人中，取得传道证的有4人，长老仅有1名，其中文盲3人[16]、小学学历13人、初中学历13人、高中学历3人。讲道人员文化素质总体上的落后，或多或少会影响讲道的水平。对此，高中文化程度的钱村教会（钱村二点）的负责人兼讲道人钱红影如是感慨："信徒信得好不好，主要看讲道水平怎么样，好的水平体现在既要很好地、正确地理解教义，也要切合老百姓的生活实际。但是

---

13 河镇乡村教会聚会活动的一般程序为：祷告、唱诗、教诗、讲道、作见证等环节。其中，讲道占据主要的时间，每次聚会时间约两个半小时，讲道占去约一个半小时。

14 李峰：《乡村教会的组织结构及其运行机制》，上海大学博士论文，2014年，第74页。

15 梁家麟：《改革开放以来的中国农村教会》，香港：建道神学院，1999年，第188页。

16 虽然讲道人的学历是文盲，但在后天的努力下，也掌握了识字等基础能力，她们也把这种能力的获得视为"神的恩赐"，是"神赐的智慧"。

我们河镇不少人的讲道水平都比较差，要么就是网上抄一段，从头到尾读一遍，要么自己在那儿歪曲教义，自己想怎么讲就怎么讲"[17]。笔者作为非基督徒，的确难以衡量和评判讲道水平的高低，只能去总结内容上的特征。通过对多次讲道活动的参与，我们发现，这 18 个教会在讲道内容上共同存在的一个特色是倾向或者强调有助于教会自身组织意志实现的内容，如对教会领袖权柄的强调、上教会重要性的强调等等。

基于以上听道和讲道的前提，教会组织的讲道活动既表现出了一定的任意性（如错误理解或歪曲教义），也表现出一定的规律性（如有明显的内容偏好等）。在上述特征下，"教会赋善能力"就是讲道人所欣欣乐道的内容。这些内容或通过专门的讲道专题展开，或穿插在其他主题内容下。相关内容主要通过如下的两个逻辑呈现：一是对神能（神的权柄）的强调，二是对神与教会关系的强调。我们通过一段时间对讲道活动的参与观察，归纳了如下表的相关讲道内容及其特征：

表 4-1 有关"教会赋善能力"的讲道内容

讲道主题	主要思想	重点内容	代表性经文基础
对神权的强调	神是全能的，表现为：神无所不在、神无所不能、神无所不知。	（1）神创造一切。 （2）神能赶鬼、托梦、治病、赦罪、施行救恩。 （3）神能保平安。	圣经中直接或间接有关"神权"的教训、比喻和事迹。比如涉及赶鬼的经文有：《马太福音》8 章 2-8 节、15 章 22-28 节、9 章 32-33 节等；涉及治病的经文有：《诗篇》139 章 8 节、《申命记》32 章 39 节、《以赛亚书》6 章 10 节等。
对神与教会关系的强调	教会是上帝的子民、教会是基督的身体、教会是圣灵的殿。	（1）神要借教会用真道来喂养基督徒的灵命。 （2）神用教会供应信徒的需要。 （3）牧师、教师等教牧人员是神所赐人间，也具有权柄。	圣经中对教会重要性以及与神关系的经文，如《以弗所书》4 章 11-16 节、《格林多前书》6 章 15 节、《使徒行传》20 章 32 节等。

---

17 钱村教会负责人钱红影，2017 年 11 月 4 日访谈。

由以上讲道内容，我们可以发现，在宗教话语中，教会之所以具有赋善的禀赋，其根本原因在于此种权能的"神授"。质言之，在这一话语体系中，神是善的源泉，教会作为神的"住所"，自然也能带来善。此处，我们以一次孙村教会（孙村二点）孙水艳讲授的主题为《基督与教会关系》的讲道来呈现其中的逻辑步骤。她先是基于经文强调教会与神的关系：

> "圣经上说，基督是教会的头，教会是基督的身体，身体和头离不开，这个教会就好比是神的身体。一个人的身体总是遮盖着的，而头则是常常要暴露的。因此，教会要彰显的当然应该是头——基督！就好比说一个人一样，头是最重要的，全身都要接受头的调度和支配。一旦头的神经指挥系统对身体局部调控失灵，这身体就要陷入麻痹或瘫痪状态。当身体完全不受头的支配时，就成了废人。同样，一个健康正常的教会，一定是尊重基督元首的地位，凡事顺服基督，'使祂可以在凡事上居首位'（《歌罗西书》1章18节）"。

而后，孙水艳继续讲述了教会的权柄：

> "教会权柄的来源是教会的建立者、教会之首的基督。因为教会是以基督的生命而活的，所以权柄也是从他那里来。耶稣基督流了他全部的血，付出他的生命而赎回百姓，教会是建立在基督的血之上。基督以自己的血得到并形成了教会。所以教会就具有神的权柄，借着神的权柄，来施行神的恩赐，满足信徒的需要……就好比说我们河镇派出所为什么有权柄抓贼，管理社会秩序，这个权柄是哪里来的，这个权柄是上头县委县政府给的，我们教会的权柄也是上头给的，就是神给的"。[18]

（2）对于一向"重实践，轻教义"的农民信徒而言[19]，教会仅仅从教义层面提供神学意义上的说明显然是不够的。对此，教会施行的以治疗仪式为代表的宗教实践就有助于使得教会赋善能力的可视化、可确证。对此，冯村的教会负责人冯孟慧说道：

> "说教会有给人带来好处的权柄，教义当然重要，但光凭教义那是肯定不够的。俗话说，'眼见为实'，你光说神有权柄，教会

18 孙村教会孙水艳讲道，2017 年 5 月 3 日记录。

19 关于农民信徒这一特征的论述，可参见梁家麟：《改革开放以来的中国农村教会》，
　　香港：建道神学院，1999 年，第 161 页。

有权柄，可老百姓要是看不到摸不着那还是不行。尤其对于刚信的信徒，光靠讲道这种说教形式，那老百姓最多也就听听，听懂听不懂，都不好说。这个呢，也要理解，圣经知识体系复杂，上了年纪的人，又没什么文化程度，就是想听也听不进去。不要说很多人还都有点病，就是好好的人，年纪一大都忘事。这种情况，就要需要仪式，就好比是医生给病人做手术一样，病给治好了，人家就说医生水平高，道理是一样的，我们也要通过这个仪式，信徒感受到这个效果了，人家都知道教会的权柄了。"[20]

在每次参与宗教聚会时，笔者发现很多信徒在听道时显得不以为意，尤其是一些信仰不够坚定的信徒，总是喜欢坐在后排，即使传道人在上面讲道，他们也会不时地交头接耳，闲聊八卦，还有的听着听着就打起了盹儿，对所讲的内容云里雾里。初信期信徒所感兴趣的是来自教会头子所给予的祷告。而之所以会参加一两个小时的听道、唱诗，目的就是为了能在聚会活动结束的时候能得到教会头子专门的、具有治疗性质的祷告。由此，祷告被视为一种可以明证的治疗仪式，有特殊需要的信徒在每次聚会活动结束后，会找到教会领袖，讲述自己的苦难，继而教会领袖则针对性地对其祷告，比如王村教会一位孙子持续高烧的信徒，在向教会领袖禀明情况后，王学荣作了如下的祷告：

"信徒王宝银家的孙子，高烧不退，主啊，求你保佑他，保佑孩子吃药有效果，高烧给退掉！主啊，求你给他祝福！王宝银的孙子是听话、乖巧的孩子，求让他亲自尝到主恩的滋味！主啊，他会在神的面前，为神发光照亮！主啊，人不能的，神能，亲人，医生，任何人都帮不了他，使他刚强平安，但是神能叫他刚强，神能叫他不再软弱！主啊，求你医治他身体的疾病！主啊，凡在你面前祷告的，都个个为你称赞！主啊，求你按照王宝银的需要，给她恩赐，给她祝福，给她平安，给他喜乐，她会时时刻刻记住你的话语！主啊，我们会在神面前，见证神，赞美神，努力向神靠近！去彰显神的恩典，去见证神的大恩大典！主啊，求你使得他家平平安安，顺顺利利，过个喜乐的年，过个团圆年，过个祥和年！阿门！我们在天上的父，愿人都尊你的名为圣。愿你的国降临。愿你的旨意行在

20　冯村教会领袖冯孟慧，2017 年 7 月 8 日访谈。

地上，如同行在天上。我们日用的饮食，今日赐给我们。免我们的
债，如同我们免了人的债。不叫我们遇见试探，救我们脱离凶恶。
因为国度、权柄、荣耀，全是你的，直到永远。阿门！"[21]

看似形式简单的祷告却包含了如下的话语技术：一是具有针对性。教会
领袖在听取求祷者的相关诉求后，有针对性地向神发出祈求；二是在歌颂
神的大能基础上，求神赐福和平安，并使得信徒的具体诉求得以解决；三是
作为回报，教会领袖向神表明该信徒将会听神的话语，并见证神、赞美神、
荣耀神。经过祷告的两天后，王宝银孙子的高烧就退了，于是他便认为这是
"神"的显灵，认为这是"教会头子和神沟通后，才具有的效果"。[22]

经由祷告这一仪式，教会（领袖）的赋善能力得以确证化[23]，而获得"神
迹"的信徒，亦会履行当初教会领袖替他们向神作下的承诺——见证并荣耀
神的事迹，在社会生活中经由自己的家人、亲戚、邻居、朋友等到处散播神
迹，在此过程中，教会领袖"通神"的能力和禀赋也被建构、宣传，进而广
为人知。由此，教会的赋善能力借助信徒的社会关系网络而产生了一种社会
建构。久而久之，教会领袖的"神性"也逐渐被生产，[24]我们在调研中，听闻
不少如下的说法：

> "神就是全能的，教会就是神在人间的一个点，教会头子那就
> 是神选定的、挑选的，有权柄，你不看《圣经》上说，神赐权柄给
> 他十二个门徒，教会头子也相当于是这个门徒，也能赶鬼治病（《马
> 太福音》10 章 1 节、《马太福音》10 章 19 节），人家就有这个能力，
> 别人没有。"[25]

4.2.2 善的内容

善的内容，即上教会能获得具体什么样的好处，对于处于苦难之中的初
信徒而言，无疑具有直接而现实的意义。当我们向教会方或者信徒询问，"上

---

21 王村教会领袖王学荣为王宝银祷告，2017 年 1 月 23 日观察记录。

22 王村信徒王宝银，2017 年 1 月 26 日访谈。

23 除了祷告这一主要仪式外，还有些教会诉诸赶鬼仪式，详见第 5 章。

24 从这个层面看，乡村基督教的确不够"正统"，对部分信徒而言，其对领袖人物
的崇拜甚至构成了宗教生活的核心，诸多由基督教而生发出来的"邪教"，如灵
灵教、呼喊派等都具有这样的特征。

25 周村信徒周琴，2017 年 5 月 3 日访谈。

教会能有哪些好处时"，受访者往往都会打开话匣子，而聚会的主旨之一，也在于宣称上教会或信神所带来的好处，而这也主要基于经文教义而进行生产。除了"平安""健康""顺利""如意""兴旺"等任何信徒都期望的普遍之善外，教会还依据信教者各自的特殊诉求，设计了具有针对性的"善"，也即"按人分粮"。卫村教会领袖卫凤凤向我们展示了一份他的讲道备课记录，如下[26]：

　　忧愁时——《马太福音》6 章 19-34 节、《腓立比书》4 章 4-7 节

　　软弱时——《哥林多后书》11 章 9-10 节、《以弗所书》3 章 16 节和
　　　　　　20 节

　　繁忙时——《以赛亚书》30 章 15 节、《马可福音》6 章 31 节、《诗
　　　　　　篇》46 章 10 节

　　有病时——《以赛亚书》53 章 4-5 节、《雅各书》5 章 13-15 节

　　缺乏时——《诗篇》23 章 1 节、《诗篇》33 章 7-10 节

　　胆怯时——《约翰福音》16 章 33 节、《提摩太后书》1 章 7 节、《诗
　　　　　　篇》56 章 3-4 节

　　灰心时——《哥林多后书》4 章 8-18 节、《诗篇》42 章 5 节

　　疲乏时——《以赛亚书》40 章 29-31 节、《腓立比书》4 章 12-13 节

　　伤心时——《以赛亚书》61 章 1-3 节、《哥林多后书》1 章 3-4 节

　　受挫时——《罗马书》8 章 28 节、《箴言》3 章 5-6 节

　　惧怕不安时——《希伯来书》13 章 5-6 节、《马太福音》10 章 28 节

　　缺少信心时——《马可福音》11 章 23-24 节

　　背负重担时——《马太福音》11 章 28 节、《彼得前书》5 章 7 节

　　孤单失落时——《以赛亚书》49 章 15 节、《罗马书》8 章 35-39 节

　　需要保护时——《诗篇》27 章 1-6 节

　　经历试练时——《彼得前书》1 章 6 节、《雅各书》1 章 2 节、《以
　　　　　　赛亚书》43 章 19 节

---

26 后经查实，此内容为卫凤凤摘抄自中国基督教三自爱国运动委员会和中国基督教
　协会出版发行《圣经》附录中的"常用经文索引"。

患难临到时——《约翰福音》16 章 33 节、《罗马书》5 章 3-5 节

对人怨恨时——《马太福音》5 章 44 节、《约翰一书》3 章 14-18 节

祷告未允时——《诗篇》66 章 18-20 节、《雅各书》1 章 6-8 节

祷告冷淡时——《马太福音》26 章 41 节、《罗马书》12 章 12 节、
《以弗所书》6 章 18 节

罪恶引诱时——《路加福音》2 章 20 节、《约翰一书》2 章 15-17 节

需要得胜时——《罗马书》8 章 5-9 节

为罪痛悔时——《诗篇》51 章

异端迷惑时——《马太福音》7 章 15-20 节、《使徒行传》20 章 25-
31 节

抵挡魔鬼时——《路加福音》10 章 19 节、《雅各书》4 章 7 节、《启
示录》12 章 11 节

不思进取时——《哥林多后书》5 章 14-17 节

制定目标时——《腓立比书》3 章 13-14 节

不同的时刻和情境，信教者会有不同的诉求，针对不同的诉求，教会则"开出"依托于经文的不同"方子"。一位因年过三十的儿子仍未娶到媳妇而感到重担和压力的卫村信徒卫立梅，在向卫凤凰倾诉后，卫凰凤即依据上述"背负负担时——《马太福音》11 章 28 节、《彼得前书》5 章 7 节"来进行开导：

> "经上说'凡劳苦担重担的人，可以到我这里来，我就使得你们得安息'，经上又说，'你们要将一切的忧虑卸给神，因为他顾念你们'，你的重担，神会帮你的，你的儿子不是娶不上媳妇，是时候未到，神不是不给你恩赐，是时候未到。你也不要着急，上教会的人，都是神的子民，神会爱护自己的子民，只要你信心强，顺服神，顺服教会，神一定会卸掉你的重担……"[27]

上述善对信徒具有双重意涵：一是获得了来自教会的未来福音或神迹的允诺，教会允诺"神将会赐福给儿子以娶到媳妇"，这本身就是一种好处，质言之，给信徒带来了希望。二是通过前述内容，信徒获得了当下压力情绪

---

27 卫村教会领袖卫凰凤对信徒卫立梅的话，2017 年 11 月 7 日记录。

的缓解，此亦为一种好处，也常常是非信徒对信教好处的理解。[28]对此，卫立梅说："每次听听卫大哥（卫凤凤）的话，内心里就感到好受一点，很多人听神的话，听卫大哥的话，都得到了，有很多这样的例子，神是万能的，只要虔诚，只要求，神是不会亏待的"。[29]

除了上述依托教义所带来的福音允诺及附带的情绪缓解的好处外，教会还通过提供一种由教会领袖或信徒群体为信徒直接施行治疗仪式的好处。在上一小节中，王学荣为王宝银所直接提供的"祷告"即是一种仪式性质的善。此外，教会还提供诸如特定的治疗仪式来为信徒治疗疾病，蒋村的信徒蒋桂花讲述了她一次从教会那儿获得的仪式之善：

> "有一天，我早上起来，发现脚腕上长了一个疮，我之前从来没得过这个，我就去找钱红影（蒋村一点及钱村二点负责人），因为我年纪大，她们都比较照顾我，晚上钱红影带五六个信徒来我家，给我祷告，大体意思就是赶鬼，后来红影用手在我的脚腕处画了个十字架。第二天一起来，疮那个地方就明显不肿了，真是感谢神！"[30]

我们在调研中听闻了很多这样的神迹奇事，由于不在现场，我们亦无法从受访者的寥寥术语中窥知其中的细节，但可以确证的是，的确有信徒在教会方面的仪式治疗后，病情获得了改善。这一具有巫术性质的治疗仪式何以会具有效果，相关研究都进行了有益的探索。特纳在对恩登布人医疗方式的人类学考察中，提出了基于神秘主义的宗教医疗实践产生治疗效果的机制。其认为在宗教治疗情境中，治疗者的权威性、治疗过程的目的清晰之结构及由信任和依赖所造就的安适感等多重因素赋予了患者的心理慰藉，进而改善病情。[31]西格里斯特则进一步地将治疗效果归因于"暗示"机制。其认为，宗教狂热的张力创造了一种非常有利于治疗的精神状态，宗教仪式中暗示和自我暗示，有效地减轻了患者的疾病苦痛。[32]总的来说，经由来自教会的仪式治

---

28 非信徒一般秉持科学主义的立场，认为如果信教真要有好处的话，这种"好处"也并不是指神迹（且认为神迹多是杜撰而来），而是指参加宗教活动所带来的心理安慰。

29 卫村信徒卫立梅，2017 年 11 月 7 日访谈。

30 蒋村信徒蒋桂花，2017 年 5 月 25 日访谈。

31 特纳：《象征之林：恩登布人仪式散论》，赵玉燕等译，北京：商务印书馆，2006 年。

32 西格里斯特：《疾病的文化史》，秦传安译，北京：中央编译出版社，2006 年，第

疗而获得疾病症状的缓和，成为教会所能提供给信徒的一大实利。也正因此，频繁地为信徒施行仪式，成为教会领袖主要的日常工作。同样的，这一"治疗效果"往往广为传开，并且可能会在传播的过程中，被稍加夸大以致神乎其神，使得信徒更加向往此种好处。

此外，在节日（如中秋节、圣诞节、春节等）时进行的文艺表演，也着重宣传信教所能带来的各种好处，如发财致富、婆媳关系融洽、出行顺利、学业兴旺、子孙满堂等等。一次由信徒自编自导的淮海戏《主恩无量》，即生动地表达出教会所能提供的好处。其情节是婆婆因儿媳妇不生养而怂恿儿子离婚，后来儿媳妇上教会，在"神眷顾"下，生下了大胖小子，婆媳关系也重归于好。在这部戏中，儿媳妇唱到："树上鸟儿对成双，我要回家赶路忙。结婚已有几年整，夫妻恩爱无话讲。婆婆看我没生育，朝我生气脸都黄。没人之处流眼泪，丈夫跟前不敢讲。因为我是信耶稣，相信主必帮我忙。今天心中有预感，还求天父来帮忙。"通过上教会后，生下了孙子，对此，婆婆非常高兴，唱到："神的恩典真奇妙，是他儿女丢不掉。只要你把他依赖，所求所需都得到。大妈我今笑哈哈，靠神得了大胖孙。以前都是妈不对，责怪儿媳不生养。如今得了神眷顾，生了大孙心怒放。感谢主来感谢神，婆媳关系很融洽。"[33]由这种大家喜闻乐见的文艺方式所表现出来的善的内容，对那些有具体诉求（如生育）的农民而言，显然是有吸引力的。这也说明，乡村基督教会所建构的善的内容，是非常契合农民的生活实际的。

总的来说，经由上述生产径路，教会所能提供的善成为无所不包、无所不括的合集。这一善更多地表现为"实利"特征，即此世的、世俗的、实际的利益。而对于深层次的或者道德层次的善却鲜有提及，也鲜能为信徒所知觉。

4.2.3 获善的条件

在前述传教或宗教方案的建构过程中，教会方面所建构的获善条件是笼统的"信"，在本阶段，"信"则更加具体化，演变为对教会和神圣对象的"顺服"。

127-128 页。

33 陈村教会圣诞节文艺汇演，2017 年 12 月 25 日观察记录。

　　这一条件的提出首先是基于这样不可避免的经验事实：有些人并不能从教会和神处获得善，甚至即使和其他信徒一样，参加聚会、唱诗、祷告、奉献，乃至获得宗教领袖的仪式治疗，都没有取得预期的结果——如病情依然持续、事故的破坏性没有化解等等。面对这一广泛存在的经验事实，教会通过"获善条件"的建构来解释之——即要想获得来自神和教会的善，必须要付出"顺服"这一条件。在信徒的表达中，和顺服相关联的有："信心强""听神话""真信""大信"等等。籍由这一条件，某些信徒之所以没有获得善或好处则被归因于自身的"不够顺服"，在消解信徒对信教有效性质疑的同时，也强化了信徒的顺服。

　　同样，这一条件的生产，也具备教义基础。在每次讲道的主旨中，"顺服"也被屡屡提及，褚村教会在 2017 年 8 月的 9 次讲道活动中（每周三、周日举行聚会），有 7 次都涉及了"顺服"的内容，下表为讲道信息：

表 4-2　2017 年 9 月褚村教会和"顺服"有关的讲道内容

日　　期	相关经文	当日主题
2017 年 8 月 2 日	耶稣说，是因你们的信心小。我实在告诉你们，你们若有信心像一粒芥菜种，就是对这座山说，你从这边挪到那边，它也必挪去。并且你们没有一件不能作的事了。（《马太福音》17 章 20 节）	信靠神
2017 年 8 月 6 日	耶稣回答说，我实在告诉你们，你们若有信心，不疑惑，不但能行无花果树上所行的事，就是对这座山说，你挪开此地，投在海里，也必成就。（《马太福音》21 章 21 节）	活出属神的生命
2017 年 8 月 9 日	耶稣见他们的信心，就对瘫子说，你的罪赦了。（《路加福音》5 章 20 节）	得胜的筵席
2017 年 8 月 13 日	可见那以信为本的人，和有信心的亚伯拉罕一同得福。（《路加福音》3 章 9 节）	基督完全的顺
2017 年 8 月 16 日	所以弟兄们，我们在一切困苦患难之中，因着你们的信心就得了安慰。（《帖撒罗尼迦前书》3 章 7 节）	远离试探
2017 年 8 月 20 日	你们要顺从耶和华你们的神，敬畏他，谨守他的诫命，听从他的话，事奉他，专靠他。（《申命记》13 章 4 节）耶稣对百夫长说，你回去吧。照你的信心，给你成全了。那时，他的仆人就好了。（《马太福音》8 章 13 节）	神的国度和荣耀

| 2017 年 8 月 23 日 | 若偏离耶和华去顺从那不能救人的虚神是无益的。（《撒母耳记上》12 章 21 节）耶稣说，妇人，你的信心是大的。照你所要的，给你成全了吧。从那时候，她女儿就好了。（《马太福音》15 章 28 节） | 救恩之门 |

在讲道活动中，讲道者还援引身边因信心强以及顺服所带来善的案例，来强调顺服的重要性，在 2017 年 8 月 2 日的讲道活动中，讲道人褚贤惠提及了这样一个事例：

> "王村的王三娘，大家都知道，听神的话，顺服神，顺服教会，家里头那么多事情，有老得要照顾，还有两个小的，不管刮风下雨，每星期都坚持来上教会，听道、唱诗，都很积极。除了这个，每天晚上都来教会祷告。这首先是行为上的顺服，行为上顺服了，就表示有信心。《圣经》里头讲，有一个女人，患了十二年的血漏，来到耶稣背后，摸他的衣裳穗子，凭着信心和顺服，病就好了。王三娘就是因为顺服，上教会没有多长时间，神就赐福给他，治好她的病。所以兄弟姐妹们，能不能得到神的赐福，关键要看自己内心里是不是顺服，是不是信心强。有人说，我也天天来聚会，也和王三娘一样，为什么还得不着神的恩典呢？这个就是你内心里头信心还不强，也就是还不够顺服，对神不顺服，对教会不顺服。这好比学生上课一样，同样的老师，同样的课本，同样的教室，为什么有的成绩好，有的成绩不好，关键在于有没有把老师上课的内容听进去。只有凭着信心才能得到神的恩典，信就是要顺服神，顺服教会。"[34]

以上内容显示，除了基于教义的建构外，发生在信徒周边的事迹在经验层面也印证了这一条件。通过这一获善条件的建构，信徒之所以上教会而没有获善，即被归因为信徒自身的不顺服。也因此，"不顺服"或"信心不强"就成为教会用以回应信徒疑问的常用方案。在调研期间，一位信徒过来找李村教会的讲道人李二峰，颇有点质疑味道地问："李大爷，上次家里头奉献了100 块，也天天上教会，也按照你说的那样，每天早上和晚上都祷告，为啥感觉还是那样呢（注：指病没有改善）"，对此，李二峰批评道"不是说你求神就能得到，关键要看你自己内心里头，我问你，你是识字的人，你《圣经》读了没有，还有你是不是严格按照神的话语来行的，你的信心不强……"。一

---

34 褚村教会传道人褚贤惠讲道，2017 年 8 月 2 日记录。

番批评后，该信徒也自觉羞愧，连连承诺一定好好"信"。信徒走后，李二峰和笔者说："按经上的说法，追求现世的、眼前的利益本身就是不对的，那是以人自己为本，不是以神为本。但对那个信徒不能说这些，你说这些，他不会理解的，他心里头想啊，要是没有好处为什么来教会，这都是人之常情。像他这种情况，问这种问题，本身就表明没有理解神的话，就是信心不强和不顺服的表现，信心强和顺服的信徒，这种问题问都不会问，他自己就知道自己还做得不好，去努力改进，去上进"。[35]

4.3 灵验逻辑与乡村基督徒宗教虔诚的形塑

针对处于苦难之中的初信期信徒，教会组织通过以善诱之来迎合信徒趋利的心态，并具体通过教会赋善能力、善的内容以及获善条件的生产来试图使信徒生成之于神圣对象以及教会的"顺服——福佑"的认知逻辑。而从教会权力看，这一面向构成了权力柔性的一面。在这一前提下，信徒的反应如何，即信徒如何看待"神"和"教会"，就成为宗教虔诚形塑的微观动力学。

4.3.1 农民的灵验逻辑

灵验（Efficacy），作为中国民俗宗教的核心概念，它被认为是神对于崇拜者祈求神灵帮助（求子、求病愈、祈雨、卜卦、求财、求平安等）的一种特殊的神的灵应[36]。在乡土社会中，神灵之灵验是吸引人们膜拜的重要动机。桑格瑞（Sangren）即以台湾民间信仰为个案分析了中国民间信仰体系中"灵验"所具有的核心地位。[37]

对于初信期的乡村基督徒而言，灵验亦是其皈信基督教的根本动力，有关灵验的事迹以及相关话语成为信徒宗教生活中不可或缺的构成，如在祷告中常见的和灵验有关的表达有："求神显显灵""基督教比佛教灵"等。"灵"作为本土概念，有其丰富的社会科学内涵，我们先从经验中农民对灵验的认识出发来阐释，来自外镇的郑村教会信徒郑乐英说：

---

35 李村传道人李二峰，2017 年 9 月 4 日访谈。

36 乌媛：《被构建的"灵验"，"做"出来的宗教——〈灵应：在当代中国做民俗宗教〉评介》，《宗教人类学》2012 年第 3 辑。

37 Sangren, P.S. *History and magical power in a Chinese community*. Stanford University Press, 1987.

"我这个是每天晚上做噩梦，每天凌晨两三点胸口都疼，在上教会之前，我医院也去过，也没查出什么，拿了一点神经方面的药，吃了也没什么作用。因为我们村没有教会，我也就没信耶稣。后来，经人介绍，找过那个巫婆神汉，在十字路口烧纸[38]，也不灵。还找过那个有点像道士的人，在家里头弄个香烧烧，做那个法术，也没啥用。镇上的庙也去过，拜菩萨，烧香拜佛都弄过，还是不行。反正就是找这个，找那个，病情还加重了。最后只有上了教会，上教会后感觉就好不少了，漫媛姐（注：郑村教会领袖）也经常给我祷告祷告，虽不能说全好，但的确减轻了不少，我现在晚上胸口已经很少天天疼了，现在一个星期就疼个把两次。从那以后，我就觉得还是神耶稣灵，还是漫媛姐有本事。"[39]

不少信徒在皈信基督教之前，都和郑乐英一样，尝试过不少其他的民间信仰方法，并经过了神力的比较，最终选择更灵验的基督教。实质上，对于初信期的信徒而言，如果基督教和民间信仰有什么区别的话，那也仅仅是在灵验程度上的区别，而非性质的区别。甚而至于，民间信仰的方式也深刻地影响了基督信仰方式，比如我们发现有信徒把《圣经》、十字架等宗教象征符号作为辟邪之物置于枕头之下或随时携带。我们访谈了一位不识字却喜欢随身带《圣经》的赵村老信徒赵贵银，她说："带这个《圣经》能辟邪，《圣经》就是神的话，你看着边子上是红色[40]，那像神的宝血，能带来好处，能斩妖除魔"。见笔者似有不解之象，她进一步说，"这个就好比有些人随身带那个桃木，或者在门上插桃木枝，道理是一样的，就是（带）这个桃木它这个没有带《圣经》灵"。而当笔者询问携带《圣经》给她带来哪些好处时，她则把生活中一切比较顺利的事情均归因于这本《圣经》的保佑。[41]此外，还有的信徒把祷告、唱诗等视为一种"咒语"、把教会领袖类同于"巫婆神汉"、撕下《圣经》载有赶鬼治病经文的"那一页"烧成灰当作药喝下等等。梁家麟将这种现象称之为"基督教的民间宗教化"，指出：

---

38 民众认为，十字路口，乃是阴阳交界之地，因而在此处烧纸。
39 郑村教会信徒郑乐英，2017 年 7 月 8 日访谈。
40 信徒所用的《圣经》在印刷时，叶边采用红色印刷。
41 赵村信徒赵贵银，2016 年 12 月 20 日访谈。

中国民众这样的宗教意识，并未因他们选择皈依基督教而有所改变，反倒他们是按着这样的宗教意识，本着传统的宗教期望而选择基督教的……农村信徒将大泛灵主义的传统迷信观念与行为移进基督教，为之贴上基督教的标签。他们相信人间一切的遭遇，诸如家人多病、居家不安、事业不顺、迭遭变故，皆是因为有邪灵污鬼、游魂散魄之类在作祟，必须藉某种巫术法事才能克制或怯除。他们将这种宗教观念套入基督教里，于是祈祷唱诗便成了驱魔除妖的咒语，而圣经或其他"圣物"亦被视作压鬼镇魂的神具。[42]

我们发现，对于初信期基督徒而言，河镇传统社会中所存在的河神崇拜、土地神崇拜、动物精怪、巫婆神汉崇拜等民间信仰形塑了农民基督徒的信仰惯习，某种程度构成基督教民间宗教化的文化基础。在此，我们先简要呈现这几种主要的民间信仰类型：一种是动物精怪崇拜，如"五大仙"。在河镇民众看来，这些动物具有神鬼二重性，亦仙亦鬼，既可以给人带来福佑，也可以给人带来灾难，关键在于人是否得罪它们；一种是对于一些"巫婆神汉"（如阴阳先生、神仙奶奶等）的崇拜，这些人被民众视为具有通神、通鬼、通灵的能力，也具备施行巫术性质治疗仪式的禀赋；一种是对河神、土地神的自然崇拜。这些神灵掌握一方水土，在农业社会中具有非常重要的作用。我们在乡村基督教中，依然可以发现上述民间信仰的影子，比如把魔鬼指向狐狸精、把宗教领袖视为具有通神能力、把神圣对象视为既能带来福佑也能带来灾难等。

由此可见，在乡村社会中，农民之于信仰对象所秉持的灵验逻辑有其深刻的文化基础和信仰惯习。正因为灵验所具有的重要性，因而外来宗教要想在本土社会扎根，则必须依托于灵验。如一项针对乡村社会天主教信仰的研究指出，"灵验"使得天主教信仰与乡土社会的传统、乡民的心理之间搭起了一座桥梁，乡村天主教在乡村社会的传播也充分依托灵验。[43]同样，对于乡村基督教而言，其若要深入民心，也必须借助灵验，由此也决定了教会组织以善诱之的必要性，并在此过程中，逐步彰显其灵力，无论是前文所论"教会赋善能力"的生产抑或"善的内容"的建构，教会组织都试图表明基督教

---

42 梁家麟：《改革开放以来的中国农村教会》，香港：建道神学院，1999 年，第 412 页和 415 页。

43 曹荣：《灵验与认同——对京西桑村天主教群体的考察》，《民俗研究》2012 年第 5 期。

可以带来更多的灵验。基于灵验逻辑，信众在所求得到满足（即获得灵验）后，便会以还愿的形式对神进行回报。在民间信仰中，这种回报的内容也指向具体的实利——比如把神像搬到一个更好的位置、多烧点纸钱、多给点钱给灵媒等。在基督教这里，这种回报内容指向了"顺服"——比如多去教会、多听道、多祷告，在更多时候当农民无暇或不愿表达上述顺服时，则以简单而粗暴的方式直接向奉献箱里扔钱。这种回报内容作为"获善条件"无疑容易为农民所接受和承担，同时也是无涉宗教伦理和道德的，具有浓厚的实用主义色彩。

质言之，对于灵验逻辑下的初信徒而言，其本质特征是通过对"成本——收益"的考量来审视宗教生活，在这个意义上，初信期追求灵验的信徒的确呈现出一种浓厚的"理性人"特征。流行的宗教理性选择理论对此有充分的论述，正如其代表人物斯达克和芬克所认为的那样："行为者选择'消费'宗教'商品'，就像他们消费世俗商品时权衡代价和利益一样"[44]，按照理性人假设，面对宗教，一个理性的宗教信徒需要做的是尽可能地做好自己的宗教投资以谋取更多的宗教收益。虽然，理性人假设看起来较为符合本处初信期信徒所体现出来的灵验逻辑，但我们并不倾向于使用之，原因在于即使是追求灵验，实质上也蕴含了和苦难有关的丰富情感和独特经验。[45]

总的来说，初信徒的灵验逻辑与教会的以善诱之实质上互为生产。一方面，以善诱之立足于信徒追求灵验的民间信仰惯习，所谓新瓶装旧酒，信仰形式变了，但农民追求灵验的内核却没有变。在这一点上，正如谢和耐明确主张的那样："在平民中，支持一种宗教的最好的论据就是其神效。此外，如果这种宗教表现得有好处和容易实施，那么它就能赢得所有人的赞成"。

---

44 斯塔克、芬克：《信仰的法则——解释宗教之人的方面》，北京：中国人民大学出版社，杨凤岗译，2004 年，第 53 页。

45 当然，就情感而言，尽管斯达克等详细阐明自己如何就"理性"概念进行软化与扩展，并将情感作为一种"主管委身"被纳入考量之中（参见斯塔克、芬克：《信仰的法则——解释宗教之人的方面》，北京：中国人民大学出版社，杨凤岗译，2004 年，第 127 页。），但总体上情感是被作为一种理性计算的附属和成本投入来看待的，情感本身不居核心位置。我们认为一个重要原因是，作为一个有着宏大抱负的社会科学理论，情感本身由于其模糊性和复杂性难以构成理论的"元命题"，故而无法进行有效的理论推演，只能作为一种"附件"和"补充"来对待。

[46]另一方面，经由教会组织的以善诱之环节，信徒的灵验逻辑进一步强化。善所具有的诱惑性，对于处于苦难之中的信徒而言无疑是具有吸引力的，由此也强化了他们对灵验的追逐。

4.3.2　工具性宗教虔诚的表现

正是因为中国普通信众宗教生活中所表现出来对灵验的浓厚追求，故而，有不少研究都强调农民灵验逻辑背后的功利化心态。如高师宁认为，当现实条件难以满足农民祈求平安、消灾祛病等诉求时，宗教便成为改善自身处境的唯一希望，故而在动机上体现出强烈的功利与实用特征。[47]乃至于有学者将这种"功利性"视为中国宗教文化的某种特异性，如认为中国宗教充满了现世精神[48]、具有功利主义传统[49]、只有伦理教而无西方宗教中的实质超越性[50]，认为中国人是纯粹的功利主义和谋取利益最大化[51]、缺乏宗教感[52]。这些论断的暗含之意是，追求灵验的功利化动机本身是排斥宗教虔诚的。针对这种判断，有研究反思性地指出，信徒追求灵验并不意味着就没有宗教虔诚，所谓心诚则灵，即使追求灵验和神助，也需要"虔诚"这一前提，由此，形塑一种"有求必应"和"有应必酬"的人神关系格局[53]。我们认为，这种关于"灵验逻辑"和"宗教虔诚"关系的认知差异主要在于研究者对宗教虔诚的理解有所不同。在持"宗教虔诚缺乏"观点的研究者那里，往往是以西方基督宗教的完备性而论来审视宗教虔诚的，从这个向度上讲，宗教虔诚是追求超越，排斥实利的。在持"具备宗教虔诚"观点的研究者那里，只要信众对神圣对象具有情感，并能够付出报答（如奉献贡品）都被视为一种虔诚的表现。

---

46 谢和耐：《中国和基督教：中国和欧洲文化之比较》，耿昇译，上海古籍出版社，1991 年，第 150 页。

47 高师宁：《当代中国民间信仰对基督教的影响》，《浙江学刊》2005 年第 2 期。

48 唐君毅：《中西哲学思想之比较研究集》，南京：正中书局，1943 年，第 222 页。

49 吾淳：《中国宗教的功利主义特征》，《朱子学刊》1999 年第 1 期。

50 梁漱溟：《中国文化要义》，上海：世纪出版集团，2013 年，第 87 页。

51 秦家懿、孔汉思：《中国宗教与基督教》，上海：三联书店，1990 年，第 53 页。

52 章立凡："功利性宗教信仰，就是和佛神做交易"，引自"搜狐网"，（http://cul.sohu.com/20100826/n274500012.shtml），2010 年 8 月 26 日。

53 甘满堂：《灵验与感恩——汉民族宗教体验的互动模式》，《民俗研究》2010 年第 1 期。

如果把宗教虔诚视为一种连续统，此一问题便迎刃而解。正如约翰斯通所指出的那样，"社会学的一项基本原则告诉我们，大多数可以归之于确定的社会现象的任何特点，都只是在某种连续体的某些点才存在……与此相似的是，人们也可以被定位在'宗教虔诚'连续体的各个点上"[54]。换言之，对于信徒而言，宗教虔诚的存在不是"是—否"或"有—无"的简单二元对立问题，而是一种存在"程度"差异的连续统，具有"低度虔诚—高度虔诚"的谱系。

秉持这一理念，我们认为在教会组织以善诱之的前提下，信徒基于自身灵验逻辑而形塑的宗教虔诚是一种"低度"的宗教虔诚。由于这种宗教虔诚被视为是获得善的必备条件，是信徒用以获得灵验的工具性前提，即"心诚则灵"，为此，我们把这样的宗教虔诚称为工具性宗教虔诚，我们从经验中归纳了其如下表的特征：

表 4-3 工具性宗教虔诚的测量维度及代表性指标

测量性质	测量维度	对应维度	代表性指标
心理层面	宗教认知层面	理智的维度	（1）信教目的：是为了解决现实层面的苦难，是为了获得"实利"。 （2）上帝或耶稣和其他"神"的比较：上帝和其他"神"没有本质区别。
	宗教经验和情感层面	体验的维度	情感经验围绕"苦难"的解决而展开。
行为层面	宗教崇拜实践	仪式和意识形态的维度	宗教参与不固定，表现为"按需"参加，即有需要的时候则到教堂聚会并做一定的奉献、多神崇拜、以世俗生活为主，破坏戒律。
	宗教伦理实践	效果的维度	宗教伦理对日常生活影响甚微。

结合上表内容，我们以下详述之：

---

54 约翰斯通：《社会中的宗教——一种宗教社会学》，成都：四川人民出版社，1991年，第 447-448 页。

（1）在认知层面，表现为信徒把宗教以及神圣对象作为获得现世实利的工具

在这个意义上，信仰基督耶稣与信仰其他类型的宗教乃至民间信仰都没有本质区别。对于正处于初信期的信徒而言，当询问其"信教目的"或"为什么成为基督徒"时，一般总会指向特定的世俗需求，比如治疗疾病、化解事故等。与此同时，信徒对基督信仰所承载的复杂知识体系也置若罔闻，对宗教知识的理解也只局限于"神有大能""好处各种各样""信就能得到好处"等朴素观点，甚至对一些基本的教义知识（如独一真神、三位一体、耶稣复活等）都难免是"一问三不知"。以下是在蒋村教会的一次焦点访谈中，初信期信徒的代表性自白：[55]

> 信徒蒋方丽说"（信徒）为什么上教会信耶稣，为什么要成为基督徒啊，这个还要问啊，就是治病呗，谁好好的没事，来这里干嘛"。信徒蒋华美说："讲道那些内容我听不懂，不识字啊，我就知道神耶和华，在天上，教会说啊，信他就能有好处呢！"信徒蒋青梅说："信神耶和华比那个上庙会（佛教、道教等信仰形式）功力要大，神能创天创地，神什么都能做，只要你想到的。观音菩萨就不能，观音菩萨只能送子，观音菩萨就比不上耶稣"。

如果说，处于这一时期信徒对自身认知的浅层次尚不自觉的话，那么，经历过这一时期的信徒则有着清晰地反思和审视，一位"过来人"如是说道：

> "那个时候的信呢，就是马马虎虎，没把心交给神，还是那种世俗的看法，还是之前那种拜魔鬼头子[56]的信法，心里想着，需要的时候就上教会，不需要的时候就不去了，要是灵了，我奉献点钱，就相当于是还愿了。这种信，经上说，叫'小信'，是比较浅的信，说白了，就是以人自己重心，把神就好比看作是现在社会里头的医

---

[55] 值得一提的是，对于此一阶段的信徒而言，往往难以有清晰明确的认知，但不时流露的一些话语却能有效体现认知，本次焦点访谈开展于蒋村教会，2017 年 9 月 8 日。

[56] 魔鬼头子，即乡村社会中存在的巫婆神汉，这一叫法乃是基督徒对其的"蔑称"，对经历过初信期的信徒而言，他们认为"不信神，就信鬼"，上帝是世界上的独一真神。

生，需要的时候就去上医院看病，不需要是时候，就该干嘛就干嘛
去了。"[57]

总的来说，此一时期信徒对待神的认知具有浓厚的实用主义色彩，缺乏
超越成分。在这个意义上，信众对基督教的认知和对民间信仰乃至世俗生活
中医生的认知没有本质差异。由此，他们的宗教活动呈现形式大于内容的特
点，其信仰尚属于一种"浅层信仰"。[58]

（2）在体验层面，表现为信徒的宗教体验紧密围绕苦难的解决而展开

宗教体验（或宗教经验）在宗教生活中处于核心地位，詹姆斯在《宗教
经验种种》中指出，宗教意味着个人独自产生的某些感情和经验，使他觉得
自己与他所认为的神圣对象发生关系，其进一步指出，情感乃是宗教的最深
根源，人们相信宗教的对象，根本不是通过纯粹的理性概念，而是通过对这
种实在的直接感受，是经验中的相遇，人的信仰随着这些经验而产生。[59]宗教
经验的种类非常之多，[60]本处无意罗列，只对初信期信徒宗教经验的特点进行
归纳——围绕苦难的解决而展开，表现为：

一方面，信徒对神圣对象以及教会领袖怀有一种"信任"情感。这种信
任既来自于教会以善诱之环节的权力实践，也来自于苦难之中信徒渴望摆脱
困境的急切诉求，由此，使得这种信任中包含了一种"不得不信"的情感，
对此，王村信徒王宝强说：

"家里头三番五次出现不好的事情，先是小孩开车撞了一个老
人，后来对象干活把脚给跌崴了，骨头断了。没过几天，我自己腿
上又长个疙瘩。真是祸不单行，我也不知道怎么回事，也请（阴阳）
先生看过，人家说是家里门口盖的猪圈风水不好，我就找人把房子

57 卫村老信徒卫春玉，2017 年 8 月 31 日访谈。

58 庄孔韶：《银翅：中国的地方社会与文化变迁》，北京：三联书店，2000 年，第 438
页。

59 詹姆斯：《宗教经验种种》，北京：华夏出版社，尚新建译，2012 年，第 23 页。

60 例如有研究区分了如下不同种类的宗教经验类型：如意识到上帝存在、意识到得
到作为祈祷回报的帮助、意识到一种不叫上帝但有指导作用的存在物、意识到一
种自然中的神圣存在物、意识到同步性模式、意识到已死之人的存在、意识到一
个魔鬼的存在、经验到所有事务为一个整体，参见 Hay, D.& Heald, G. "Religion
Is Good For You." *New Society*,1987（8）.转引自阿盖尔：《宗教心理学导论》，2005
年，第 53 页。

拆了，拆了没几天，女儿在学校发烧，也不退烧。我上教会也是没办法了，人家说信耶稣灵，能保平安，我就来信了，这种情况，是不信也要信，不然你能有什么办法，信了还有希望，不信希望都没有"[61]。

另一方面，除了这种包含一种"无奈"的"不得不信"外，宗教还被信徒视为一种情感宣泄的途径。在参与观察中，我们发现不少信徒都声泪俱下。我们在陈村注意到信徒陈浩，她属于有需要时才去教会的典型个案，一次在祷告时，我们发现她泣不成声，并不断地祈求神保佑，后来交流得知，原来她的儿子因借高利债而无法在期限内还款，因而不断地被人催债，没办法，只有躲到上海，期间，家里始终没有办法联系上他，所谓"儿行千里母担忧"，作为老母亲，陈洁担心自己的孩子在外没钱怎么过、会不会有人追到上海、儿子失联是不是因为被人绑架……总之一切可能不好的结果都在其脑海中上演，以致茶饭不思，夙夜难寐。因而，她"内心急切地盼着神，希望助孩子摆脱难关"，也感到"在神面前祷告祷告，哭诉哭诉，心里头好受不少"[62]。

要而言之，在苦难的境况之下，神圣对象或教会既意味着一种可能的苦难应对方案，也成为信徒情感宣泄的对象。这类情感也仅仅以苦难的解决为核心，职是之故，此阶段的信徒往往难以察觉诸如"神的临在""圣灵充满"等超越和神秘的体验。

（3）在宗教崇拜实践上，表现为信徒的参与度较低并触犯宗教禁忌

就宗教参与而言，这类信徒并不能够定期参与每周的宗教聚会，只是在有需要或者有空的时候才会到教会。教会组织常常要求信徒每周至少参加一次的聚会活动，不然就是"不顺服"或者"远离神"的表现。但初信期的信徒却往往难以做到，他们对自己之所以不能按照要求每星期都来聚会，也有充分的理由，我们在此罗列几条：

一是时间不允许。信徒赵思琴说："家里头很多家务事，走不开，白天小孩要接送上学，还有做五六个人的饭，还要洗衣服，时间上不允许"[63]二是家人的阻扰。信徒郑丹霞说："我家当家的

---

61 王村信徒王宝强，2017 年 9 月 15 日访谈。

62 陈村教会陈洁，2017 年 10 月 5 日参与观察。

63 赵村信徒赵思琴，2017 年 8 月 20 日访谈。

不让我来，说我上教会耽误干活，我就一个星期去一次，都要被他骂，有一次还被他打了，我也不想因为这个和他吵，后来没有办法，就来得少了"。[64] 三是赚钱营生的压力。信徒王艳菊说："家里几张嘴，还能不吃不喝啊，要吃要喝就要去赚钱，不能因为上教会把家丢了，那样是不符合现实的。还有，比如我在厂里上班，人家都是固定的做活时间安排，总不能请假来上教会吧。即使请假，那也不可以每星期都请假，不然人家就不要你干活了"。[65]

以上三个代表性的观点反应了信徒之所以不去教会的缘由，集中体现了世俗生活对宗教生活的影响。用蒋村教会（蒋村二点）领袖蒋晓敏的话说，就是"爱世界胜过神"。当然，对于这样的理由，蒋晓敏认为这都是借口，本质上都是对神不顺服导致，她说："每次聚会也就半天时间，每次来一般就两个小时左右，说抽不出时间那是假的，只要是想来，总能抽出时间。不是有一句名言，叫'时间就像海绵里的水，只要愿挤总还是有的'，说起忙，有的信徒比他们还忙，可人家每晚都坚持来祷告，都没说耽误苦钱（注：赚钱的意思）时间，再说了，要是觉悟高的，也根本不会有（上教会）耽误做事的想法。"[66]

除了宗教参与的不足外，这一时期的信徒还屡屡触犯宗教禁忌，比如教会屡次强调和要求的"不能拜偶像"就不被信徒遵守。我们在调研中见到了不少同时信奉好几种神圣对象的信徒，比如郑村信徒郑广兰，就在上教会的同时，也上庙会（邻镇的佛教寺庙）。问起原因，她说："这个嘛，就好比有病中医也看，西医也看，一个道理，两个一起看，效果可以累加，这个不行，说不定那个行。我也知道这个教会那边说不允许，但我觉得不管是哪个神，哪个仙，说到底都是给人带好处的，不然这个神就没有价值了，人家就不拜了，哪个好处大，就信哪个，这是人之常情"[67]。还有一位信徒在村里开了一个小卖铺，卖一些火纸、冥币之物，她被教会领袖多次劝告，被告知这些东西乃是和拜偶像相关的"不洁之物"，作为基督徒不应该卖这些东西，可她依然坚持卖下去，原因是"这个东西农村需求大，赚钱，小卖铺本身就不赚

---

64 郑村信徒郑丹霞，2017 年 6 月 20 日访谈。

65 王村信徒王艳菊，2017 年 6 月 21 日访谈。

66 蒋村二点负责人蒋晓敏，2017 年 8 月 23 日访谈。

67 郑村信徒郑广兰，2017 年 10 月 5 日访谈。

什么钱，这个要是不卖，就没什么钱赚了。再说，天地万物都是上帝耶和华造的，这个火纸冥币就也是神造的，既然是神造的，为什么不能卖呢？"[68]由此，这些在教会看来是禁忌的东西，到了他们面前，反而算不上是禁忌，甚至犯忌也有充足的理由。

总的来说，无论是宗教参与的不积极抑或是宗教禁忌的触碰，都表明在作为宗教虔诚外显的宗教崇拜实践上，初信期的农民难以达到基督徒的基本要求。虽然如此，在灵验逻辑主导下，他们自身也会赋予其行动恰当的理由或借口，也并不知觉某种亏欠或罪感的存在。[69]

（4）在宗教伦理实践上，表现为信徒难以遵守和践行宗教伦理要求

宗教伦理对日常社会生活特别是经济生活的影响，是韦伯宗教社会学的研究主题，在韦伯那里，宗教伦理是通过影响实践伦理即人们的日常生活方式来影响经济伦理的[70]。对于基督教而言，其丰富的宗教伦理意涵无疑使其更加强调伦理的一面。因而，有关如何做人、做事就成为讲道的主旨之一，如对信徒品格提出了正直、饶恕、知足、谦卑、诚实、忍耐、殷勤等要求[71]。然而，这类伦理宣称，对于初信徒而言，却难以生发出影响力。即使有些信徒表现出某些优良的品格，实质上也和宗教无关，而是之前品格的延续。质言之，宗教信仰并没有引起信徒的伦理实践和道德水平的提高。此处援引一例加以说明：

> 陈村信徒陈红艳，在村中是有名的"泼妇"，为人性格乖戾脾气暴躁，动辄因为一些鸡毛蒜皮小事和邻里起冲突。且"说话难听，动不动就诅咒人家祖宗十八代"，乡里乡亲避之唯恐不及。对待自己的公公婆婆也极不孝顺，经常打骂他们。陈红艳因为腿疾信耶稣后，上述品格并没有发生改变，也正因为如此，村里的非信徒认为"她教会白上了""还是一肚子坏水"。2017 年 3 月 20 日发生于

---

68 褚村信徒褚桂英，2016 年 12 月 6 日访谈。

69 "罪感"是下一阶段宗教虔诚的主要构成，详见第 5 章的论述。

70 冯仕政、李建华：《宗教伦理与日常生活——马克思韦伯宗教伦理思想引论》，《伦理学研究》2003 年第 1 期。

71 也正因为这些伦理意涵，教会组织也常常以此来宣示基督信仰的"正统性"和"先进性"，如在调研期间，各教会的宗教领袖都在向笔者这个非信徒强调，"我们基督教是叫人做好事，叫人做好人的"。

陈村教会门口的一起争端，更佐证了"上了教会品德还不好"的这一判断，并为非信徒所诟病。一日，陈红艳正在教会参加聚会活动，其公公找到了教会，并在教会门口破口大骂，斥责自己儿媳妇，骂道"信教了，人还特别坏，你以为就只在那儿祷告了，就想神保佑你呢，想得美！一天到晚骂人，不孝敬老人，当着耶稣的面，你问你自己心里平不平（注：公平与否的意思），你动不动每星期买东西回娘家，米啊，油啊，就没缺过。我呢，我好歹是你上人，20年了，一口水都没喝你的，还天天诅咒我，骂我，像你这样的，还信教，不如回家……"。陈红艳也不甘示弱，拿起教会门口的一根棍，朝着自己的公公打过去，并骂道："你个老不死的，我没下药把你毒死了就不错，还敢向我要这个要那个，哪一天我趁你睡着了，把你拖给狗吃，我看你还叫不叫"。[72]

上述极端案例的引用意在表明，宗教信仰难以对初信期信徒的道德水平进行改变。实质上，处于这一时期的信徒和普通非信徒没有本质区别，并不会因为信仰基督，就会践行宗教伦理抑或提高自身的道德水平，[73]这从某种程度上也是"基督徒"和"非基督徒"看起来没有明显区别的原因之一，正如有经验研究所揭示的那样，"（农民）基督徒和非基督徒在日常的大部分生活中并没有什么分别，包括在待人接物上你也看不出来。"[74]

换言之，对初信期信徒而言，信教之前如何，信教之后也如何。"爱神"和"爱人如己"作为两条最大的诫命，也是其它宗教伦理和宗教道德的出发点，当问及初信徒在这两方面践行如何时，赵村二点的教会领袖赵银菊无奈地说"还爱神，爱人如己，他们爱的只是自己！"[75]总的来说，对于这一时期

---

72 陈村教会门口陈红艳与其公公的争端，2017年3月20日参与观察。

73 吴飞对中国乡村天主教徒的研究就指出，对于农民信徒而言，信仰并没有变成伦理性的实践技术，并没有渗透进日常生活，更没有取代他们的日常伦理。和吴飞的这一整体判断不同，从群体分化的角度看，我们认为这种判断更加契合初信期信徒。虽然吴飞也指出"在教友们当中，大家对宗教的理解是相当不同的"，但吴飞并没有继续对这种差异进行剖析。（参见飞：《麦芒上的圣言——一个乡村天主教群体中的信仰与生活》，北京：宗教文化出版社，2013年，第108-109页）。

74 欧阳肃通：《转型视野下的农村宗教——兼以乡村基督教为个案考察》，北京：中国社会科学出版社，2009年，第316页。

75 赵村二点教会领袖赵银菊，2017年9月6日访谈。

的信徒而言，由于灵验逻辑处于主导位置，在这一逻辑之下，和灵验无关的宗教伦理自然不会进入信仰者的视域，更谈不上实践了。

4.4　小结

本部分从教会以善诱之的角度呈现了其如何促进乡村基督徒宗教虔诚的形塑。追求世俗生活情境的改善是深处苦难之中农民皈信宗教的直接动力和目标，以善诱之是教会迎合信众的策略方案，同时也蕴含了教会组织意志的实现路径。由此，表征善的实利成为教会和农民互动的基础，对农民而言，这一阶段的宗教虔诚也仅仅处于形塑阶段，是一种浅层次的宗教虔诚，其典型特征是农民以人（自己）为本，以世俗的、基于"成本—收益"衡量的角度来看待宗教生活，是一种灵验逻辑的体现。

在本部分，我们把以善诱之视为教会权力实践柔性的一面。从人和教会以及神圣对象的关系来看，此阶段的庇护关系已经形塑，表现为教会可以依托神圣资源为信徒提供各种好处，而信徒反过来则回报以顺服。在此过程中，信徒逐渐生成了人神之间"顺服——福佑"的关系认知逻辑，但没有知觉体验一种心理强制力。换言之，此阶段的信徒只是"奔着甜头"去的，尚不察觉其间来自教会方面的约束力，虽然如此，此阶段教会权力柔性一面也为后续权力的刚性一面埋下伏笔。经由教会以善诱之的权力实践，个体得以认识到教会所能带来的好处，并形成对教会及神圣对象一定程度的依赖感，这种依赖感为教会权力的刚性实践作了铺垫，而这将是下文要交代的。

第 5 章　以威慑之：乡村基督徒宗教虔诚的发展

> 信心不强要软弱，对神不顺鬼找窍（找窍：方言，意找麻烦）。
> ——2017 年 10 月 7 日王村信徒王雅青自白。
> 要报应那不认识神、和那不听从我主耶稣福音的人。他们要受刑罚、就是永远沉沦、离开主的面和他权能的荣光。
> ——《帖撒罗尼迦后书》1 章 8-9 节，2016 年 3 月 29 日卫村教会讲道引用经义。

作为一种作用于心理层面的意识权，以善诱之环节呈现了教会权力柔性一面，给信徒灌输了人神之间"顺从——福佑"的认知逻辑，教会权力刚性一面则由"以威慑之"而展开，旨在给信徒灌输人神之间"违背——惩罚"的认知逻辑。

威，威胁也。这种威胁表现为教会基于"魔鬼""罪"等核心宗教观念的建构来试图形塑信徒的心理强制力，即让信徒知觉"对神不虔诚将会构成犯罪，犯罪就会失去神的庇佑，魔鬼就会上身，进而就要遭遇不平安"[1]。由此，这种强制力的形塑构成了教会权力最为核心的本质，"担忧自己因犯罪而获得神的惩罚"成为此一阶段信徒共享的宗教心理。在这一阶段，教会以威慑之的精髓在于通过系列技术手段让信徒知觉一种心理强制力，套用格尔

---

1 赵村教会（赵村一点）领袖赵金花的表达，2016 年 10 月 5 日访谈。

茨的表达[2]，则是教会组织如何给"教会权力"披上"实在的外衣"，并使得一种心理强制力具有情绪和感受上的独特真实性，进而获得向信徒灌输其意志并制约信徒的能力。

这一心理强制力效果的典型表现是，信徒生成了"不得不去教会"和"不得不顺服神"的行为和认知。而教会权力若要达到这样的效果，则必需基于农民对"权力"作用于自身的"切身知觉"，这种知觉需要依托农民信徒特定的个体境遇（尤其是不平安的境遇）以及宗教对这类境遇的归因。也正是在这一基础之上，教会逐步促进信徒宗教虔诚的发展。在本部分的写作路径上，我们先呈现以威慑之的两项技术手段，包括"苦难的归因"以及"魔鬼作祟归因"的建构，继而分析经过这些权力操演环节后，信徒畏罪逻辑以及混合性宗教虔诚的生成。

5.1 苦难的归因：魔鬼作祟

归因（Attribution），是指"人们从可能导致行为发生的各种因素中，认定行为的原因并判断其性质的过程"[3]。作为人们日常生活中的一种普遍需要，归因无时不刻不在发生。对于处于苦难之中的农民而言，有关苦难的归因有其丰富的意义指向。找到引起苦难发生的原因不仅事关事情的解决——即通过对诱因的挖掘以对症下药或事故规避，也事关对苦难的意义理解——试图去回答人们在面对苦难时的系列设问，如"为什么是我""为什么这个时候"等。

普通人都会形成对苦难的一套归因模式。比如把疾病归因于饮食方式、环境污染、身体体质、生活压力等，把事故归因于家庭矛盾（如夫妻离婚的归因）、工作疏忽（如作业时从楼上摔下的归因）、社会道德环境（如被诈骗的归因）等等。依据凯利（Kelly）的归因理论，人们在试图解释某行

2　格尔茨在有关宗教的经典定义中，指出"宗教是一个象征的体系，其目的是建立人类强有力的、普遍的、恒久的情绪和动机，其建立方式是系统阐述关于一般存在秩序的观念，给这些观念披上实在的外衣，使这些情绪和动机仿佛具有独特的真实性"（参见格尔茨，《文化的解释》，上海人民出版社，纳日碧力戈等译，1999年，第105页。）

3　全国13所高等院校《社会心理学》编写组：《社会心理学（第四版）》天津：南开大学出版社，2008年，第125页。

为或某事时，倾向于归因于行为者、归因于客观刺激物、归因于行为者所处的情境或关系。[4]对于非信徒而言，他们一般都倾向从"此世"的元素中找寻苦难上述三个方面的原因，因为这些此世的诱因最容易为人们所知觉和体验，是"看得见、摸得着"的，我们姑且称这种归因为"常识归因"。农民皈信基督教后，作为宗教方案的提供方，教会则为信徒提供了不同于常识归因的"魔鬼归因"——把信徒所遭遇的不平安和苦难归因于魔鬼败坏所致。

我们且先不论这种归因模式是否偏离了基督教正统教义，还是先从经验中看教会是如何生产并向信徒灌输此种魔鬼归因的。首先是教义层面的生产，这也是魔鬼归因得以可能的第一步。在展开之前，我们先简要呈现基督教教义中"魔鬼"的基本意涵。

在圣经中，魔鬼的最初名字叫"撒旦（Satan）"，此词源于希腊文，本义为"抵挡"，即阻扰耶和华的意志，引申为耶和华的敌人。在基督教教义体系中，神与魔鬼分别成为道德两极即"善"与"恶"的象征，人则成为这两者争夺的对象而处于中间位置[5]，如新约中称"魔鬼"为"上帝的敌人"或"基督的敌人"。至于魔鬼出现的原因，乃是因为"天使"的堕落。《基督教词典》即载："（魔鬼）据说原是一名天使，因妄想与上帝较量，堕落成魔鬼。被上帝击败后，继续具有超人的力量，专门引诱人犯罪，背离上帝。到最后审判时，将被打入地狱受永刑"[6]。也即说，神创造万物，但所创造的物却可以自身由好变坏，魔鬼即是由"天使"这一好事物异化而来[7]。值得一提的是，神和魔鬼也不是简单的对立关系，在特定情况下，神和魔鬼会达成默契，来试探信徒。不仅凡夫俗子要遭遇魔鬼的试探[8]，即使是贵为神子的基督也未能幸免[9]。魔鬼作为"恶"的代表，会给人类带来灾难。尤其表现在人们对疾

4　Kelley, H. H. "Attribution theory in social psychology". In D. Levine （ed.）, Nebraska Symposium on Motivation（Volume 15, pp. 192-238）. Lincoln: University of Nebraska Press. 1967.

5　林中泽：《圣经中的魔鬼及其社会伦理意义》，《世界历史》2004 年第 4 期。

6　基督教词典编写组：《基督教词典》，北京语言学院出版社，1994 年，第 351 页。

7　林中泽：《圣经中的魔鬼及其社会伦理意义》，《世界历史》2004 年第 4 期。

8　如据《约伯记》1-9 章记载，撒旦征得上帝的同意后，多次对虔诚而富有的约伯进行试探，用天灾人祸毁掉了他的财产，并最终剥夺了他的健康，可是约伯仍一如既往地信奉上帝。

9　据《马太福音》4 章 1-11 节记载，耶稣在受洗以后，便被圣灵引到旷野去接受魔鬼的种种试探。

病的认知上，罗马时代后期的人们认为人类之所以有病痛，乃是因为有魔鬼附身。欲要治病，得先赶鬼，赶鬼即是行神迹。[10]

以上内容呈现了基督教教义中有关魔鬼的基本认知架构：神与魔鬼对立、神可以与魔鬼合作以试探信徒、魔鬼可以带来疾病等灾难。那么，在经验中农民信徒是如何理解魔鬼的呢？在农民的视域中，魔鬼的观念和乡村社会中有关"鬼"的本土认识有关，其中的一个典型特征是，农民信徒把魔鬼指向了"狐狸精""蛇精""死人亡魂"等颇具传统和本土意味的对象。赵村信徒赵乐素的说法颇具有代表性：

> "魔鬼啊，就是那些鬼，比如这个狐狸精，还有蛇精，黄鼠狼精，老鼠精，之前有人叫他们'五大仙'，什么狐仙、黄仙、白仙、柳仙和灰仙，'五大仙'就是'五大鬼'。除了这个，还有那些死人的鬼魂，比如天折小孩的魂魄，都是魔鬼，不过一般还都是狐狸精多。这个魔鬼它会附在人的身上，败坏人，破坏人，让人有病，让人出事故，让人不平安。"[11]

和教义中象征"恶"的魔鬼相比，现实中农民的魔鬼指向无疑更加具体和明确。把苦难归因于魔鬼上身以及把魔鬼指向传统社会中的精怪，某种程度即端赖于教会组织的生产策略。一方面，教会组织对《圣经》中涉及耶稣赶鬼治病的经文予以反复地强调和宣讲，进而强化信徒的魔鬼归因。我们发现在讲道以及其他途径的教义灌输中，如下经文中的"赶鬼事迹"被频繁地引用：

---

10 也因此，在早期基督教社会里，治病、赶鬼、行神迹三者是相辅相成、合为一体的。这种情形在新约中比比皆是。赶鬼的主要方法主要有二：一是用手触摸患者的患处、二是发出某些特定的言语。如《马太福音》8 章 14-15 节记载"耶稣到了彼得家里，见彼得的岳母害热病躺着。耶稣把她的手一摸，热就退了。她就起来服侍耶稣。到了晚上，有人带着许多被鬼附的来到耶稣跟前，他只用一句话，就把鬼都赶出去，并且治好了一切有病的人"。这样的例子非常之多，成为早期基督教会吸引信众的主要手段。参见林中泽:《圣经中的魔鬼及其社会伦理意义》《世界历史》2004 年第 4 期。

11 赵村信徒赵乐素，2017 年 2 月 5 日访谈。

表 5-1 经常为教会引用的涉及赶鬼事迹的经文[12]

经文来源	经文章节	主要内容
《马太福音》	8 章 14 节-17 节	耶稣以"一句话"赶鬼治病，治好彼得的岳母。
	8 章 28 节-29 节	鬼附在人身，耶稣把鬼赶到猪身上，治好加大拿被鬼附的人。
	9 章 32 节-33 节	治好被鬼附的哑巴。
	17 章 18 节-21 节	耶稣把鬼从小孩身上"斥责"出来。
《马可福音》	1 章 23 节-27 节	耶稣以"言语"驱逐附在人身上的污鬼。
	5 章 2 节-13 节	耶稣打发污鬼到猪的身上。
《路加福音》	13 章 11 节-13 节	耶稣治疗因被鬼附而驼背的女人。
《使徒行传》	5 章 12 节-16 节	使徒通过赶鬼行神迹奇事。
	16 章 16 节-18 节	使徒保罗给被污鬼所附的女人赶鬼。

教会组织基于上述经文，向信徒灌输苦难（尤其是疾病）乃是由于魔鬼作祟所致。关于为什么青睐这些经文，褚村的教会负责人褚贤惠说：

> "这些故事情节比较简单，和其他经文相比，内容比较好理解，老百姓喜闻乐见，容易被他们接受。经文里头这些神赶鬼的神迹故事，老百姓知道了，心里头想，书上都这么写了，那肯定是有说服力和权威的，就好比你读书的时候，觉得书上写的内容都是对的一样，书上说是魔鬼造成的病和不平安，那么老百姓就比较相信这个说法，也就是有凭有据。除此以外，最主要的原因，还是信徒自己内心里头想听这些，说白了，就是信徒他自己有这个赶鬼治病的诉求。就好比一个人得了病一样，他就会主动关注那些和病有关的信息，比如哪个医院好啊，有没有民间偏方啊，道理是一样的。经上记载的这些神迹故事，就好比医书上记载某个可以治病的方子，给信徒讲这些方子，他自然是比较容易接受的。"[13]

另一方面，教会方面把教义中有关魔鬼的知识和信徒原有"鬼"的观念相结合，以使魔鬼具体化。在乡村社会，关于鬼怪的故事和观念一直以来都

---

12 有些赶鬼的经文在不同的经书中会有所重复，重复的部分不计入。

13 褚村教会负责人褚贤惠，2017 年 10 月 9 日访谈。

有市场，在河镇，我们发现，狐狸成精（鬼）害人的故事为农民信手拈来，并成为农民鬼怪观念的重要构成。这类故事的共同特点在于：人类触犯了狐狸的利益，狐狸便附身报复人类。此处，我们呈现一例发生在陈村农民陈天野身上的故事：

> 一日，陈村农民陈天野发现自家养的几只鸡无缘无故不见了。不几日，在干活的时候，他在鸡窝附近发现了两个小狐狸，他怀疑是狐狸偷了他家的鸡，于是就用铁锹把两个狐狸给拍死了，并把它们的尸体丢在了离家不远的一条小河里。当日晚上，人们听闻河边有狐狸在啼叫，并认为这是"狐狸妈妈在哭自己的孩子"。时隔半年多后，据邻居回忆，"陈天野神志不清，像着了魔一样"，用皮鞭狠狠地抽打其年仅9岁的大儿子，"足足打了有两个小时"，以致大儿子被打得遍体鳞伤。被打的当天下午，大儿子就在那条陈天野曾今扔狐狸的小河里失足落水溺亡。事后陈天野回忆自己打孩子的时候，"像是被什么东西控制了大脑，打的时候根本停不下来"，由此生成的内疚一直延续至今。距大儿子死后不多久，小儿子在家里吃饭的时候，忽然喊膝盖痛，一看膝盖处竟然淤青骨折，经过一段时间治疗后才得以康复。自此，包括陈天野在内的所有人都认为这是来自老狐狸的报复，并且是以牙还牙，报复他的儿子。[14]

这样的故事非常之多，其核心要义即是成精的狐狸可以附在人的身上，进而给人带来灾难。这一认知的建构虽然逻辑并不严谨（如在陈天野的故事中，也存在其他的理由可以解释陈天野两个儿子的遭遇），但由于狐狸在乡村社会被农民视为具有特殊灵力，人们会自然地将之与灾难事件相关联。正是因为这一精怪文化的根深蒂固，使得普通农民在日常生活中都对狐狸敬而远之，深怕一不小心"惹怒"了狐狸而引来其"报复"。也由此，教会组织将魔鬼指向狐狸精迎合了农民的既有观念基础。除了狐狸之外，乡村社会中和"鬼"有关的元素都指向了"魔鬼"，如因非正常死亡（如婴儿夭折、车祸死亡等）而产生的"亡灵"。在教会领袖看来，将魔鬼指向上述内容并不抵牾教义，对此，对教义的理解和把握水平较高、持有长老证的钱村教会（钱村二点）领袖钱红影说道：

---

14 对陈天野及其邻居、亲属的访谈整理，2017年4月至2017年6月。

"圣经上的魔鬼就是指害人的东西，是恶的东西，魔鬼也有灵力，是恶灵，它可以变幻莫测。圣经中，魔鬼的形象也可以说有很多，比如《启示录》里讲的 7 头 10 角的大红龙、《创世纪》里头引诱亚当夏娃犯罪的蟒蛇，《路加福音》里还提到了蝎子，也就是说魔鬼本身没有特定的形象，凡是害人的、使人不平安都是魔鬼。农村社会里头，害人的东西就是像狐狸精这些东西。"[15]

基于上述的径路，对信徒而言，疾病发作或者不平安事故的发生乃是由狐狸精等魔鬼上身或败坏引起，换言之，是魔鬼引起了苦难。一般来说，一件事情可以有多种角度的归因，而一个新的归因若能被人们所接受，则既不能太违背常识，也需要为信徒自身所经验到。由此，教会方面的魔鬼归因要想被信徒接受，则需要处理两个问题：一是如何处理魔鬼归因和常识归因的关系。二是如何使得魔鬼确证化，让信徒信以为真。这也涉及教会方面的相关策略，如下：

之于前者，则通过苦难的类型划分来糅合魔鬼归因和常识归因。以疾病为例，教会方面即对疾病作了"魔鬼病"和"身体病"的类型划分。[16]在他们看来：所谓身体病，也就是我们通常意义上的疾病，其特点是可以通过现代医疗途径（如吃药、输液、手术等）减轻或治愈。所谓魔鬼病，即是由魔鬼引起的疾病，现代医疗途径对这类疾病是失效的，只能通过赶鬼活动来治疗。因此，对于教会或信徒而言，判断疾病究竟是属于身体病还是魔鬼病，就看"医院能否治好"[17]。也因此，对应了不同的治疗方案——"身体病—求医"、"魔鬼病—求主"。这种疾病类型及其治疗途径的划分并不意味"求医"和"求主"是处于并列位置的，在实际中，求主处于主导性位置，即使是身体病，教会都提倡信徒去求医的同时也来求主，原因是：

---

15 钱村教会（钱村二点）负责人钱红影，2017 年 11 月 6 日访谈。

16 实质上，教会方面的疾病类型划分也基于农民原有有关疾病的观念基础。正如黄剑波等指出的那样，农民倾向于把说不清原因而引起的疾病称为"虚病"，与此对应的是"实病"，农民认为，实病是打针吃药能看好的病，而虚病则需要求神拜佛才能痊愈。参见黄剑波、王媛：《地方文化与乡村天主教的发展——以附魔与驱魔为中心的探讨》，许志伟编：《基督教思想评论（第 16 辑）》，上海人民出版社，2013 年，第 239 页。

17 "医院能否治好"是一个具有弹性的概念，在农民的语境中，当农民言及"病没治好"时并不意味着医院技术局限而不能治好，而是达不到农民的治疗期望状态（如可以花更少的钱、受更少的罪）。

"世间万物都是神造的，医院、医生都是神的功劳。你看医院的十字架，就是象征基督耶稣的意思。你就是正常的'身体病'，不是那种'魔鬼病'，也可以求主，求主赐恩典给医院，早日把你治好。所以，对于身体病，该上医院上医院，也可以来求求主。但对于魔鬼病，医院就没有办法了，只有神来赶鬼医病。"[18]

通过这样的技术处理，魔鬼归因和常识归因得以被糅合，即魔鬼归因并不排斥常识归因，而只是将自己局限于独特的领域。虽然教会方面看似提供了一个边界清晰的归因分野，但对于农民而言，这两种归因却是混沌而非壁垒分明的。比如一项疾病，起初信徒会将之归因为身体病，前往医院接受治疗，但却效果不明显，于是又把其归因为魔鬼病，认为只能靠赶鬼治疗。因而可以说，魔鬼归因不反常识归因，并且教会和信徒双方均表现出对魔鬼归因的偏好。

魔鬼病和身体病的区分，还隐喻了教会如下组织意图的实现：其一是使得教会远离"邪教"的标签。在王村教会张贴的《楚县河镇基督教反邪教宣传栏》中，在"邪教"危害的条款中，指出："残害生命：邪教的一个重要手段是声称'信教能治病'，并反对信徒'去医院'，一些农民群众因此耽误了治疗而导致死亡，或者被邪教用巫术致死、致残。"[19]教会强调"魔鬼病"和"身体病"的分野，意在引导信徒"身体病该上医院上医院"以建构自己信仰的"纯正性"。当问及是否反对去医院时，他们均予以了否认，认为只有"邪教才会那么说"。其二是通过这种分野，限定教会的权责边界，某种程度有助于维护自身的权益。对此，赵村教会（赵村二点）的负责人赵银菊坦诚地说："有些病，比如伤风感冒了，明显就是普通的病，要是不去医院，天天来教会，病拖重了，谁也担不起责任，所以我们是鼓励信徒有病（身体病）治病，有鬼赶鬼，两不误的。"[20]但由于农民对魔鬼归因的偏好，导致有不少信徒生病后不去医院，耽误了病情。笔者在卫村教会调研期间，就偶遇一位信徒的家属前来教会闹事，认为"教会耽误了治病"，对此，卫村教会领袖卫凰凤也"感到冤枉"。[21]

---

18 周村信徒周春莲，2016 年 10 月 18 日访谈。
19 王村教会张贴栏，2017 年 12 月 25 日观察。
20 赵村教会（赵村二点）负责人赵银菊，2016 年 12 月 7 日访谈。
21 2017 年 7 月 9 日卫村教会参与观察。

之于后者，则通过魔鬼故事的传播以及赶鬼仪式的施行使得 "魔鬼现身" 以促进魔鬼的确证化。对于绝大多数信徒而言，生成魔鬼观念并不是一蹴而就的，但若教会组织通过适当的路径，使得信徒能 "耳听" 和 "眼见" 魔鬼，显然有助于魔鬼观念快速地深入人心。我们首先来看魔鬼故事的传播，笔者和钱村教会（钱村一堂）领袖钱木兰接触没多久，她就问笔者，"你认为世上有没有魔鬼？"，正当笔者寻思如何作答时，她便讲起了其亲眼所见的 "魔鬼"：

> "我们一大家四个弟兄，始终在这个'小人口'（注：指小男孩）上不如愿。老大结过婚 16 年，老大嫂都没有小孩，尤其（生）小男孩这方面始终就不行。就到现在我们家老三，身边有三个小孩，但都不是自己生的，都是抱养的。我结婚 3 年，都没有小孩，一般来说，三四年没怀孕，就有问题了，加上他们家庭这个情况，心里就更那个了。后来老奶（注：指婆婆）叫我上教会，我 20 多岁姑娘，哪里会信这个东西，我好歹也是高中生，虽然知识不高，也还识点字，都相信科学，那个时候根本不信神神鬼鬼这些东西。我后来观念改变，是因为的确看到了魔鬼，不知你相不相信，这个魔鬼，就是人家说的狐狸精、死人亡魂啊，是真实存在的。因为想要孙子，两个老的每年都要请巫婆神汉或者香头奶奶，扎点这样烧烧，扎点那样烧烧，比如用花纸做个衣裳，然后烧掉。或者立个香碗，在里头烧香，家里头香碗就有好几个。有一次，老奶叫我跟她一起弄，买了 7 条画线，7 根针，做了 7 个纸衣裳。那天是在老二家，堂屋里放一个小桌子，桌子上有个碗，碗里放点粮食，请当地的一个香头奶奶，把香点上插在碗里。没过多久，二嫂开始哭、叫和唱，她唱的那个内容不像我们平时唱歌那样，她唱的没有词，就是随口唱的，但也是一句接一句，还比较衔接，这个调子是她自己随便哼的。这个时候，我过去和她说话，她就停住了，然后自言自语说：'我是黄大仙啊，我住在黄庄桥下面，我家有 5 口……'。我听了后，浑身起鸡皮疙瘩，二嫂是老实人，她不可能说自己故意装成那样来吓人。她还没好（注：指恢复正常），这边的三嫂就开始'咿呀咿呀'地叫，就好像是小孩哭一样。我看看二嫂，又看看三嫂，不知道怎么回事，整个人都被吓蒙了。我家老奶这个时候就开始斥责三嫂，大意是'你个死小鬼，人家都来保平安，你为什么要祸害家

里'。我当时不知道是怎么回事，后来我才知道，原来老奶有个闺女，几岁的时候腰上长了个疮天折了，这个小鬼就是附在三嫂身上的亡魂。在老奶指责的时候，这个小鬼通过三嫂的口说话了，说'我没有衣服穿，我还能不来家要衣服穿啊'，老奶又说：'你就说胡话，哪一年我不都给你烧几身衣服，送左一身衣服右一身衣服给你，你还不知足'。这个时候小鬼说：'我不还是小孩嘛，你给我的衣服，都被别人抢走了，我小，我抢不过别人，我现在还没有衣服穿，还光着身子'。老奶又问：'那你没有衣服穿，这些天都在什么地方'？小鬼说：'我没地方去，就整天站在你家门后'。小鬼通过三嫂的口说着说着，就开始模仿抽烟的样子，然后三嫂突然站起来，直挺挺地走出去，到院子里，人就摔倒了，不省人事。第二天一看，三嫂身上左一块青、右一块青，就是被魔鬼掐的。自从这件事后，我就不敢去家了，我被吓死了，每次回家，只有家人把电灯开着，把我带进去，我才敢回家。所以，我是亲眼看到鬼的，这个事情就摆在这个地方，容不得你不信。"[22]

调研期间，笔者听了诸多这样的"魔鬼现身"故事，其内容情节大体相仿：在经由某些专业人士所施行的特殊仪式作用下，附在人身上的魔鬼开始显形，并借着当事人的口说话，说话内容或表达诉求（如上述"小鬼"）或坦白交代自己的信息（如上述"黄大仙"）。从教会的角度看，他们不断地生产并扩散这一故事，情节清楚，细节明了。对于普通信徒，他们也不停地"耳闻"之，久而久之，就为魔鬼观念的确证作了铺垫。

在让信徒"耳闻"的同时，教会还试图让信徒"目见"魔鬼，这无疑更具有说服力。其主要通过教会的赶鬼仪式展开，此处以笔者在陈村教会所观察的一次仪式来呈现之：

陈村信徒陈道美一日中午在家做饭时，忽然倒地不省人事，口吐白沫，眼珠外翻。家人紧急用三轮车将她拖到陈村教会处（当时，笔者正在教会对教会领袖陈贵婷进行访谈。因而，得以观察了赶鬼仪式的始终）。到了教会后，陈道美的病情加重了，除了口吐白沫，眼珠外翻外，还大小便失禁，现场污秽不堪。与此同时，陈道美还满地打滚，陈道美的丈夫和教会几位信徒同时使力才把她按住。从

---

22 钱村教会（钱村一堂）领袖钱木兰，2017 年 3 月 6 日访谈。

陈道美丈夫处简单了解情况后，陈贵婷点名叫了五名资历较深的老信徒，坐在陈道美身旁，开始了赶鬼。先是唱一首"美歌"（即是赞美诗），内容为："主啊，我赞美你，因为你拣选了我，在这茫茫的人海中，是你把我找寻。主啊，我赞美你，因为你爱了我，你的爱充满整个宇宙，充满整个山河。你的爱曾拯救多少人，你的爱曾激励我们去生活，谁不向你屈身下拜，谁不向你高唱赞歌？我们伟大的神啊，我们伟大的上帝，是你把我们从尘土中高举，把我们从尘土中高举。说不尽你的大爱，唱不尽你的公义。在这广阔的大地上，谁不感谢赞美你"！唱完"美歌"后，陈贵婷带领信徒连唱了三首专门赶鬼的"恶歌"。第一首内容为："我是个罪人，要把耶稣求，耶稣赐我灵宝剑，先杀魔鬼头，后杀魔鬼腰，筋骨炼成油，耶稣把我救！"接下来又唱："圣灵感动调新兵，调来新兵一个营。请到我家杀魔鬼，把魔鬼杀得干干净"。唱完后，又唱："求主捆绑撒旦，我们平安，我们得胜，鬼下火坑，基督耶稣有大能，打得魔鬼求告饶。圣灵宝剑两面快，杀死魔鬼杀妖怪，圣灵宝剑两面开，魔鬼撒旦都杀光"。连续唱了三首"恶歌"后，陈贵婷带领大家一起祷告："我奉主耶稣的名，为这个姊妹祷告。这个姊妹叫陈道美，她是个罪人，有不该有的想法，如今犯罪了，被魔鬼败坏，求主耶稣开导她出路，把她的罪赦免，求主捆绑撒旦魔鬼，败坏它一切的搅扰，救她脱离凶恶不遇试探，用你的宝血洗净她，洁净她。求主咒诅魔鬼，捆绑它，也奉主名释放被囚陈道美，命令锁链断开，污鬼邪灵出去，释放能力、圣洁、平安、喜乐、恩膏、圣灵进入她心中，不断高举耶稣和他被钉的十字架，命令撒旦全面撤退，不给它留余地……阿门！"。祷告结束后，陈贵婷大身呵斥："我奉主耶稣的名，命你快快出来"。不久，陈道美突然坐起来，先是发出"啊啊啊啊"的声响，而后以一种奇怪的语调并以说唱的形式言道："我是胡大仙，家住十里桥，老小十七口，家庭很兴旺，冬天要到了，天气冷又冷，我要在她身上暖一暖"。继而，陈贵婷又大声呵斥："奉大卫耶稣基督的名，撒旦退去吧"。说完这话后，陈道美突然打了个战栗，逐渐恢复意识。[23]

---

23 教会为陈道美赶鬼，2016 年 12 月 20 日观察记录。

通过对多次赶鬼仪式的参与观察，我们发现教会使用的技术主要有唱诗、祷告和命令，偶尔也有教会采用手掐（即把魔鬼掐出来）的方式。仪式的施行一般都由教会领袖带头，教会中资历较深的信徒一同参与。就具体的仪式内容而言，唱诗更多起到一种铺垫和气氛酝酿作用，而祷告则主要向神表达赶鬼的诉求并进行认罪，命令则直接以神的名义要求魔鬼从人的身上出来。从实际效果来说，这类仪式使得信徒可以"目见"魔鬼的现身，进一步提高了其对魔鬼存在的确证感。对于那些第一次经历过此场景的人，则对"魔鬼的存在"亦深信不疑，一位初信不久第一次见到赶鬼场景的信徒说：

> "之前虽然听很多魔鬼的故事和说法，但毕竟没看到，像我这种第一次看的，你不晓得我当时吓的，就差点把尿撒在裤子里，一辈子从来没见过，魔鬼真的存在，能附在人的身上，魔鬼在身上就会使坏，只有教会头子能治鬼，把鬼给赶出来。"[24]

正如鲍伊（Bowie）所言及的那样，仪式是一种表演或文化戏剧，在这一表演过程中，"象征和神圣的物体，在仪式中不仅通过操作增强了表演，而且传达了有关个人、社会和宇宙之本性的信息……可以用来控制、推翻、稳定、增强、恐吓个人和群体"。[25]通过赶鬼这一仪式表演，不仅使得在场的信徒确证了"魔鬼的存在"[26]，也明证了教会领袖所具有的"赶鬼"能力，更起到了类似"恐吓"的效果，可谓一箭三雕也。与此同时，这一"赶鬼"事迹也成为广为流传的神迹故事在教会中传播开来，成为一种可以使人"耳闻"的素材。

总的来说，教会组织通过上述路径和策略的使用，使得魔鬼观念深入人心，也使得苦难的魔鬼归因被信徒逐渐接受。其中，魔鬼的生产主要通过教义、故事以及仪式而展开，教会试图通过上述生产过程，使得魔鬼一步一步确证化。其中，基于教义知识的讲道赋予了魔鬼存在的知识权威，魔鬼附身和现身的故事营造了魔鬼存在的舆论情境，而赶鬼仪式则使得魔鬼真实"呈现"在信徒的面前。

---

24 冯村信徒冯萍美，2017 年 9 月 6 日。

25 鲍伊：《宗教人类学导论》，金泽、何其敏译，北京：中国人民大学出版社，2004年，第 182 页、209 页。

26 作为非基督徒，笔者更倾向于从"癔病"的角度来理解信徒所表现出的"魔鬼现身"症状，类似于是一种因高度暗示而产生的精神分裂反应。

5.2 魔鬼作祟的归因：因犯罪所导致来自神的惩罚

在前述陈贵婷对信徒陈道美施行赶鬼仪式的祷告环节，提到了"这个姊妹叫陈道美，她是个罪人，有不该有的想法，如今犯罪了，被魔鬼败坏"，这一表达暗含了这样的归因逻辑：即魔鬼之所以败坏人，是人犯罪了而导致的神的一种惩罚。在阐释教会组织如何促使这一归因为信徒所接受之前，我们先对"罪"这一基督教核心概念进行解读：

从宗教教义看，"罪（Sin）"特指人无视上帝的旨意，顺从个人私欲、违背上帝诫命的所言、所行、所想。[27] "罪"作为基督教的核心概念，其重要性正如丁光训所指出的那样，"就两千年来实际存在的基督教的整体来说，罪恶和救赎的确构成其神学主题……基督和教会之所以必要，在于解决罪的问题，在于救赎沉沦罪中的众生。"[28] 由此，"罪"在基督教中就具有丰富的意涵，许志伟归纳了基督教教义思想中"罪"的三条本质或层次：

> 从新旧约圣经对"罪"的词汇使用以及它们的意义，我们可以归纳出一个总的结论：罪有三个重要的本质。首先，罪是触犯了上帝的诫命。换言之，罪是一个人所作的某些事，而不是人遭受的某些事。罪是人自己的行为，而不是加诸他身上的某些影响的效应。其二，罪是人故意偏离神，以致延伸至人与人之间的正常关系。换言之，罪不仅是外在行为，它发自人的意志，是人的决定，罪是人内在深层的属灵活动。其三，罪基本是人的一种对上帝悖逆的倾向。罪不仅是人的外在行为与心灵活动，罪更是与人的本性有关。在旧约时代罪的观念比较看重在行为上之不符合上帝诫命的要求与标准。在新约，人内心邪恶的意图与动机，与罪恶的行为被视为同样的重要。在耶稣看来，人的努力和淫念与杀人及犯奸淫同样重要。但圣经对罪的理解却不仅限于人在行为上或在意念上犯罪，更根本性的是，圣经认为人的罪是人在本性上对上帝的忤逆和反叛。也就是说，人内在地有一种偏离正轨，该做不做，明知故犯的顽固反叛上帝的倾向。罪就包括了人的行为、意念以及整个存有。从这个意

---

27 基督教词典编写组：《基督教词典》，北京语言学院出版社，1994 年，第 667 页。
28 转引自杨慧林：《罪恶与救赎：基督教文化精神论》，北京：东方出版社，1995 年，第 1 页（序言）。

义上来说，世人不仅是因为犯了罪而成为罪人，人更是因为罪人所以犯罪。[29]

以上大段的引用，旨在提供一种基督教神学思想对"罪"理解的整体图景。实际上，乡村教会向信徒所灌输的"罪"也基本从以上三个层次展开，不过对于绝大部分信徒而言，则主要停留在第一和第二层次的理解上，其中又以第一层次的行为层面为主，至于"原罪说"则不大被信徒接受，李村教会（李村一点）的负责人李真梅说：

"信徒对这个'罪'的理解实际上还是延续没信教之前对'罪'的理解。我们平时说'犯罪'，就是说做了违背法律的事情，是一种行为上的，比如偷盗、抢劫、杀人。意念也是犯罪，但是老百姓一般都不好理解，因为念头一般都是转瞬就过的，是抓不住摸不着的，现实中，也不能说谁有了什么不好的想法，就给人家定罪，把人家抓去坐牢。至于说人的本性是罪人，也就是'原罪'论，这个老百姓就更难接受了，毕竟和信徒的平时感受相差很远，有些比较极端的信徒，你要跟他说人生下来就有罪，他还以为你是骂他'生下来就不是好东西'呢"。[30]

信徒将"罪"局限于行为层次的理解，也有其深刻的文化基础。正如陈则民所指出的那样，"中国人缺少原罪的意识，对于中国人来说，罪带有一种法律的和道德的含义（恶行和不道德的行为），而没有那种灵性的、存有的、宗教的罪的意识"[31]。也正因如此，中国人只将"罪"指向实际的、违背社会规范和公德的实际的犯罪行为，而不指向一种人类固有的本性。以至于"罪人"这一原本宗教意涵丰富的表达，在中国语境中，也成为自谦的称呼，如同"鄙人"一样。[32]基于此，"西方学者把基督教的'原罪'观看成中国人在理解基督教上的最大障碍，并认为中国人没有'原

29 许志伟：《基督教神学思想导论》，北京：中国社会科学出版社，2001 年版，第 151-152 页。

30 李村教会（李村一点）的负责人李真梅，2017 年 4 月 18 日访谈。

31 陈泽民：《基督与文化在中国》，载金陵协和神学院（编）：《金陵神学文选》，南京：金陵协和神学院，1992 年，第 135 页。

32 刘廷芳：《基督教在中国到底传什么》，载张西平、卓新平编：《本色之探：20 世纪中国基督教文化学术论集》，北京：中国广播电视出版社，1998 年，第 121-122 页。

罪'观和'忏悔'意识构成了基督教与中国文化融合过程中不可逾越的鸿沟"。[33]

和前述判断不同的是，经验中，"罪"及其建构恰恰是促进基督教在乡村社会生根、发芽、传播、发展的核心动力。"罪感"也成为经历过初信期的信徒宗教体验中最核心的部分，尽管此阶段信众对于罪的理解不具备原罪意识、是立基于传统的行为层次的。在"罪"这一核心概念以及前述苦难的魔鬼归因前提下，教会组织使得信徒逐渐意识到自身之所以会遭遇魔鬼败坏，那是因为"犯罪"而招致的来自神的"惩罚"。这一过程主要基于教义、社会以及对信教者独特犯罪经验的处理而展开，现分述如下：

（1）基于教义的生产。教会方面基于特定教义内容向信徒灌输人神之间"违背（犯罪）——惩罚（魔鬼败坏）"的认知。这方面的内容主要有两个面向：一是直截了当地点明此种关系的诫命内容。二是神惩罚人的经文故事。诫命这类经文的特点是简短明快，容易传播，其大意是人若违背神，神将"发怒""不喜悦"并"管教"人。笔者注意到教会倾向于突出对《利未记》的强调，这一经书中的诫命也常为教会所宣讲。王村教会一次即以《利未记》20 章"触发悖逆的人"中的经文展开宣讲，经文内容如下：

> 与继母行淫的，就是羞辱了他父亲，总要把他们二人治死，罪要归到他们身上。与儿妇同房的，总要把他们二人治死，他们行了逆伦的事，罪要归到他们身上。人若与男人苟合，像与女人一样，他们二人行了可憎的事，总要把他们治死，罪要归到他们身上。女人若与兽亲近，与它淫合，你要杀那女人和那兽，总要把他们治死，罪要归到他们身上。人若娶他的姐妹，无论是异母同父的，是异父同母的，彼此见了下体，这是可耻的事，他们必在本民的眼前被剪除。他露了姐妹的下体，必担当自己的罪孽。不可露姨母或是姑母的下体，这是露了骨肉之亲的下体，二人必担当自己的罪孽。

笔者对这一内容的宣讲感到好奇，因为毕竟诫命中所列"罪状"在现代社会几乎不会出现，宣讲结束后，笔者便向王村教会的讲道人王玉花表达了这一疑问，她说："这些诫命条款的内容，放在现在只要是正常人都不会犯，这是基本的伦理底线，但我们之所以和信徒强调这些，意思就是要突出神具

---

33 卓新平：《中西文化交流中的基督教原罪观》，《世界宗教研究》1995 年第 2 期。

有惩罚人的权柄，意思就是神能管教人"[34]。由此可见，诫命内容本身不是重点，重点是神惩罚犯罪信徒的能力——如"把他们二人治死""罪要归到他们身上""必担当自己的罪孽""神报应人"等等。

除了这些直接的诫命外，《圣经》中人因犯罪而遭致神惩罚的故事也常为教会所宣讲。我们此处呈现赵村教会（赵村二点）负责人赵银菊在宣讲中的一段话：

> "人犯罪了，神就要管教，不听神的话，神就要惩罚他。这些
> 经上都是记载的，比如基哈西贪财，神就惩罚他生了大麻风。亚撒
> 早年敬畏神，神帮助他胜过强大的埃及，但是晚年的时候，亚撒犯
> 糊涂了，以色列人攻打他，他竟然拿钱去求助亚兰王便哈达，先知
> 责备他，他也不悔改。于是，神管教他，他脚上生病。生了病之后，
> 他还是只靠医生不靠神，病了两年就死了。大卫原本是神喜悦的人，
> 但因为犯下了大罪，也被神管教，他的儿子接二连三地死亡。"[35]

教会方面通过《圣经》中因违背上帝而招致惩罚案例的使用，试图让信徒认可人神之间"违背——惩罚"的认知逻辑。不过值得一提的，在经文中，上述故事文本只是说明了犯罪会导致神的惩罚，并没有明确说明此惩罚是以"魔鬼作祟"形式表现出来的[36]，但教会方面则将其进行了关联，认为"神的惩罚就是让魔鬼败坏人"，其中，蕴含了一种神鬼合作的关系，这也正如信徒口头禅"鬼是神的鞭，神让鬼打谁鬼就打谁"所揭示的那样，神和魔鬼会达成默契以惩罚犯罪之人。对此，李村教会（李村二点）的负责人李声琴解释道：

> "就好比有一道保护人的门，门里是人，门外是魔鬼。人如果
> 顺从神，不违背神旨意的话，那么呢，神就会把门关起来，魔鬼就
> 进不来，就没法败坏你。但是如果你犯罪了，得罪了神，那么神就
> 要把门打开，让鬼进来败坏你了。人家说，'信心不强要软弱，对
> 神不顺鬼找窍'，说的就是这个意思，就是说呢，你如果对神不顺，

---

34 王村教会讲道人王玉花，2017 年 9 月 6 日访谈。

35 赵村教会（赵村二点）负责人赵银菊，2017 年 9 月 9 日讲道记录。

36 在教义中，苦难是多种类型取向的，包括：魔鬼的侵扰、神的管教以及自身的犯罪。但在经验中，这三者则被乡村基督教会杂糅处理了，即"人犯罪——神管教——魔鬼的侵扰——苦难发生"。

对神犯罪，你就失去神的保护，你就软弱了，魔鬼就要作坏你了，在这个意义上说，魔鬼也是神拿来管教人的工具"。[37]

（2）除了教义外，教会组织还会充分利用发生在信徒身边的案例，用以佐证"违背（犯罪）——惩罚（魔鬼败坏）"归因，构成了一种社会生产。这种社会生产一方面通过一些信徒故事的宣讲而展开，一方面通过当事人在见证环节现身说法展开。之于前者，教会所宣称故事的情节大体是：某人触犯了诫命（如拜偶像）——事后便赶到各种不平安——这种不平安被视为遭到了神的惩罚而导致魔鬼上身。这些故事，经由信徒群体的传播，为人们耳熟能详。之于后者，则主要由当事人在聚会讲台上现身说法讲述自己如何因犯罪而导致神惩罚的事迹，其大体和上述故事情节相仿，只不过会多出因认罪忏悔而获得神赦免的情节[38]。所谓"三人成虎"，这种途径允分利用了"群体"这一基础要素，休现了生产径路的社会性。

（3）如果说前述教会基于经文的教义生产以及基于相关案例的社会生产尚属于一种外围层次的努力的话，那么针对个体独特的不平安经验，形塑信徒人神之间"违背（犯罪）——惩罚（魔鬼败坏）"的自我体验，就属丁一种内围层次的努力。它通过"找罪"这一话语技术展开——即教会帮助遭遇不平安的信徒认清自己所犯的罪，进而帮助信徒知罪、悔罪和改罪，最终以获得神的赦免。某日笔者在钱村教会（钱村一堂）调研期间，信徒钱翠霞因为胸间莫名疼痛而到教会寻求教会负责人钱木兰的帮助。钱木兰告知其症状是因犯罪所引起神的管教，是魔鬼的败坏。然而钱翠霞对自身所犯何罪并不清楚，由此赵木兰启动了"找罪"这一话语技术，记录如下[39]：

钱木兰：你回想回想这段时间有没有做对神不顺服的事情？

钱翠霞：钱大姐啊，我每个星期都来聚会，一次都没拔（注：落下的意思），每次我聚会什么情况你也看到了，都坐在前排，都很积极，回家没事的时候，我还翻翻《圣经》。你说神管教我，魔鬼败坏我，但我到底犯的什么罪啊？

钱木兰：这个肯定是犯罪了，任何人都会犯罪，我也会犯罪，没有不犯罪的人，犯罪了也不可怕，关键是要把罪找到，然后

---

37 李村教会（李村二点）的负责人李声琴，2017 年 9 月 8 日访谈。

38 也因此，信徒才得以主动做见证，彰显神恩。

39 钱木兰帮助钱翠霞找罪，2017 年 7 月 25 日观察记录。

认罪忏悔，神就会赦免。你家里头有没有人烧纸，或者拜偶像？

钱翠霞：家里没有，家里头现在都不烧纸了，不仅不烧纸，其他什么魔鬼头子都不拜。

钱木兰：最近有没有和别人闹矛盾，在言语上不饶人？

钱翠霞：这个也没有，我家和邻里关系还可以。

钱木兰：那你最近或者家里头有没有人占了什么便宜，比如买东西不给钱？或者拔人家地里的萝卜之类的？

钱翠霞：这个应该也没有，我家里头都是本分的老实人。再说教会平时都教导，我也不值得为这点小便宜犯罪。

钱木兰：你现在罪如果没有，那就是之前遗留的罪，你想想过去犯没犯罪？

钱翠霞：那就很多了，我过去一开始靠神的时候，信心不强，犯过不少罪。

钱木兰：那你回忆回忆。

钱翠霞：大罪也犯过，烧纸磕头。小罪也不断，平时言语上不注意，有时候会和人家吵吵闹闹，把人家栽在我家地界上的树给药死了，有时候到人家地里薅点菜啊，萝卜什么的。还有一次我不小心把人家地里种的松苗踩死了，我怕被人家发现，就把许多半死不活的苗子薅走了。

钱木兰：这些罪不会因为过去了，神就不知道，神是全能的。经上说，人有多少根头发，神都数过，你犯的这些罪，神都有数，当时不报，现在报复了。

钱翠霞：这么说，我的确有很多罪。

钱木兰：那现在就要在神的面前把所犯的罪交代出来，求神赦免，想出多少罪，就交代多少罪。

以上对话蕴含了钱木兰帮助信徒"找罪"的基本话语技术。首先是引导信徒回顾"当下（或最近时间）"有无犯罪，犯罪内容则存在从大罪（如拜偶像）到小罪（如占便宜）的过渡谱系。当这一径路上找罪无果后，教会便引导信徒回忆"历史"中所犯的罪。通过这样的话语技术，"罪"得以为信徒确证化，这一确证化的"罪"和信徒身体所遭遇的不平安结合，进一步强化了自己因违背神而招致神惩罚的认知架构。在"罪"找着后，钱木兰则扮演了帮助钱翠霞认罪、忏悔以及祈求神原谅的角色，其内容逻辑大体是：先是赞美神——交代所犯的罪——祈求神的谅解——承诺将见证神恩。相较信徒在神面前的直接认罪、忏悔和祈求神的原谅，教会方面（教会领袖或者信徒群体）的帮助有其独特的意义，其蕴含了"更能对神表明诚意"的意涵，诚如钱木兰所说：

> "这个好比是小孩上学在学校违反学校规定，犯错误了，比如打了别的小孩、考试抄别人的，也就好比是差学生，久而久之，老师就不喜欢这个小孩了，班主任老师还会给这个小孩罚站，甚至还会揍这个小孩，好让这个小孩吸取教训，下次不要再犯。小孩就好比这个犯了罪的信徒，班主任老师就好比这个神。小孩自己很多时候不懂事，有时候还不知道自己错了，比如认为打人家小孩是应该的，也就是他还没意识到这个错。这个时候，作为监管人，家长就要给小孩指出这个错误，把小孩带到班主任面前，由家长出面，首先要知错、认错，请求班主任的原谅，而后呢，还要请求班主任多多关照小孩，把小孩调到前排，上课多向小孩提问等等，教会就好比这个家长。班主任一看，家长都来了，表明是有诚意的，原谅小孩的可能性就大些"。[40]

从经验看，在教会的帮助下，信徒未必能解除不平安状态。对此，教会方面则把原因归结为当事人对神的不顺服上，即向信徒灌输决定"罪"的系列处理手段（如认罪、祈求赦罪等）是否有效的根本在于当事人对神圣对象乃至教会是否顺服——也即是否能真正"改罪"。对此，钱木兰依然延用了上述的比喻加以解释："班主任最终能不能原谅小孩，最根本的要看这个小孩自己的表现，这个谁也替代不了，如果小孩表现得对班主任、对家长的话都言听计从，也就是做个听话的好孩子，那么，班主任才会原谅小孩"。[41]

总的来说，通过以上三个生产环节，人神之间的"违背（犯罪）——惩罚（魔鬼侵扰）"关系和归因方式得以建立，构成了教会可以凭借的"威"。在这种"威"之下，因教会组织在帮助或代替信徒找罪、认罪、乞求神的原谅上所具有的特殊禀赋，以及教会组织所提出的表征"改罪"的顺服要求，信徒最终越来越依赖于神圣对象和教会。

---

40 钱村教会领袖钱木兰，2017 年 7 月 25 日访谈。
41 赵村教会领袖钱木兰，2017 年 7 月 25 日访谈。

5.3 畏罪逻辑与乡村基督徒宗教虔诚的发展

5.3.1 农民的畏罪逻辑

在前述苦难的归因模式下，信徒逐渐为畏罪逻辑所主导，即因担忧犯罪而招致神的惩罚。在畏罪逻辑下，信徒逐渐知觉到一种心理强制力，并不得不表现出对神乃至对教会的顺服——对信徒而言，如果对神不顺服，将会获得神的管教，失去神的庇佑，魔鬼进而败坏导致系列不平安的出现，与此同时还会导致教会围绕信徒"罪"展开的系列核心处理技术（如认罪、祈求神的赦罪）甚至赶鬼仪式的失效。此阶段农民信徒畏罪逻辑的生成表征了教会权力实践刚性的一面。

对于信徒而言，知觉这种"不得不顺服"的心理强制力需要如下两个基本前提：一是个体所遭遇的"新"的不平安。对于处于过日子进程中、背负苦难的信众而言，在绵延的时间之流中，苦难亦非静态不居，相反则是处于不断地生产建构、累积叠加之中，所谓"祸不单行"是也。对于身处灵验逻辑阶段的信徒来说，面对构成皈信动机的、常规方案难以有效应对的起点苦难，其所诉求的无疑是一种直接针对苦难的神迹（比如疾病的治疗、矛盾的化解），这一信徒诉求也构成教会在前一阶段采用以善诱之的前提。然而，神迹并非易得，宗教方案也未必有效。因此对于教会组织而言，若要型构一种教会的能力或权威，若要牢牢地控制信徒，则必须要诉诸一种新苦难的生产建构——即把信徒新出现的一些不顺利的事情（可大可小）归因为"因犯罪而导致神的惩罚以致魔鬼上身"。由此，如做梦梦到了死人、夫妻关系陷入冷战、身上起了个疮、头晕这些在非信徒看来不算事也不算病的境遇，都被视为一种魔鬼所带来的"不平安"。显然，这种不平安是由教会所建构的。这样的境遇虽然琐粹，却又无时无刻不萦绕在信徒（甚至非信徒）的过日子进程中，它原本既平淡、也无奇，可在教会方面的归因下，却具有了令人恐惧的、必须诉诸神圣对象和教会的独特意义，因为它指向了"魔鬼"，指向了"罪"。在这个意义上，个体所遭遇的新的不平安，是一种教会组织苦难技术学的目的和结果。这一新苦难构成了信徒畏罪逻辑生成的经验基础。二是"罪"本身所具有的弹性和生产性。农民虽然基于传统的罪的意识对罪作出了行为层面的朴素理解，但和传统的罪不同的是，宗教层面的罪并没有清晰的边界和范畴。其原因在于罪是后知后觉出来的，即当行为发生后，若个体遭遇了不平安的境遇，那么，这种行为便容易被建构成一种"罪行"。一次，陈村信徒陈之燕向笔者讲述了因"抓了别人家门口一把草"而"犯罪"的故事：

> "我有一天在家里，烧锅做饭的时候，家里都是木柴，没有草引火，就想到旁边邻居家借一把草，可邻居家那天不在家，我想着不在家就不在家吧，门口一堆草，又不是什么值钱东西，就抓了一把，回家烧锅做饭了。当时，我也没觉得这是罪，觉得就是很正常的一件事。可当天晚上神就管教我了，夜里睡觉的时候，魔鬼就来败坏了，膀子不能动了，就得到惩罚了。后来我意识到这个罪，因为我没经人家允许就拿了别人的东西，这个就属于偷盗，偷盗那还得了，犯了'十诫'，神当然要治我"[42]。

这样的例子很多，正是这种根据不平安的结果进行归因的认知逻辑，使得原本在非信徒看来不算"罪"的行为都被归于"罪行"，都被视为一种对神的不顺服，如"路上捡到 10 块钱""看了露大腿跳舞的电视""看到别人烧纸""没把小店铺多找的钱退给人家""拔了人家地里一颗萝卜"等等。然而，同样的上述行为发生后，如果没有遇到不平安的事情，那么，这些行为也就不容易被归为"罪行"。因而对于信徒而言，并没有明确的罪行，有的只是不平安的境遇及其归因。因此，这样的"罪"是弹性和生产性的，只要"不平安"发生，总能找到一个或多个与之对应的"罪"。也正因如此，在信徒的观念空间中，"罪"是弥散的，是多元的，是随时随处存在的，因而信徒犯"罪"的可能性就越大（当然这种可能性需要通过结果来确证），获得神惩罚的可能性也越大。

上述两个前提表明，农民的罪感是一种由经验情境触发，继而在教会所提供宗教归因的语境下所产生的一种心理。这样的"罪"无疑没有基督教义中"罪"的丰富意涵，信徒畏罪也是指向此世的、经验的和世俗的，信徒所畏的是神对世俗生活带来惩罚性破坏。因而，这正如韦伯所言的那样：

> 对纯真的农民而言，一直到今天"罪"都还是一个难以理解的概念。这些农民阶层，既不追求"救赎"，事实上也不怎么明白他们有什么好被"拯救"的。他们的神乃是强而有力的存在，其热情就像人类的热情，其或为勇猛或为狡猾，对彼此，对人类或为友善，

或是为敌；总之，就像人类一样，完全是非道德的；可以用牺牲来收买，也可以用巫术来加以强制，这使得懂得此种手段的人甚至可以强过它们。在此阶段，根本产生不了任何动机，以形成"神义论"及一般对于宇宙秩序的伦理思维。教士阶层和仪式规定的遵守，被用来作为巫术性地支配自然力量的手段，特别是作为防治恶魔的手段（魔鬼的恶意会带来恶天候、昆虫猛兽的祸害、疾病与家畜的瘟疫等），换言之，直接用来达到功利主义的目的。[43]

韦伯的分析切中肯綮。经由教会组织以威慑之的权力实践，此阶段农民信徒形成了对神圣对象以及教会组织的独特认知——神可以"对人类或为友善，或是为敌"，神也可以加以"收买"，教会则被视为"懂得此种手段"的组织力量，可以通过对"罪"的处理来扭转神圣对象心意。从实用主义的角度看，此阶段信徒所表现出的畏罪逻辑和前一阶段表现出的灵验逻辑无疑是一脉相承的，都是为了世俗利益。只不过在畏罪逻辑这里，这种利益是为了规避神的惩罚。

得罪神圣对象会遭受惩罚的观念，有其深刻的文化基础。在乡村社会的诸多民间信仰中，虽然没有如基督教的"罪"的观念，但"违背——惩罚"的逻辑却也存在。此处以土地神信仰和佛教信仰（百姓俗称"上庙会"）为例展开呈现。

得罪土地神将会获得惩罚是河镇农民共享的文化观念，这种观念本身就构成了土地神信仰的重要部分。正因为怕触犯土地神，即使在文革"破四旧"时期，土地庙这类代表"封建迷信"的东西在河镇还得以幸存，被百姓放置于比较偏僻的角落并不时供奉。一位年过八旬的陈村长者陈明道在回忆往事时依然啧啧称奇：

> "我们村有两个土地老（注：指土地神），其中一个现在没有了，另一个现在还在。毛主席的时候，要'破四旧'，要'立四新'，大家都带头把这些东西砸掉。当时我是民兵营长，生产队当时想让我带人去砸，我那个时候年轻，回家准备那个铲子、斧头就去砸。这个时候，我母亲知道后，说造孽啊，给我讲了不少因为不敬畏土地老遭到报应的故事，我听了也吓住了，就找个借口不去了。生产

---

43 韦伯：《支配社会学》，简惠美译，桂林：广西师范大学出版社，2004年，第398页。

队就让另一个人去弄，他就去弄了，把那个泥人像给敲碎了，还有烧香那个碗给打破了，香台也被烧了，最后什么也没剩下。结果第二天报应就来了，第二天他干活，杀树（注：伐木），树倒下来的时候被砸死了，你说稀奇不稀奇。这个事情发生后，第二个土地老再也没人敢碰了，除非谁不想活了，但是那时候这个'破四旧'运动比较严重，还有什么专门的农村工作调查小组，当时大队书记怕惹麻烦，就和我一起，趁着晚上的时候，给土地老悄悄地移到村里一个没什么人去的地方，就是在桥洞的下面。在搬的时候，又是烧香又是磕头，大意是请土地老原谅，不要治罪"。[44]

类似的故事有很多，比如谁家的孩子调皮朝土地老撒泡尿，高烧持续不退；谁朝土地老吐了一口唾液，就遭到了各种不顺利等。除此以外，佛教的神圣对象也被民众视为具有惩罚人的权柄，吴村的佛教徒吴宝莲讲述了她去庙会没有烧香而导致的惩罚：

"我那个时候，去一个庙会，人家和我说，到庙会就要烧香，我当时看一炷香要 10 块钱，就觉得这个是庙会故意这么说好叫人买那个香的，我就只磕了几个头，就没烧香，不料，刚回家没多久就害眼了（红眼病）。人家说这是观音菩萨来气了，要治我，害我眼。第二天我赶快又重新到庙会，花钱买香烧，后来就好了。"[45]

虽然这些故事看起来颇有些荒诞，但对于河镇的农民而言，其本身构成了一种文化氛围，意味着一种结构性力量，影响着农民对于神圣对象的认知。这样的信仰传统，一旦和基督教中的"罪"的观念相碰撞，就容易生成亲和反应，某种程度有助于形塑乡村基督徒的畏罪逻辑。对此，周村一位曾经拜过土地公、去过庙会、看过阴阳先生的基督徒周立超就注意到这其中的一贯性：

"不管你是拜土地公、上庙会，还是上教会。神能给你好处，也就能给你坏处，因为神的力量不是人能控制的，人要做的就是讨好神，这样神才会给你保佑。人要是得罪了神，那神就要治你了。所以，你看狐狸精这个东西，既是仙，也是鬼，可以带来好处，也可以带来坏处。就看人得罪不得罪它，顺服不顺服它。"[46]

---

44 陈村非信徒陈明道，2016 年 10 月 7 日访谈。
45 吴村佛教徒吴宝莲，2017 年 6 月 5 日访谈。
46 周村信徒周立超，2017 年 6 月 9 日访谈。

不仅上述所提及的土地神抑或佛教信仰中的神祇，在中国传统社会中的其他神明甚至是祖先都具备惩罚人的能力。正如武雅士（Wolf）所揭示的那样，"虽然神明或祖先本质上均非恶人，二者却都有降祸于人之能力。这些祸被解释成对人的惩罚。"[47]总的来说，农民畏罪逻辑的产生既是教会权力刚性实践的结果，也具有深刻的传统信仰基础。在这个意义上，可以说，乡村基督教会很好地处理了"罪"这一问题，"罪"不仅没有如既有研究所认为的那样，成为一种基督教传播的阻力，反而成为核心动力。

5.3.2 混合性宗教虔诚的表现

畏罪逻辑下信徒所具有的恐惧心理，使得宗教虔诚对个体而言不仅是为了"获善"，更是为了"避罚"。从工具性这个角度看，畏罪逻辑下的宗教虔诚和灵验逻辑下的宗教虔诚是相通的，即"人对宗教神圣对象相信并进行宗教实践的程度"都是一种实现人目的的手段。只不过在灵验逻辑那里，这一目的是"为了得到来自神的好处"，而在畏罪逻辑这里，这一目的是"为了规避来自神的惩罚"。这就是说，畏罪逻辑和灵验逻辑一样，都呈现出以人为中心的特征。不过二者的不同之处在于，在灵验逻辑下，个体所思考的乃是如何用最小的成本换取最大的收益。而在畏罪逻辑下，信徒会竭尽其能规避惩罚。吴村的教会领袖吴宝强的下述一番话比较准确地表达出了这种差异所在：

> "刚开始信的人，信心不强，心里头想的是怎么得好处，说实话，就是利用神。后来，慢慢地，信徒通过自己身上的不平安，认识到'罪'这个问题，意识到'魔鬼'这个问题，体会到神'管教'这个问题。这个时候，他心里头想的就不是简单地利用神了，而是去讨好神，因为只有通过信心，通过顺服，讨好了神，神才会给信徒带来平安，不然，神就要惩罚，魔鬼就要乘机败坏。"[48]

总体而言，教会在以威慑之阶段基于"魔鬼""罪"这些核心宗教语汇，促使信徒之于神圣对象的宗教虔诚发生了某种改变，为此阶段信众的宗教虔诚注入了特定的宗教情感和经验，如罪感、魔鬼上身的恐惧感、忏悔感等。

---

47 武雅士：《神、鬼和祖先》，张珣译，载（台湾）《思与言》1997年第3期，第267页。

48 吴村教会领袖吴宝强，2017年5月30日访谈。

因而这一阶段信徒的宗教虔诚在一定程度上超越了灵验逻辑下的工具性宗教虔诚，但由于这一阶段信徒依然聚焦于现世生活的得失祸福，缺乏救赎等超越层次的关怀，因而也谈不上具备神圣性。为此，我们把这阶段的宗教虔诚理解为介于工具性和神圣性之间的一种混合性宗教虔诚，其特征如下：

表 5-2 混合性宗教虔诚的测量维度及代表性指标

测量性质	测量维度	对应维度	代表性指标
心理层面	宗教认知层面	理智的维度	（1）信教目的：追求实利的同时，也为了规避来自神的惩罚。 （2）上帝或耶稣和其他"神"的比较：上帝是独一真神，排斥其他神灵。
	宗教经验和情感层面	体验的维度	围绕"魔鬼"、"罪感"而展开。
行为层面	宗教崇拜实践	仪式和意识形态的维度	"定期"参加，宗教参与固定，表现为每星期至少参加一次聚会活动，并在有需要的时候，提高频数。
	宗教伦理实践	效果的维度	宗教伦理对日常生活带来一定的影响，但局限于家庭内部（如孝顺），难以做到"爱人如己"。

结合上表内容，我们以下详述之：

（1）在认知层面，信徒认识到神圣对象在带来福佑的同时也能带来惩罚

在这个意义上，神圣对象就不仅仅是人们用以获得利益的工具那么简单，它还具有管教信徒、惩罚信徒的权柄。由此在信徒的认知结构中，包含了对神圣对象双重性格的理解——提供福佑和带来惩罚。和信教初期相比，表现为如下两点具体认知内容上发生质的变化：

一是由信奉多神到信奉独一真神的转变。在基督教中，"十诫"中的第一条诫命即是"除了我以外，你不可有别的神"（《出埃及记》20 章第 3 节），其重要性可见一斑。在信徒看来，在信奉耶稣的同时再拜其他偶像就构成了最大的罪，这种认知的生成并非一蹴而就，而是在与教会互动过程中逐渐达致的。信徒陈光美说：

> "比如遭遇不平安了，哪里疼了，家里出什么事了，教会头子首先就要问你，是不是拜偶像了，是不是烧纸了，一对到，那就是犯罪，神就要治了。人家说，不信神，就信鬼，其他什么巫婆神汉都是鬼。那些东西都是假的，你看很多人到庙会拜那个佛像，那个佛像怎么可能会是神呢，那分明就是人造的，有口不能言，有耳不能听，有腿不能走，拜假神，表明对神不忠心，神自然要惩罚你。当然，很多时候，人都是屡教不改的动物，但你犯一次，神就要治你一次，可能不是立即地治你，以后肯定会治你的，治给你告饶，你就不得不服从了。"[49]

在调研中，我们接触了不少信徒在解释自己信教后遭遇的磨难时，都归因到当初自己对神的不忠——拜耶稣的同时还拜了别的神，并认为这是最大的罪。在宗教生活中，这一点也被教会反复强调，使得此阶段基督徒在排斥其他信仰上做得比较坚决和彻底。

二是由追求灵验到避免犯罪的转变。在信教初期的追求灵验阶段，信徒以神明"是否灵验"来衡量神灵的价值，"不灵验"某种程度意味着神的无能。而在这一阶段的信徒看来，之所以会出现不灵验，并不是神灵的问题，而是人的问题，是由人的不顺从和犯罪所致。相反，不灵验这一经验和"魔鬼""罪"等观念的结合反而促成信徒对于顺服的追求。调研期间，我们追踪了多位信众，发现这一转变是明显的。其中的一位信众在信教初期表现出典型的追求灵验的特征——因为没有获得预期的灵验效果，其曾一度有半年没有上教会，在经历了家中一系列不平安的事情后，在教会方面有关魔鬼上身、犯罪等的认知引导下，她逐渐意识到自己之所以没有获得神迹以及经历各种不平安，乃是因为对神不虔诚、不顺服所致。为此，她讲述了这种心态的转变历程：

> "不灵，那不能怪神，为什么人家的灵呢，你看周村的周其亮，得了肝硬化，后来求主硬是好了。人家为啥好，那是因为人家信心强，虔诚。我举个例子吧，除了正常的每个星期的两次聚会活动，人家每天早上、晚上都来教会，刮风下雨都来。相比之下，我差多了，不过我现在意识到了，我意识到我之前那种做法，比如因为不灵就不去教会了，这本身就是犯罪，犯罪了神就要管教我。神是万能的，没

---

49 陈村信徒陈光美，2017 年 8 月 7 日访谈。

有神不灵的说法，神都是灵的，不灵的问题在于人，不在于神。不灵的时候，首先要想的是有没有亏欠神，有没有犯罪"。[50]

（2）在体验层面，信徒的宗教经验围绕"罪""魔鬼"而展开

教会对信徒所采取的以威慑之手段，形塑了信徒以"魔鬼""罪"来审视周遭生活世界的取向。由此，信徒所遭遇身体、家庭、工作、生活等方方面面的不平安或苦难都被倾向视为由犯罪而引起的魔鬼败坏。围绕魔鬼以及相伴生的罪感体验就成为此阶段信徒的主要宗教经验，现分述之：

一是魔鬼经验。教会组织所营造的魔鬼舆论氛围，以及煞有介事地赶鬼仪式，都使得魔鬼得以通过信徒"耳闻""目见"的方式深入人心。为此，虽然教会组织本身不排斥常识归因或科学归因，但信徒自身却倾向以"魔鬼归因"统摄一切，把日常生活中发生的琐粹的不平安视为魔鬼附身所致。对此，楚县"三白"的一位人员就指出了这种弊病所在：

> "农村的很多信徒，哪里不舒服了，就说是魔鬼引起的，然后跑到教会，求教会头子给赶鬼。很多时候是事与愿违的，鬼没赶出来，病情倒是加重了。很多时候就是信徒区分不了这个'身体病'和'魔鬼病'，有些病啊，就是普通的伤风感冒，当然可以上教会祷告，但治疗主要还在医院。所谓'凯撒的物当归给凯撒，神的物当归给神'（《路加福音》20 章 25 节），但老百姓不管你这些，把什么都理解为魔鬼引起的。"[51]

魔鬼观念的盛行以及由此所导致的信徒对魔鬼上身的恐惧，是多方力量互为塑造的结果。既导因于教会以威慑之的权力实践，也导因于非宗教方案的失效，更在于信众魔鬼归因的观念一旦生成，就具备了某种自主性，甚至不为教会所控制。一个典型的例子是郑村教会的领袖郑漫媛每次见到信徒，在分析症状后，甚至倾向将信徒的魔鬼归因拉回到常识归因[52]。

二是罪感体验。对信徒而言，罪感的生成是累加性、生产性的过程。在教会所构建的"罪"的意义系统下，个体基于"不平安—犯罪—不平安—犯

---

50 王村信徒王永丽，2017 年 9 月 18 日访谈。

51 楚县三自工作人员，2017 年 11 月 12 日访谈。

52 如郑村教会不少信徒在患有流鼻涕、头痛症状后便第一时间前往教会请求郑漫媛赶鬼，以致郑漫媛屡屡劝告，对信徒提出诸如"你这是普通的感冒，要去医院"的建议。

罪"这一循环逻辑逐渐强化罪感。在此，我们呈现一位信徒罪感生成的心路历程：

> "我一开始信的时候，信耶稣也拜魔鬼头子，按现在我的认识，这已经是非常非常大的罪了，是不可饶恕的罪。但当时我不觉得啊，没有什么罪感，就是觉得耶稣不灵我就再求求巫婆神汉。可没过多久，我家就不平安了，女儿结婚后宫外孕，我找教会头子，说这是犯罪了，魔鬼败坏了，当时我就有点罪感了。但是那种感觉还是不强烈，就觉得我又没杀人、没放火的，我也没亏待耶稣，每次都捐钱，我为什么有罪呢！再后来，我家老的过世了，就烧纸磕头，我也知道信耶稣烧纸磕头是犯罪，但大家都磕，你也不能不磕吧，不然人家说你不孝顺，我也就跟着磕了8个头。结果，第二天神就管我了，我第二天早上起来就全身不舒服，感觉喝了恶杂水（注：指污水）一样，想呕呕不出来，全身没劲，心里头难受。那个时候，我自己就意识到这是我犯罪引起的，赶紧到教会，找孙水艳大姐，她就批评我，说我犯了大罪，是神用魔鬼来管教我的，接着她就给我祷告赶鬼，后来慢慢就好了。自打那以后，我就不敢拜偶像、烧纸这些了。再后来，身体上又出现了不平安，孙大姐就帮我找罪，分析我到底犯了什么罪，比如说骂人了，不平心占便宜了。这个阶段就是说，这个罪是人家教会头子给你指出来的，慢慢地，哪些东西是犯罪自己心里就有数了。再到后面呢，就越来越容易感觉到罪，你看我现在，就连人家烧纸我看都不能看，我一看，第二天魔鬼就败坏我，身体上不是这里不舒服就是那里不舒服。你可能会想，这个人家烧纸又不是我烧，为什么说我犯罪了，因为我眼睛看了这个不洁东西，眼睛看了这个也是罪。"[53]

信徒孙一梵上述有关"罪"的感知历程表明，罪感的获得并非一蹴而就，个体所知觉的不平安在其中起到了催化作用。随着不平安的频繁出现，罪感也不断被生产出来。达到一定阶段，"畏罪"这一观念本身就构成了不平安的来源，如在孙一梵那里，之所以惧怕看到别人烧纸，实际上更多出于一种心理暗示，这一暗示会引起"这里不舒服那里不舒服"。换言之，不是"罪"引起了不舒服，而是"惧怕犯罪"引起了不舒服。在这一过程中，罪

---

53 孙村信徒孙一梵，2017年2月16日访谈。

的所指更加精细化，罪的影响更加深入生活，对于信徒而言，罪笼罩着日常生活情境中的方方面面，无时不可犯罪，无处不可犯罪，罪感由此成为信徒的主体宗教经验。

（3）在宗教崇拜实践上，信徒参与度较高

相较追求灵验阶段的"平时不烧香，急来抱佛脚"，信徒在此一时期意识到"不热衷于宗教参与"本身就是一种容易确证的罪。同时，宗教参与也不仅仅被视为一种获得利处的代价，也成为向神表忠心，避免其惩罚的桥梁。在这一阶段，信徒的宗教参与蕴含了被动的因素，即不得不去，不去意味着犯罪，意味着惩罚。陈村信徒陈标健如此看待"上教会"：

> "教会你要就不上，上了你就不能不来。比方说，你去去就不想去了，这样情况神要管教你的，你是逃不掉的，你不能抱着侥幸的心理，神逮到你比害眼还厉害（注：当地谚语，意指被发现将招致严厉的惩罚）。神最终会叫你'认到'，魔鬼就会败坏，让你有病有痛苦，打针吃药那是无效的，目的就是让你认识到神的管教。如果你能做到常去教会的话，神就不会管教你，就不会惩罚你，神是喜悦你的，因为这体现出你对神的衷心和顺服"。[54]

在信徒那里，定期的上教会蕴含了类似于"不求有功，但求无过"的心态，是一种对教会领袖以及神圣对象的宣示和表态，是一种"表忠心"。但这种宗教参与对信徒而言，也更多是形式而非内容层次的。其中的一个现象是，有不少信徒因自身理解能力的限制，对讲道内容、唱诗内容等都不能理解，但依然坚持上教会，询问其因时，其中的一位信徒所答颇为有趣：

> "越是听不懂，越要来上教会。人家听懂的，相当于是吃了生命的粮，主喜欢这些人，我这种听不懂的，如何才能让主喜悦呢？古话说，勤能补拙，我笨，听不懂，那我就勤快一点，勤快了神也看在眼里，知道我天天来，说明我是对神衷心的。反过来说，我因为不识字，不理解一些内容，但我还能坚持过来，这不就更表明我信心是强的。信心是最重要的，就是要对神笃信不疑，你看教会之

54　陈村信徒陈标健，2017 年 12 月 5 日访谈。

前讲那个故事，一个血漏的妇女，能有什么文化程度，就是凭着信心，摸一下神的衣裳，就好了。"[55]

信徒在畏罪逻辑的驱使下，保持较高频率的上教会成为避免来自神惩罚的一个主要渠道，对于个体而言，也由此获得一种心理上的安慰。"不可停止聚会，像那停止惯了的人"（《希伯来书》10章25节）成为这阶段信徒共享的宗教参与准则。在这一逻辑下，信徒积极参与宗教活动，自甘为教会做贡献，比如：每次聚会活动结束后，主动留下来打扫卫生；在信徒人数较多时，主动维持秩序；在圣诞节举行大型表演活动时，主动报名参加节目表演……这些行为在他们看来是获得神喜悦的途径，通过这些宗教参与有助于避免神的惩罚，并获得神的恩宠。

（4）在宗教伦理实践上，信徒践行一定程度的宗教伦理

和灵验逻辑下信徒对宗教伦理实践的漠视相比，我们发现这一阶段，信徒开始注重某些特定领域宗教伦理（尤其是家庭伦理）的践行。我们在调研中，经常听到"基督徒孝顺""基督徒家庭关系和睦"等表达，家庭伦理的践行也依托于"罪""魔鬼"等观念展开，我们在田野中接触到一位有名的不孝子转变为有名的孝子的案例：

> 周成红曾是远近闻名的不孝子，在其年轻的时候，动辄因生活琐事殴打自己的父母。其在一次喝醉酒的时候，竟然用"敌敌畏"喂他处于患病之中的老父亲，痛骂其是个累赘，幸得邻里及时将他的老父亲送到医院，其父才得以活命。在又一次殴打后，他的母亲被逼无奈，甚至报警，以致派出所将他拘留了几天。周成红结婚后，连接生了三个女儿，对于重男轻女的农村社会来说，没有儿子意味着在村里抬不起头来。村里的人都认为他丧尽天良，对自己的父母不孝顺，"活该生不出男孩"。她老婆怀孕第四个的时候，终于生下了男孩，结果没过几天，小孩就哭闹不止，去医院检查是"肠子结在了一起"，小孩也很快去世。小孩肠子结在一起的病状，在农村并不常见，村民更倾向于认为这是他不孝顺所导致来自"老天爷"的报应。为了求个儿子，他就去上教会，皈信耶稣。上教会后，他家中还出现了诸多"不平安"的事情，如妻子表现出精神病的症状、一

个女儿生病、家中的东西失窃等等，教会方面告诉他，这是犯了罪，犯了不孝敬父母的罪，由此导致了魔鬼的败坏。起初，他也不以为意，后来随着不平安的事情越来越多，他的罪感也越来越强烈。经历过这些来自神的"管教"后，为了终止不平安的发生，他痛改前非，一改对父母的态度。晚上给父母洗脚、给父母做饭、给父母买衣服，以致成为远近闻名的孝子。在付诸孝行后，家中的境况也总体向好，先是妻子的疾病和女儿的疾病出现了好转，而后妻子也生了儿子。在一次访谈中，周成红告诉我："经上说，作儿女的，要在主里听从父母，这是理所当然的。要孝敬父母，才能得福，这是第一条诫命，我之前犯了大罪，对父母那么不孝顺，通过神的管教，我终于悔改过来，感谢神的救恩！"[56]

除此以外，这一阶段的信徒大多能做到家庭成员之间的和睦相处。对此，李村教会（李村一点）李真梅阐释了其中的机理：

> "家庭内部的矛盾，之所以产生，实际上就是双方高傲、不谦卑、互不相让导致的。人委身高傲、不谦卑，实际上是魔鬼的败坏。来了教会，魔鬼赶了，人心不谦卑、不高傲了，自然而然关系就修复了，'只要存心谦卑，各人各看别人比自己强，各人不要单顾自己的事，也要顾别人的事'（《腓立比书》第2章3-4节），如此一来，家庭关系自然和睦"。[57]

不过值得一提的是，此阶段信徒宗教伦理的践行似乎也仅仅局限于家庭层次。这种伦理实践所表现出的"爱家庭"某种程度上是信徒"爱自己"的一个延伸，同时也有着深刻的文化传统——家庭在中国人的日常生活中具有基础性地位，一个人的伦理责任、道德义务乃至生命价值都以他与家庭的关系为基础建立起来[58]。因病信教或因事信教本身就承载了家庭的意义，因而家庭伦理和宗教伦理在此互为融合。这种宗教伦理的实践无疑是有限度的，表现在信徒"爱人如己"的向度上难有改观，其典型表现是常见于农村邻里间的纠纷并不会因为信徒"畏罪"而有所改观。由此，对此阶段信徒的宗教伦理

---

56 根据相关调研材料整理，2017 年 6 月。

57 李村教会（李村一点）李真梅，2017 年 9 月 6 日访谈。

58 周飞舟：《行动伦理与关系社会——社会学中国化的路径》，《社会学研究》2018年第 1 期。

实践而言，也只是私人化或者家庭化的，惶论进入乡村社会公共空间并形塑社区伦理了。

5.4 小结

本部分从教会以威慑之的角度呈现了其如何促进乡村基督徒宗教虔诚的发展。"魔鬼""罪"是教会所动用的核心知识资源——从"魔鬼作祟"的角度对信徒经历的各种生产性苦难或不平安进行归因，从"犯罪招致神惩罚"的角度对魔鬼作祟进行归因。基于特定技术手段（教义、仪式与社会）的上述两项归因，使得"魔鬼"和"罪"的观念深入民心。由此促进此阶段信徒内心里充满了对"因犯罪而招致神惩罚"的恐惧，形塑了信徒的畏罪逻辑。

我们把以威慑之视为教会权力实践刚性的一面，它构成了教会权力实践的核心所在。在这一过程中，教会通过人神之间"违背——惩罚"关系的建构来形塑信徒的心理强制力，诱致信徒产生"不得不去教会"和"不得不顺服神"的行为和认知。这一教会权力的刚性实践过程，颇具有福柯意义上的惩罚的"权力技术学"色彩，即将惩罚置于"知识—身体—权力"的配置之中[59]，"知识"指向了魔鬼、罪等特定宗教观念，"身体"指向了个体经历的（尤其是身体上）的不平安，由此形构一种特殊的"权力"征服方式。

对信徒而言，如果不去教会或对神不顺服，则构成了一种罪，意味着将得到来自神的惩罚和魔鬼的败坏，最终导致现世生活中不平安的发生。出于畏罪心理，信徒则尽可能地表现出对教会和神圣对象的忠心，由此，信徒的宗教虔诚得以发展，信徒也逐渐更加依赖教会和神圣对象，其间的庇护关系也越加强化，典型的表现为宗教参与的提高。此阶段的宗教虔诚虽然对灵验逻辑下的工具性宗教虔诚有所超越，但依然没有摆脱以人为中心和现世的色彩，缺乏信仰的内在超越性，由此构成一种混合性宗教虔诚。若要形塑信徒对彼世超越性的信仰追求，仅仅依靠教会权力实践中的柔性和刚性的一面显然是不够的（这也是一般权力的两个面向，但教会权力毕竟不同于一般权力），还需诉诸一种超越性的面向，而这将是接下来所要交代的。

---

59 郭峰：《论惩罚：福柯与涂尔干》，《文化研究》2014 年第 18 辑，第 140-151 页。

第6章 以圣导之：乡村基督徒宗教虔诚的成熟

被神拣选的人，就不能只求吃饼得饱，不能只追求肉体平安，要追求灵魂得救。

——2017年8月4日周村信徒周银山自白。

如果你们听过他的道，领了他的教，学了他的真理，就要脱去你们从前行为上的旧人，这旧人是因私欲的迷惑，渐渐变坏的。又要将你们的心志改换一新，并且穿上新人，这新人是照着神的形像造的，有真理的仁义和圣洁。

——《以弗所书》4章21-23节，2017年11月4日钱村一点讲道引用经文。

乡村基督徒的宗教成熟是指信徒摒弃以现世利益的获得为宗教生活的核心目标，转而追求超越层面的彼世灵魂救赎以及宗教伦理的践行。这一环节的发生主要通过教会的"以圣导之"来达到。所谓以圣导之，意指教会结合信徒的特定经验，依托教义、仪式和社会层面的权力技术手段，来让信徒知觉、体验神圣对象的临在，并自觉被"神"所拣选。在此过程中，教会以神圣对象的名义提出信仰要求，引导信徒由注重现世平安到注重彼世拯救的转变，以及由注重崇拜实践到注重伦理实践的转变。在本部分的写作路径上，我们先呈现教会以圣导之的两项技术手段，包括"让信徒知觉被'神'拣选"以及"以'神'的名义提要求"，继而分析经过这些权力操演环节后，信徒使命逻辑以及神圣性宗教虔诚的生成。

6.1 让信徒知觉被神圣对象拣选

在灵验逻辑或畏罪逻辑下的信徒对神人关系的理解中，人处于本体性位置而神圣对象处于次要位置，信徒宗教生活也仅仅围绕世俗利害得失展开（如追求灵验、避免惩罚）。对于这类信徒而言，其宗教活动也局限于教会，并不严格遵循和践行宗教伦理（即使有，也限定于家庭层次），他们也构成了乡村基督徒的绝大多数，为此，钱村教会（钱村一堂）领袖钱木兰也有体会：

> "他们那些人呐，说白了都是'挂名号的基督徒'，跟着神，就是图肚子吃个饱，就是图个眼前的利益和好处。很多信徒来教会，都不是追求真理，主要还是怕不来会导致神的惩罚和管教。这个也没有办法，这一点神耶稣也说了，耶稣对那些因为吃饼得饱的犹太人说，'我实实在在地告诉你们，你们找我，并不是因见了神迹，乃是因吃饼得饱'（《约翰福音》6章26节）。耶稣还教导人：'不要为那必坏的食物劳力，要为那存到永生的食物劳力'（《约翰福音》6章27节），但是呢，说起来容易，做起来难，老百姓都是爱这个世界的"。[1]

当进一步询问，教会如何让信徒改变此种"吃饼得饱"心态时，钱木兰的一番话颇值得玩味：

> "我们平时的聚会、讲道、见证，最终目的就是要信徒追求上进，让他们成为一个真正的合格基督徒。但是也要看到，信徒最后到底能不能上进，能不能说改变吃饼得饱，既要教会的引导，更在于信徒自身的努力。这就好比课堂上，老师上的课都一样，但尖子生就那么几个，还是靠人家自己的努力，甚至主要是靠自己。我们教会的作用，就是引导他。这个成长就好比是小孩走路，教会是大人，信徒是小孩，大人抱着小孩走，那肯定走得慢，小孩要是自己能走，大人就牵着他的手走，这样就走得快。小孩自己走，首先要他内心里头愿意走。作为教会，我们也就是要让信徒内心里头愿意向前走，怎么让他愿意，最重要的是要让信徒自己觉得是被'神'拣选的，让他有着使命感，内心里有这个前进的动力，向着标杆奋勇直前。也就是那句成语的说法，'授之以

1　钱村教会（钱村一堂）领袖钱木兰，2017 年 12 月 24 日访谈。

　　鱼不如授之以渔'，我们就是要让信徒自己内心里萌生自己走
路、自己成长的心理"。[2]

　　宗教虔诚的成熟需要教会和信众双方共同努力的观点，并不为钱木兰所独
有，它是河镇每一个教会领袖乃至普通信徒所共享的观念。对于教会而言，要
想促进信徒的自我成长，其核心在于引导信徒生成追求上进的内生动力，在这
个意义上，钱木兰所言的让信徒知觉被神拣选就有其独特意涵——在拣选的宗
教语境下，个体追求上进就具备了使命意义。实质上，不光是教会，信徒对此
也有所体认。我们在对公认"信得好"的信众进行访谈的时候发现[3]，他们均提
到了"被拣选"对于自身宗教成长所具有的重要转折意义。我们此处展开两个
代表性的案例，我们先来看卫村信徒卫得花对自己信仰历程的自白：

　　　　"我信教有二三十年了，但真正说信得好的也就最近这几年。
为什么这么说呢，因为之前信的时候，虽然也能够坚持上教会，但
是总感觉没有把心交给神，遇到什么事情了，总是想着自己的。比
如说，我上教会，那是我想得到好处，我想避免神的管教。这种心
态本身就是罪，所以后来我还是不停地遇到不平安，也就是不停地
犯罪。当时，说实话，内心里头还是有点动摇的，心里想着，人家
信教都是得好处的，为什么我信教就得不到好处，反而得到这个坏
处呢。直到几年前，教会头子告诉我，这是神的熬炼，她当时跟我
说的一句话，我现在都忘不了，是'鼎为炼银，炉为炼金。唯有耶
和华熬炼人心'（《箴言》17章3节）。她还给我讲了经上不少这样
的故事，你看大卫王所遭遇的苦难，流亡十三年，扫罗追杀大卫，
大卫孤身一人，逃到旷野，被逼到山洞里藏身。在这个过程中，大
卫没有背离神，信心坚定了，最终得到了神的恩典，通过了神的熬
炼。她还给我讲了季凤文牧师的故事，季凤文遭的那些苦难，都说
不上来，全身都是病，没有一处是好的，最后人家信心坚定得了神
的恩典。听了这些话后，我心态就慢慢转变了，不抱怨神，反而要
更加信神，把我遭到的苦难看成是神的熬炼，就这样，慢慢的，神
就给我回应了，就好比是通过了熬炼，我家里的情况慢慢就变得好

2　钱村教会（钱村一堂）领袖钱木兰，2017年12月24日访谈。

3　"信得好"作为一种内心活动，看起来似乎难以观测，但对于教会方面，则容易
　辨识那些"信得好"的信徒，因他们在言语和行为上都有明显的表现。

转了，这是神的恩赐。从那以后，我就觉得自己好像被神选中或者看好一样，心里头更加奔着神，有一种感恩的心态在里头，所以我对自己就要求严格，争取成为合格的基督徒，正是应了经上那句话，'凡管教的事，当时不觉得快乐，反觉得愁苦，后来却为那经练过的人结出平安的果子，就是义'（《希伯来书》12 章 11 节）。我自己要是没有经历这种好比是'先苦后甜'的这种情况，要不是教会那样给我指点，我也很难认识到自己是被拣选的，但一旦认识到，心态就变了，也就是 180 度大转弯了"[4]。

我们再来看陈村信徒陈金兰对自己信仰历程的自白：

"我自己真正认识到神，也不是一下子就认到的。我当时信教因为腿上长个瘤子，就来上教会，后来瘤子没好，我就去找魔鬼头子了。这一去就是犯了大罪了，全身不舒服，晚上睡觉睡不着，里面筋疼，向右边翻身，左边肩膀就疼，向左边翻身，右边肩膀就疼。后来教会姐妹告诉我，这是犯罪了，神惩罚了，魔鬼上身了。后来，我就告饶了，就不敢去别的地方，老老实实上教会了。这个时候，心态还是一种'怕'，怕受到惩罚，怕受到管教。再后来，我还是遭遇了不平安，尤其是身体上的这个肝病，我当时很绝望，我就天天到教会求神。直到有一天，我做了个梦，梦到上帝，他的脸我看不清楚，只能看到身形，身上散出光，梦中我向他哭诉，这个时候神突然消失不见了，来了一堆穿白大褂的医生给我做手术。第二天醒来这个梦记得清清楚楚，你说神奇不神奇。过几天我去医院复查，发现各个指标都好转了，再过一段时间，竟然康复了。教会告诉我，说我是经历神了，一般人都是看不到神的，或者说神不是你想看就看的，神能不能看到，在于神，不在于人，我能看到，说明是神让我看到。从那以后，我就知道，我之所以得肝病，这是神对我的试炼，神要苦练我，看看我的信心强不强，能不能遵守神的诚命。我之所以能看到神，能得到神在梦里的医治，说明我通过了神的熬炼，觉得神这么熬炼我，给我恩赐肯定有神的想法，是神要拣选我，要用我，让我传福音，荣耀神"[5]。

---

4 卫村信徒卫得花，2017 年 2 月 3 日访谈。

5 陈村信徒陈金兰，2017 年 8 月 6 日访谈。

卫得花和陈金兰的案例表明了"拣选"得以可能的两项经验基础[6]：一是先苦后甜式的苦难和恩赐经验，一是具有神秘主义性质的诸如"经历神"的宗教经验。教会让信徒知觉被神拣选，正是基于此两项经验展开。其中，在先苦后甜式的经验中，"苦"被建构为神的熬炼，"甜"被建构为通过熬炼而获得的神之恩赐。在神秘主义性质的宗教经验中，奇事梦像等被建构为"人经历了神"，被视为人与神的直接沟通。通过上述两种经验的处理，信徒被教会建构为"神要用的人"，是被"神拣选"的人。接下来，我们详细论述教会方面是如何操演上述过程的。

（1）我们首先来看教会是如何处理信徒先苦后甜式经验的，这一经验的处理主要依托教义展开。前述卫得花在其自白中熟稔引用大卫的故事以及相关经文，侧面表征了教义观念对信徒的影响，通过多次讲道活动的参与，我们发现教会方面在对"拣选论"的构建上倾向于使用如下的知识类型：一种是谚语性质的。这类经义直截了当地指出人乃是被神所拣选。我们在观察中，发现这样的表达经常见诸教会讲道之中，如"我熬炼你，却不像熬炼银了。你在苦难的炉中，我拣选你"（《以赛亚书》48 章 10 节）、"不是你们拣选了我，是我拣选了你们"（《约翰福音》15 章 16 节）、"谁能控告神所拣选的人呢？有神称他们为义了"（《罗马书》8 章 33 节）等等。一种是故事性质的。这类经文通过具体人物的故事情节来体现神的拣选。常被教会所欣欣乐道的故事有：摩西的故事、大卫的故事、基甸的故事、保罗的故事等，这些故事中的人物蒙神拣选都承担了特殊的使命，如：带领百姓出埃及、大卫做王、拯救以色列人、传递福音等等[7]。在以这些谚语或故事来宣讲之时，讲道者非常注意和具有先苦后甜式经验的信徒互动，我们此处呈现其中的一个互动环节：[8]

王学荣：继红啊，你知不知道你之前为什么要受那些苦难？

王继红：这是神的熬炼。

---

6 值得一提的是，这两项经验是信徒认识到自己被神拣选的"必要不充分"条件，即有这两项经验不一定会体认到被神拣选，但只要知觉被神拣选，肯定基于此经验。

7 《圣经·旧约》之中，蒙拣选的事迹非常之多，因而有研究认为，"一部《旧约》，就是神不断'拣选'的历史，也是众多被拣选者的历史"。参见曾芳：《〈圣经·旧约〉中的被拣选者》，《太原师范学院学报》2011 年第 5 期。

8 王村教会领袖王学荣和信徒王继红的对话，2017 年 8 月 6 日观察记录。

王学荣：这就对了，你看摩西，神为什么要在摩西40来岁的时候用他，而不在年轻的时候用，是因为年轻的时候，他太傲气了，所以神让他在旷野40年，一切的血气、傲气都磨得差不多了，神才启用他。你也是，为什么之前要给你熬炼，神就是要通过熬炼来让你成长和坚定信心，通过了熬炼和考验，神就要赐福。你看你现在，病也好了，家庭各方面都顺顺利利的，经上就说，'忍受试探的人是有福的，因为他经过试验以后，必得生命的冠冕；这是主应许给那些爱他之人的'（《雅各书》1章12节）"。

王继红：中间这段过程，我差点掉队，辛亏你及时告诉我这是考验，不能掉队，不然我就得不到恩赐。

王学荣：神为什么熬炼你，不熬炼别人？

王继红：因为神拣选了我。

正是在日常宗教生活绵延的互动中，教义中有关拣选的内容契合了信徒自身先苦后甜式的经验，成为信徒形成"被神拣选"体验的知识基础。此外，教会方面还倾向于让这类信徒见证神恩、神迹，以进一步营造拣选的舆论情境。有的教会还对这类信徒"开小灶"，给他们单独传授宗教知识，认为这类信徒是可造之材。

（2）我们再看教会如何处理信徒的神秘宗教经验。早期基督教神学家将神秘主义解释为和上帝交往经验的最高阶段，是与上帝的合一，[9]在农民信徒那里，神秘经验意味着人与神的直接交往，它主要表现为如下几种形式：一种是经历"梦像"。如在梦中看到神的形象、得到来自神的训示和救治、看到天国的形象等，如前述陈金兰的梦中见到神即为一例。一种是经历"幻像"。如在某个特定的情境下看到神的形象、听到神的话等。一种是经历"神迹"。比如大难不死、疾病获治等等。一种是知觉"圣灵感动"。比如突然想哭、突然觉得放松、愉悦等。

之所以将这类现象称之为神秘的，原因在于这类现象的出现难以用常规的归因进行解释。[10]这正如伊利亚德所言，在与神圣事物相遇时，人们感到与

---

9 王亚平：《基督教的神秘主义》，北京：东方出版社，2001年，前言。

10 关于其中的原因，詹姆斯尝试解释为"我们正常的清醒意识，即是我们所谓的理性意识（Rational consciousness），只不过是意识的一个特殊类型：在理性意识的

某种本质上完全不同的东西相接触，感觉碰到了一种完全不同于他们了解的所有事物的实体，使他们处于一个本质上不同的空间，它是超越的、神圣的世界。[11]由此，神秘是人的一种感觉，是一种对难以说清、难以理解的事务和现象的一种感觉，人们从这种神秘的感觉中产生了各种情感，它使人感到害怕和担忧，又给人以希望和喜悦。[12]詹姆斯归纳了神秘主义的四个特征：其一是不可言说性（Ineffability），它不可言传，不能用言语贴切地报告它的内容；其二是可知性（Noetic quality），神秘状态虽然很像感受，但是，在那些经验者看来，它们似乎也是认知的确证状态；其三是暂时性（Transiency），这种状态不可能持续很久；其四是被动性（Passivity），在这种状态中，神秘者便觉得自己的意志突然停止了，有时，好像被一个更高的力量所把捉。[13]有关神秘经验的上述特征在农民信徒的宗教体验中都有体现，此处不赘。我们重点关注教会组织处理这类经验的技术，它包括两种类型：一种是基于教义的解读，一种是基于民众民间信仰惯习的解读。

　　基于教义的解读，是指教会充分利用《圣经》中有关神秘经验的案例来佐证信徒神秘经验所具有的拣选意味。一次，赵村教会（赵村一点）领袖赵金花把具有神秘宗教经验的信徒叫到一起，给他们讲述了其中的意涵：

> "保罗的故事你们也都听过，这里我再说一次啊。保罗之前名字叫扫罗，是个罪魁，迫害教会，让信徒男女下监，辱骂、捆绑信徒。有一天，扫罗走路的时候，来到大马士革这个地方，忽然天上发出光芒，照着他。这个时候他就扑倒在地上了，听到神对他说话了，神说：'扫罗，扫罗！你为什么逼迫我'，扫罗就问'你是谁'。主就说话了，告诉他自己是耶稣，要求他进城。扫罗从地上起来以后，睁开眼睛什么也看不到，三天不能看见，也不吃，也不喝。神

周围，还有完全不同的各种潜在的意识形式，由极薄的帷幔将它们与理性意识隔开。我们可能活了一生，却从未猜想它们的存在，但是，只要给予必要的刺激，它们便因一触而全面呈现"。参见詹姆斯：《宗教经验种种》，北京：华夏出版社，尚新建译，2012 年，第 278 页。

11　包尔丹：《宗教的七种理论》，上海古籍出版社，陶飞亚等译，2005 年，第 217-218 页。

12　王亚平：《基督教的神秘主义》，北京：东方出版社，2001 年，第 1 页。

13　詹姆斯：《宗教经验种种》，北京：华夏出版社，尚新建译，2012 年，第 272-273 页。

为什么这么做，给他异象，神自己说了，说扫罗是'神所拣选的器皿'，要他在外邦人和君王以及以色列人面前宣扬神的名。后来，保罗眼睛就好了，就能看见了，从此就受洗了。保罗这个事迹的核心意思是说，是神拣选他为'器皿'，所以给他异象。神还赐给彼得三次同样的异象，彼得'看见天开了，有一物降下，好像一块大布，系着四角，缒在地上。里面有地上各样四足的走兽和昆虫，并天上的飞鸟'（《使徒行传》10章11-12节），神给彼得异象的目的是让他去到外邦人里传教。你们都看到了异象，那为什么别人看不到，说明你们都是被神拣选的人。"[14]

对于信徒而言，权威经文记载和自己类似的事迹，无疑强化了其"异象意味着拣选"的认知。除了基于教义的解读外，教会方面还充分利用了民间信仰中某些特殊人物被视为具有通神能力的这一传统。在赵村教会（赵村二点）的一次讲道中，教会的讲道人赵询贞如是说道：

"能体验到这种感觉说明这个人和神是合一的，或者说呢，人是通神的。这个就好比是之前那些巫婆神汉，或者阴阳先生，说能'通神'，能开天眼，看到常人看不到的东西。形式上看有点类似，但本质上也不同，他们这些通的不是神，是鬼，他们不是被神拣选的，是被魔鬼拣选的。在我们这里，体验到的，那就是神的拣选，神的恩赐，是一种恩典。"[15]

总的来说，无论是先苦后甜式的生命经验，还是具有神秘主义性质的宗教经验，都是为信徒所切身知觉的。在这一前提下，教义服务于经验，经验带来的是神圣对象临在以及被神圣对象拣选的确证感。在上述两种经验类型中，先苦后甜式经验是处于本体性位置的，它指涉了一种制度化的模式（经由前述"顺从——福佑"、"违背——惩罚"关系的建构），而神秘宗教经验因不常发生而处于辅助性位置。在信徒身上，若能同时具备这两种经验，则教会越容易对之进行拣选确证。以上的经验表明，乡村基督教会所建构的拣选论实质上和神学体系中的拣选论发生了一定的偏差，相较神学体系中的抽象性，信徒的拣选感受和认知是经验主义的，教会方面也正是利用了这一点。

---

14 赵村教会（赵村一点）领袖赵金花为信徒讲授，2016年10月7日参与观察。

15 赵村教会（赵村二点）传道人赵询贞讲道，2017年7月16日参与观察。

6.2 以神圣对象的名义提要求

以神圣对象的名义提要求，是指教会通过对表征"神"话语的《圣经》相关文本的引用，要求信徒放弃原有宗教生活中追求现世利益（得利或避罚）的世俗心理，而转向一种追求彼世拯救、虔敬而非实利的终极关怀。这一要求若要能被信徒所接受，其前提条件是信徒要知觉自己被神圣对象拣选。对此，李村教会（李村二点）领袖李声琴说：

> "这个要求不是每个人都能接受的，对于大部分信徒，提神的要求，听是听了，但是左耳听，右耳冒，作用不大，听了这些要求，打动不了他的心。或者世俗的东西磕绊太多，容易受这个世界的牵连。只有觉得自己是被神拣选的，内心里头才能有这个动力听进去。从神的角度看，是神选择了这些人，是圣灵在这些人心里做工。信徒觉得自己被拣选了，也就能够以神的眼光看问题了，就是以耶稣的感受来感受，以耶稣的思想来思想，以耶稣的行动来行动，简单来说就是活出基督的样式。"[16]

总的来说，对于农民信徒而言，其具有浓厚的经验主义取向。如果不能切身在经验层面（无论是通过先苦后甜式的经验或者是神秘经验）知觉神对自己的垂青和临在，那么，农民信徒就很难提高自己的信仰水准，而把宗教生活的核心聚焦于世俗利益的获得上。即使经历过教会以威慑之的环节并表现出较强的宗教崇拜实践，但其核心目标依然是为了获得利益或规避惩罚，难有进一步的宗教成长。在这个意义上，农民信徒表现出了浓厚的杜克斯（Dux）意义上的建构实在论色彩，即"人类是在一定的认知形式和概念范畴下，建构起对现实的认识，但这个概念必须是实在的，因为人们以自己的感官知觉经验来打造概念体系，并持续地积累知识"[17]。在信徒经验上知觉自己"被拣选"的基础上，教会所提出的宗教成长要求就可能为信徒听得进去且付诸实践。

教会层面所提出的宗教要求无疑是内容多样、体系复杂的。但整体来看，也不外乎如下两个面向的内容：一是在心理层次上，要求信徒由追求现世平

---

16 李村教会（李村二点）领袖李声琴，2017 年 7 月 19 日访谈。

17 Dux, Guenter. *Die Logik der Weltbilder*, Frankfurt a.M.:Suhrkamp.1982：145，转引自顾忠华：《巫术、宗教与科学的世界图像——一个宗教社会学的考察》,《国立政治大学社会学报》1988 年第 28 期。

安转变为追求彼世拯救。二是在行为层次上，要求信徒由注重崇拜实践转变为注重伦理实践。通过以上两个要求，教会试图引导信徒由"旧人"变"新人"，且这两个要求都以神圣对象的名义展开，因而对于自觉被神拣选的信徒而言，无疑更容易去接受和践行之。在教会的具体技术路径上，我们发现其既延续了前述以善诱之和以威慑之两个阶段的逻辑，又结合信徒"被神拣选"这一经验生发出独特的逻辑。现分述之：

6.2.1 由"现世平安"到"彼世救赎"

追求现世平安是限制乡村基督徒宗教虔诚成熟的核心障碍。这一心态导致信徒把宗教生活的核心放置于现世利益获得以及惩罚的规避这样的世俗议题上，信徒所秉持的灵验逻辑或畏罪逻辑就会导致其不愿意追求看不见的、彼世的宗教救赎。因此，引导信徒宗教追求心态的转变就成为促进信徒宗教成长的核心所在。在此，这一要求主要通过三个技术环节展开：

（1）区分肉体和灵魂，并抬高灵魂的价值。在基督教视域中，肉体指涉了人在现世的世俗需求，灵魂则指涉了人在彼世的超越需求，教会方面主要通过对相关经文（尤其是来自神的直接训示）的强调来引导信徒重视灵魂。笔者在此呈现以下常为乡村教会所引用的部分表达：

> 《约翰福音》6章63节 叫人活着的乃是灵，肉体是无益的。
>
> 《罗马书》8章7节 原来体贴肉体的，就是与神为仇，因为不服神的律法，也是不能服。
>
> 《罗马书》8章8节 而且属肉体的人不能得神的喜欢。
>
> 《罗马书》8章13节 你们若顺从肉体活着，必要死；若靠着圣灵治死身体的恶行，必要活着。
>
> 《路加福音》5章16节 你们当顺着圣灵而行，就不放纵肉体的情欲了。
>
> 《路加福音》5章24节 凡属基督耶稣的人，是已经把肉体连肉体的邪情私欲同钉在十字架上了。

我们以一次吴村教会的讲道人吴金水和信徒的对话展开分析：

> "神说'叫人活着的乃是灵，肉体是无益的'，现在姊妹们肉体总体上都得了平安，但最重要的是求将来灵魂的得救。信耶稣的人，灵魂是宝贵的。肉体在世上就几十年，是短暂的，人总会老去，

每个人在世上都是个旅客，是寄宿的，我们信耶稣所追求的是灵魂上天堂。肉体也是脆弱的，你看看，肉体需要各式各样的外在的东西来维持，呼吸、饮食、温度、水分等。灵魂是不灭的，美国麻省理工科学家用试验证明灵魂是存在的，灵魂离开肉体后，不是去天堂就是去地狱，信耶稣的就会上天堂，因为上帝为了拯救人类的灵魂，派遣他的独生子来到世上流下了宝血。灵魂是值钱的，肉体是不值钱的，要我说，肉体如果值一块钱，那灵魂就值一万块。但现实中，大部分人呢，都是追求肉体的享乐，追求吃得好、穿得好，追求有钱、有地位、追求这些世俗的东西，殊不知天国更应该是我们追求的……现在你们肉体不能说多好，但都还平安，这个时候就要提高要求，追求灵魂，不能顺着肉体活了，'体贴肉体的，就是与神为仇'，就不为神喜悦，神就要惩罚。"[18]

通过以上的文本，我们发现，教会方面没有严格地把肉体和灵魂对立起来，相反，对信徒追求肉体还表示了理解，并强调对灵魂的追求应是信徒肉体平安后的一个更高级别的追求。在这个意义上，二者似乎是先后关系，因而，对于那些肉体都还不平安的人，吴金水自觉说了也没用：

"你跟那些肉体不平安的信徒讲不要重视肉体，要重视灵魂，基本上也是白说，人家说不定还说你站着说话不腰痛。为啥呢？这个我们要换位思考，人家肉体上还病着、痛着，那他的生活重心就只能是肉体，不可能是灵魂，这个大家也都理解。但是，如果肉体情况好转了，这个时候，引导他对肉体的追求适可而止，让他追求更高的灵魂层面的内容，就容易被他接受了。"[19]

与此同时，教会还强调"灵魂拯救"相对于"肉体平安"的好处，如指出灵魂得到拯救不仅能够"上天堂"，还有助于肉体平安。如此，使得灵魂拯救充满吸引力。

（2）把过于追求现世平安视为一种"罪"，利用信徒的畏罪心理促进其宗教成长。上述吴金水所强调的"'体贴肉体的，就是与神为仇'，就不为神喜悦，神就要惩罚"就暗含了把过于追求现世利益视为一种罪的强调。在具体的技术径路上，则把信徒的"狂要"视为一种罪。

---

18 吴村教会讲道人吴金水和部分信徒的聊天，2017年7月21日参与观察。

19 吴村教会讲道人吴金水，2017年7月21日访谈。

　　所谓狂要，是指信徒怀有贪婪心态向神谋求世俗利益的获得。在教会看来，狂要是不符合神心意的，即使要了，也一定不会得到来自神的应允，是一种"妄求"，更是一种"罪"。在周村教会一次以《如何向神要》为主题的讲道中，周晓荣详细论述了其中的缘由：

> "向神要，是神赐给儿女的权利，神说：'只要凡事藉着祷告、祈求和感谢，将你们所要的告诉神'（《腓立比书》4 章 6 节）。但是这不意味着什么都能要，比如有人想要中彩票，发大财，想一夜暴富，想不劳而获。还有的人是攀比心作怪，想这个比别人好，那个比别人好。更有极端的人还想要神治治自己的邻居，来行恶。我和你们说，这是狂要，是贪心不足，是罪，根本不符合神的心意，神不仅不给，还要治罪，《雅各书》第 4 章上说，'你们求也得不着，是因为你们妄求，要浪费在你们的宴乐中'。犯罪了，神就要惩罚，魔鬼就要败坏，你们都自己掂量掂量，不要偷鸡不成蚀把米，最后什么没要到，还被神治罪管教。"[20]

　　由于教会在以威慑之阶段所塑造了信徒的畏罪心理，因而信徒对罪以及作为神惩罚的魔鬼上身都极为敏感和回避。教会对狂要的定罪，正是利用了信众的这一心理。对于那些具备混合性宗教虔诚的信徒而言，由于其在基本的宗教崇拜实践上都做得比较到位，因而生活中再次出现不平安需要"找罪"时，教会便引导信徒去反思自己是否犯了狂要的罪，这一"罪"往往是容易确证的。信徒郑莲叶讲述了在教会的指引下自己如何意识到狂要是一种罪的心路历程：

> "起初的时候，对怎么'要'理解不透彻，认为要什么神就给什么，要了很多现在看起来是'狂要'的东西，比如希望儿子在外卖花能够赚大钱，再盖个楼房，希望儿子再生个孙子。后来，我晚上睡觉老是胸闷，我就感觉我是不是犯罪了。因为我算是比较热情的基督徒，相对来说，信得还可以，每次教会我都来，不管刮风下雨，一次没落过，更别说拜偶像、烧纸这类大罪了，我就不知道我犯了什么罪。我就去问教会里头的冯阿姨（注：冯孟慧），她知道我的情况，就直接问我，你是不是'狂要'了。经她这么一点拨，好像是这样的，我每次总想着要，总想着有求必应，这个本身就不

符合神的心意，就是犯罪，内心里头不知足，对神不敬。实际上，
我儿子生意已经不错了，家里也有楼房了，也有一个孙子了，可我
总希望越来越好，追求自己还有家人肉体上的享乐，追求现世的东
西，就不是符合神的心意了，神当然要管教我，以后我就不敢狂要
了。"21

（3）建构彼世天堂的美好景象，引导信徒对灵魂归所"天堂"的向往。
其主要通过唱诗和讲道两种形式来建构和呈现作为美好极乐世界的天堂。其
中，唱诗的歌曲通俗易懂，极富有感染力，此处呈现两首信徒经常吟唱的歌
曲：

> 《美好的天堂为我们预备》
> 在那很远很远的地方，
> 就是慈爱上帝为我们安排一个美好的家。
> 黄金的街道，碧玉的城墙，
> 光辉灿烂华美天堂!
> 没有悲伤，没有死亡，永远长存安慰的家。
> 到那时信徒都有美好的新歌来赞美，
> 赞美我主! 赞美我主!
> 赞美我们的救主，赞美救主，哈利路亚!
> 哈利路亚! 哈利路亚! 哈利路亚! 哈利路亚!

> 《天堂歌声》
> 天堂金琴弹起来，天使歌声响在天，
> 欢迎基督尊荣王，荣耀得胜升上天。
> 从前你头戴荆棘，如今戴上金冠冕，
> 从前你流宝贝血，如今坐在父右边。
> 主仍祈祷在父前，常赐恩惠广无边，
> 预备住处等我们，时候一到全改变。
> 哈利路亚! 救主升天，真荣耀真荣耀!
> 赞美! 赞美! 赞美救主，恩爱永不息!

---

21 郑村郑莲叶，2017 年 8 月 31 日访谈。

除此以外，教会在讲道中也常对"天堂的美好"进行宣讲。如陈村一次以《天堂》为主题的讲道中，讲道人就分别从"天堂的真实""天堂的永存""天堂的团聚""天堂的更新""天堂的满足""天堂的公义""天堂的华美""天堂的道路"几个方面呈现了天堂的美好。

总体而言，上述教会所展开的三个技术环节旨在引导信徒轻此世而重彼世。对于那些经历了先苦后甜式经验以及神秘宗教经验的信徒而言，在被拣选意识的作用下，便倾向于接受上述观点和要求，即从追求肉体平安到追求灵魂拯救的转变。这种接受既导因于天堂的美好，也导因于灵魂的重要，更导因于对狂妄这一犯罪的恐惧。

6.2.2 由"崇拜实践"到"伦理实践"

"行为"一向在基督教中具有重要的意义，对于信徒而言，"要活出信仰必须行为和信心一致"成为宗教界的共识[22]。当然，这种行为的含义是丰富的，深入了日常生活中的方方面面。然而经验中我们却发现，绝大部分处于灵验逻辑和畏罪逻辑下的信徒把宗教行为的理解都局限于宗教崇拜实践，认为定期去教会、唱诗、祷告等就构成了宗教行为的一切。显然，这类仅仅局限于崇拜实践的行为，是无法生成伦理影响的，即使有，也很难超越家庭的层次。换言之，乡村基督徒倾向于把宗教行为局限于教堂或聚会点空间，呈现出"教会教堂化、教堂空间化、空间场所化"的特点[23]。绝大部分信徒并不会把宗教信仰带到日常生活中去以践行宗教伦理，以作"世上的盐""世上的光"，因而看起来也就和非信徒没有区别。也因此，如何引导信徒由注重崇拜实践到注重伦理实践的转变，就成为教会组织促进信徒宗教虔诚成熟的重要一环。它主要通过强调行为的重要性并将行为直接关涉到彼世的救赎而展开，如钱村教会（钱村一堂）在一次《信心与行为》的讲道中，讲道人钱木紫首先带领信徒读《雅各书》2章14-26节中标题为《信心没有行为是死的》的经文，内容如下：

> 我的弟兄们，若有人说，自己有信心，却没有行为，有什么益处呢。这信心能救他么。若是弟兄，或是姐妹，赤身露体，又缺了

---

22 陈美麟：《活出复活的生命》，《天风》2004年第4期。

23 李向平、吴小永：《当代中国基督教的"堂—点模式"——宗教的社会性与公共性视角》，《上海大学学报（社会科学版）》2008年第5期。

日用的饮食，你们中间有人对他们说，平平安安的去吧，愿你们穿得暖吃得饱。却不给他们身体所需用的，这有什么益处呢。这样，信心若没有行为就是死的。必有人说，你有信心，我有行为。你将你没有行为的信心指给我看，我便借着我的行为，将我的信心指给你看。你信神只有一位，你信得不错。鬼魔也信，却是战惊。虚浮的人哪，你愿意知道没有行为的信心是死的么。我们的祖宗亚伯拉罕，把他儿子以撒献在坛上，岂不是因行为称义么。可见信心是与他的行为并行，而且信心因着行为才得成全。这就应验经上所说，"亚伯拉罕信神，这就算为他的义。"他又得称为神的朋友。这样看来，人称义是因着行为，不是单因着信。

读完经文后，讲道者分别从"信心要籍着行为表现出来""信心需要行为来验证""没有行为的信心是死的"三个维度，结合教义经文中的一些经典案例以及身边的故事来佐证行为的重要性。与此同时，教会还强调是否付诸行为直接关涉到彼世拯救，值得一提的是钱木蓁的如下说法：

"我们现在很多信徒，把行为理解得很肤浅，以为就是来教会聚个会，来听听道，祷祷告，唱唱歌子，认为做了这些事情就是合格的基督徒了。更有甚者，即使来了，也没有把内容听进去，歌曲也不会唱，就会跟着瞎哼，还自以为自己做得不错，这样的人我看大有人在。经上说，'听道而不行道的，就像人对着镜子看自己本来的面目，看见，走后，随即忘了他的相貌如何'（《雅各书》1章23-24节），什么叫行道？行道可不是就来上教会这么简单，行道是把神的话语在平时生活里头付诸实践，在待人接物、平时说话、家庭关系、邻里关系、个人品德等各个方面要全方位改造，就是由'旧人'变为'新人'的过程，就是要脱下旧皮囊，穿上新衣裳的过程。这些行为就不仅仅是发生在教堂，也发生在家庭、学校、单位、邻里等各个地方。那些仅仅来教会的人还自以为自己是虔诚的，我看这就是虚的虔诚，是不清洁和有玷污的虔诚，这样的基督徒身上没有盐的味道，没有基督的香气，这样的人注重的是形式，是走过场……为什么需要行为？因为只有付出了实际的行为，才表明你结了果子，才能为神喜悦，才是遵行天父旨意，才是委身基督，将来才能灵魂得救，才能够上天堂。'天国是努力进入的，努力的人就得着了'（《马太福音》11 章 12 节），不付出行为就是不努力，自然上不了天堂，我们现在再翻开《马太福音》7 章 22 节，'凡称呼我'主啊，主啊'的人，不能都进天国；惟独遵行我天父旨意的人，才能进去'"[24]

以上内容意在向信徒强调行为之于个体获得拯救的重要性。它首先基于对"旧行为"的批评而展开，继而将"新行为"和"进入天堂"相关联。在上述宣讲中，讲道者点出了行为所具有的宽广意涵（如待人接物、平时说话、家庭关系、邻里关系、个人品德等），其虽然没有明确使用"伦理"这一表达，但就行为所指来看，无疑是具有强烈的伦理意味的。撇开基督教复杂多元的伦理体系，对于乡村基督徒而言，这样的伦理实践落实到日常生活中去，则是朴素而又直接的，对此，我们归纳呈现几位教会负责人有代表性的说法：

"世上的矛盾哪个不是高傲心引起的，家庭矛盾、邻里矛盾，都是各个人以自己为大，互不相容。如果听神的话，就要讲究谦卑、饶恕，主耶稣说：'要爱你们的仇敌'，如果我们都能够怀有一个爱人之心，不就没有这些矛盾了，生活不就过得舒舒服服的吗？落实到行为上，就是要忍让，比如农村地界这个问题，不要跟人家争，比如家庭关系这个，要主动道歉。"[25]

"经上有讲基督徒的生活守则（《罗马书》12 章 9-21 节），里头的主要思想就是要爱人，对人不可虚假，对人要恭敬。对人恭敬的人，人家也会对你恭敬。现在很多老百姓，看到人家比自己过得好，比如盖了楼房、赚了钱，就嫉妒人家，就红眼，用现在流行的话说，就是'美慕嫉妒恨'。有的人还使坏，破坏人家。我们基督徒不可以这样，我们不仅不嫉妒，我们还要替他高兴。'我们各人务要叫邻舍喜悦，使他的益处，建立德行'（《罗马书》15 章 1-2 节），这一点说起容易，做起难，也只有基督徒，并且是合格的基督徒才能做到。"[26]

"基督徒平时说话各方面都要注意，要管好自己的口舌，不能随便骂人、嘲笑人。现在很多农村妇女，跟人家吵仗磨牙，什么难

---

[24] 钱村教会（钱村一堂）钱木萦讲道，2017 年 10 月 10 日参与观察。

[25] 郑村教会负责人郑漫媛，2017 年 10 月 15 日访谈。

[26] 钱村教会（钱村二点）钱红影，2017 年 12 月 24 日访谈。

听的话都骂，真是刀子嘴，唾沫星子都能淹死人。作为一个合格的基督徒，是不可以这样的，我们要求骂人的话不说，闲话不说，评论人的话也少讲，经上教导'污秽的言语，一句不可出口'（《以弗所书》4 章 29 节），'若有人在话语上没有过失，他就是完全人，也能勒住自己的全身'（《雅各书》3 章 2 节），所以从这点看，一个付出行动的基督徒和非基督徒的区别是非常明显的，光从'嘴'上就能看出来。"[27]

以上伦理实践或行为要求，无疑是自然而又接地气的，当然这方面的内容非常之多，但其中心思想则在于对"爱人如己"的强调，对此，陈村教会陈贵婷说：

"宗教要求千条万条，归结起来就两条，'爱神'和'爱人如己'，这个经上都是有说法的。'爱人如己'本质上就是爱神的表现，当你以一颗爱人的心来看待周围的人、周围的事，自然而然就不一样了。所以说，没有爱心的，就不认识神，因为神就是爱，爱人了，就凡事不会亏欠人，和别人相处就会融洽，和别人说话就会注意。如果每个人都能做到爱人如己，我们这个社会将会多么和谐，多么美好，人人都高兴，就真是建立了和谐社会。"[28]

总的来说，对于经历被拣选经验的信徒而言，教会以神圣对象的名义提出的两项要求——由现世平安到彼世拯救、由崇拜实践到伦理实践，表征了教会试图从"内心追求"和"外在行为"两个面向来促进信徒宗教虔诚的成熟。

6.3 使命逻辑与乡村基督徒宗教虔诚的成熟

6.3.1 农民的使命逻辑

使命（Mission），意指"派人办事的命令，比喻重大的责任，如：历史使命，神圣使命"[29]。教会通过对信徒特殊宗教经验的加工而让信徒知觉自己被

---

27 褚村教会领袖褚贤惠，2017 年 10 月 5 日访谈。

28 陈村教会陈贵婷，2017 年 10 月 6 日访谈。

29 中国社会科学院语言研究所词典编辑室编：《现代汉语词典（第 6 版）》，北京：商务印书馆，2012 年，第 1183 页。

神所拣选，在此基础上，提出进一步宗教成长的要求，以促使信徒改变原有的宗教心态和宗教实践，引导其追求一种彼世拯救和伦理实践。在这一"以圣导之"的教会权力实践下，信徒生成了一种使命逻辑，即认为自己承担了荣神益人的特殊责任和使命。在展开具体分析以前，我们先呈现信徒赵天梅使命逻辑获得的心路历程：

> "我之前信教可以说是'老油条'，什么意思呢，就是教会我该来都来，内容该听听，歌子该唱唱，但是走出教堂，就忘记一干二净了，这个一干二净意思，不是说内容记不得了，是听了后都不会在平时做到那些要求。那个要求说实话当时觉得还是很难，像不烧纸、不磕头、不拜偶像的这些基本都能做到，你说平时和邻居聊天，闲话总要说一点，家里地界被人占了，无论如何也要吵一吵，闹一闹，不然这口气咽不下去。说到底，就是在世上的欲望太重了，爱了世界自然就会影响爱神，经上不就这样说的，具体我记不清了，大体意思是世上的这些东西，都不是从神来的，而从世界来的，世界东西迟早要消亡，比如钱啊，地位啊，只有遵守神旨意的，才能常存。[30]这个道理，教会天天讲，但是不是所有人能听进去的，因为这是人的本能，谁不想赚大钱，谁不想盖大楼。我自己意识到，是因为我得了不平安，身上不这里不舒服，就那里不舒服，家里不这个有点不如意，就那个不如意。后来教会头子说，说这是神的熬炼，只要坚定信心，就一定苦尽甘来。就像那首歌子唱的那样，（唱）'试炼来了莫发愁，人到尽头神起头，神起头，耶稣跟我手拉手，领我绕过虎狼口，我的心啊，总是跟主亲不够，亲不够'，果真不假，后来我坚决不掉队，慢慢就都变顺利了。我就意识到自己好像被神看好一样，神看好我，就会对我提高要求，要在日常生活的方方面面去荣耀神，从说话、做事、各个方面都要高要求。我就感觉自己有这个责任了，有这个责任把听到的道，转变成实实在在的行为。话反过来说，我能不能不这么做呢，也是不可以的，神既然拣选了我，就必然对我管教得厉害，普通信徒可能说说别人闲话，不

---

30 受访者所基于的经文为：因为凡世界上的事，就像肉体的情欲，眼目的情欲，并今生的骄傲，都不是从父来的，乃是从世界来的。这世界和其上的情欲都要过去，惟独遵行神旨意的，是永远常存。选自《约翰一书》2章15-17节.

算什么罪，我就不能说，我一说就是犯罪，神就会管我，我就会出现不平安。"[31]

赵天梅所经历的心路历程和前述的卫得花、陈金兰类似，即在经历一些特殊（先苦后甜式）宗教经验的前提下，在教会的帮助下，逐步意识到自己为神所拣选、为神所熬炼。在这种拣选之下，个体生成追求宗教上进、荣耀神恩的责任感和使命感。赵天梅的上述自白暗含了一种畏罪的心理——即被神拣选的信徒应该更加遵守神谕，更要践行神的要求，否则将更容易获罪，更容易获得神的惩罚[32]。在这个意义上，可以说使命逻辑还内含了一种心理上的强制力，这提示我们，使命逻辑和畏罪逻辑并不是截然对立的，后者某种程度构成了前者的基础。

使命逻辑对个体而言意味着一种对于"重生"的追求。这一追求无疑具有丰富的基督教意涵。拉辛格指出，"一个人仅靠降生（birth）是不足以成为基督徒的，还靠重生（rebirth）——只有通过人改变自我及远离那种止于单纯存有的自我满足而'归依'基督，基督信仰才能得以成就"[33]。对于乡村基督徒而言，这种"旧"就体现在信徒以人（自己）为中心，而把神视为人的工具；"新"体现在信徒以神为中心，以自己来侍奉神。"新""旧"的上述意涵正如卫村教会领袖卫凤凤所讲述的那样：

"基督徒成长的最高阶段，用一句话说，那就是'脱去旧人，穿上新人'（注：来自《以弗所书》4 章 21-23 节）。我们无论是要求信徒追求上天堂，还是要求信徒在日常生活中做一个合格的基督徒，本质上都是要求信徒成为一个新人，也就是改变一切以自己为中心的想法，而要以神为中心。旧人和新人是泾渭分明的，我曾经给信徒讲过一个顺口溜，是这样说的：旧人心小气，新人心大度；旧人干坏事，新人行好事；旧人看世间，新人仰天堂；旧人常忧愁，新人多欢喜；旧人多糊涂，新人常警醒；旧人爱浮夸，新人乐朴实……简单来说，旧人心里装着自己，新人心里装着神。"[34]

---

31 赵村信徒赵天梅，2016 年 12 月 5 日访谈。

32 也因此，有不少处于畏罪阶段的信徒甚至宁愿不被神所拣选，在他们看来，被神拣选意味着将获得更严格的管教，更容易犯罪。

33 拉辛格：《基督教导论》，上海三联书店，静也译，2002 年，第 289 页。

34 卫村教会领袖卫凤凤，2017 年 10 月 9 日访谈。

6.3.2 神圣性宗教虔诚的表现

以圣导之阶段教会权力实践的目的是为了促进信徒宗教虔诚的成熟，这种虔诚和前阶段的工具性宗教虔诚和混合性宗教虔诚存有本质不同，它是指向彼世而非此世、指向超越而非实利、指向神圣而非世俗的，为此，我们称之为"神圣性宗教虔诚"。换言之，此阶段的宗教虔诚不是获善的一个代价，亦非避罚的一个前提，它本身就是目的，是为了虔诚而虔诚，其背后所蕴含的神人关系是人服侍神而非人利用神。某种程度而言，这一性质的宗教虔诚契合了西方基督教完备论意义上的宗教虔诚，它是一种高度的宗教虔诚，它对应了奥尔波特所言的"内在信徒"，它指涉了信徒的使命逻辑。

信徒使命逻辑下的神圣性宗教虔诚的核心特征在于其"责任观"（或"天职观"）。不过这一责任观却和中国传统社会中的责任观存有性质的不同。在中国传统语境之中，诸如"天下兴亡、匹夫有责""鞠躬尽瘁、死而后已"等等强调的都是对家庭、民族、社会和国家的责任要求，是指向现世的责任伦理，而基督教视域下的责任观，则直接指向了神圣对象，是为了荣耀上帝。[35]此种责任观的具备，使得信徒逐渐由俗入圣，其所形构的宗教虔诚特征如下：

表 6-1 神圣性宗教虔诚的测量维度及代表性指标

测量性质	测量维度	对应维度	代表性指标
心理层面	宗教认知层面	理智的维度	（1）信教目的：追求彼世超越和拯救，荣耀上帝。 （2）人神关系认知：人服侍神。
	宗教经验和情感层面	体验的维度	情感经验围绕"神的拣选"而展开，如合一、重生、彻悟、感觉被圣灵充满等。
行为层面	宗教崇拜实践	仪式和意识形态的维度	宗教参与固定，除了上教会外，在日常生活中也能践行宗教仪式（如饭前祷告），且注重崇拜的内容而非形式。
	宗教伦理实践	效果的维度	宗教伦理对日常生活带来深刻影响，形塑新的信徒品格。

---

35 关于基督教和中国传统社会中"责任观"的差异，可参见邵瑞新:《选择·责任·天职——对基督教伦理思想及其现实意义的一些思考》,《华东师范大学学报（哲学社会科学版）》1996 年第 4 期。

结合上表内容，我们以下详述之：

（1）在宗教认知层面，信徒认识到自身是神的仆人，人是被拣选用以侍奉神的工具

这一认知和前述灵验逻辑和畏罪逻辑中人把神视为工具的认知存有本质不同，在使命逻辑下，个体逐渐将神放置于日常生活的中心位置，把自我视为神的工具，表现为信徒在生活中不再以自己为中心，转而以神圣对象为中心。对此，王村教会讲道人王乐欣以对待"有求必应"态度的前后变化入手阐述了自己宗教虔诚成熟过程中人神关系认知的改变：

"我自己，之前怀着一种对神希望'有求必应'的心态，就是说我来参加教会，目的是希望神能赐给我想要的东西，就是我求了，就希望神要应。现在我这种想法没有了，求可以求，但不要想着应不应的事情，哪怕是求了不应了，我心里头也不会说有什么想法，我会想想自己是不是妄求，是不是对神还不尽心，这个就是一个心态上很大的变化。根本上，这种变化就是要放弃人的看重，而要看重神的看重，神的看重就是要看人的动机，动机是功利的，是追求有求必应的，那就不是神所看重的"。[36]

与此同时，在宗教的追求上，信徒更加追求信仰的超越性层面，赶鬼治病等实用诉求虽然存在，但却不是焦点和核心。其典型表现为信徒更加关心彼世、天堂等，在这些信徒和笔者的聊天中，有关"天堂"的表达经常流露口端，尤其是《启示录》中有关"天堂"的描绘常为这类信徒所津津乐道，并且不时表达"心向往之"，如"墙是碧玉造的""城是精金的""根基是绿宝石""门是珍珠""河边有生命树"等等，这些表达建构了他们对天堂的美好想象，也体现了他们的渴望。

在使命逻辑下，信徒还自觉阅读《圣经》，甚至主动学习神学知识，且认真听道，在此过程中，信徒的宗教知识越加丰富。由此，这类群体中有不少人都走向了讲台，或做讲道、或做见证，宣扬他们对神的认知，并把这些视为一种责任。对此，一位喜欢记日记的陈村教会讲道人陈蒙特在一次日记中记录了自己"决定上台讲道"的心路历程：

---

36 王村教会讲道人王乐欣，2017 年 3 月 21 日访谈。

> 这段时间老是在梦里梦到神，梦到主的光辉形象，联想起我之前获得的神恩（注：信教后腿疾好转），这就是神的拣选。神拣选我有何用？这是需要认真思考的问题……农村老百姓大多文化程度不高，农村教会缺乏有文化的讲道人，我觉得上帝给我神恩，让我的腿好起来，给我梦像，就是希望让我去荣耀上帝。每个人彰显神恩荣耀神的方式都不同，我曾经当过小学老师，是读过一点书的，肚里可以说是有点墨水的，应该充分利用自己的特长优势，应该把我的所读、所思，上讲台讲出来。这是一种使命！一种自觉！一种担当！……当然，讲道不是乱讲的，需要充足的知识积累，为此，我也愿意像小学生一样去学习，要像饥饿的人扑在面包上一样，投入对《圣经》的学习。想到此，我就充满激情，充满干劲，我决定要和陈大姐（注：陈贵婷）说说讲道的事了！[37]

现如今，陈蒙特已经讲道一年多了，正是在使命逻辑的驱使下，他每次讲道都认真准备，浏览相关网站，收集身边素材，写下了厚厚的一沓笔记。因为讲道水平较高，他也经常被附近的教会邀请过去讲道。他也将讲道视为一件荣耀神恩的事情，在一次交流中，他说道"这个讲道完全是发自内心，我自己可以说讲道以来，一分钱都没拿，连每次的打印材料都是我自己花钱的，我之所以坚持，可以说是一份光荣神圣的职责，是对神的侍奉，有了这种认知，每次讲完后，我也感到非常有成就感。"[38]

（2）在宗教经验方面，信徒体验到感恩、荣耀等情感以及合一、重生、彻悟、被圣灵充满等神秘经验

感恩、荣耀情感的生成和信徒的被拣选意识高度相关，在这种认知的作用下，信徒意识到自己的特殊性，获得了一种恩宠确证。这种情感超越了灵验逻辑以及畏罪逻辑下所具有的无奈、信任、畏惧等本能乃至负面情感，体现出了一种使命色彩，一位"信得好"的赵村老信徒赵素凤讲述了这种情感的变化：

> "就好比上学一样，以前的时候成绩不好，上学的时候心里头怕老师提问，怕老师批评，虽然来上学了，还是处于一种不得不来

---

37 陈村信徒陈蒙特 2016 年 12 月 3 日日记，2017 年 9 月 13 日摘抄。
38 陈村信徒陈蒙特，2017 年 10 月 5 日访谈。

－164－

的心态，你不来了，家长不让，老师也不让。后来通过这个自己努力，成绩慢慢变好了，成为尖子生了，老师让你当当这个班长，或者课代表，这个内心里想法就变了，就觉得很有面子，很自豪，有这个荣誉感。这样，上学的心态就变了，不是那种'不得不去'的心态，而是自己主动想去，觉得老师这么看重自己，就一定要好好表现，内心里头有这种积极的感受"[39]。

这一比喻反应了信徒因自觉被拣选而带来的荣誉感或使命感，体现出一种圣徒式的情感。在宗教经验上，各种独特的经验也常为这类信徒所体验，并且通过这些经验进一步强化了信徒的被拣选认知。这类经验的主要特征在于信徒知觉到自身与神的直接沟通和交流，一位信徒如是表述了这种感受：

"有一天我在家里祷告，突然间，我感到一股暖流流遍全身，感觉自己身体轻飘飘，飘在空中，好像看到了无穷无尽的海洋，很宽广，很蓝，也感到很愉悦，自己内心里都是那种平安和喜乐，那种感觉非常强烈，让我非常沉迷。紧接着，我好像听到自己内心里冒出一个声音，说'主耶稣啊，我爱你，我要赞美你'，那一刻，我感觉所有的幸福、快乐和喜悦都集中在我的内心里，非常强烈，非常愉悦！那种感觉就像神住在我的心里一样，我知道那就是圣灵充满的感觉，我知道我那是经历了与主的同在，我更加坚信自己是被神拣选的"[40]。

这种经验已然超越了灵验逻辑和畏罪逻辑下的围绕"苦难""魔鬼"和"罪"而生成的经验，并进一步强化了信徒的使命逻辑。

（3）在宗教崇拜实践方面，其深入日常生活，且信徒更加注重崇拜背后的意义

如果说前述宗教认知和体验作为宗教虔诚的内在心理构成，尚不容易为观察者所察觉的话，那么宗教崇拜实践这一宗教虔诚的外在行为表现无疑具有易识别性，它表现为两个方面的特征：一是宗教参与的形式更加丰富。在教堂，除了和其他信徒一样聚会、祷告、唱诗以外，这类信徒还会走向讲台进行主持、教诗、主讲、参与节目表演等等，如前述的陈蒙特。并且在宗教参

---

39 赵村信徒赵素凤，2017 年 3 月 9 日访谈。
40 王村信徒王来水，2017 年 5 月 10 日访谈。

与频数上有明显增多，不仅每周定期参加聚会，有甚者一天早中晚都会去教堂进行祷告。和畏罪逻辑下信徒主要把宗教参与局限于"教堂"这一空间场所不同，这类信徒在日常生活中也无时无处不进行崇拜实践，比如早上醒来、晚上睡觉、吃饭之前，家中、学校、厂房等等。在使命逻辑作用下，信徒还会主动学习教义知识，在日常表达中对经文也是手到擒来，并主动传福音和动员自己身边的亲友信教。总之，这种宗教参与深入日常生活情境，成为信徒日常生活中不可或缺的一部分。二是更加注重崇拜实践背后的意义。在前两个阶段，信徒更加注重的是崇拜实践的"形式"而非"内容"，即更加关注"我来教会了"而非关注"来教会收获了什么"，而在此阶段则恰恰相反，对此，其中的一个信徒讲述了这种变化：

> "我一开始的时候，来聚会，就觉得我来了，就能表现我对神的忠心，就能得到神的好处，就能避免神的管教。至于说讲道的内容，都没听进去，心里头也不在乎，觉得都四五十岁的人了，谁去操那个心。现在我这种看法改变了，听道就是为了得到生命的粮食，是属灵的粮食，就像经上说的：'耶和华万军之神阿，我得着你的言语就当食物吃了。你的言语是我心中的欢喜快乐，因我是称为你名下的人'（《耶利米书》15章16节），我现在更加关注讲道内容。唱诗的时候也是，不是说就唱首歌子那么简单，有时候唱着唱着就哭了，被歌曲感动了，这在之前是很难发生的"。[41]

在对这类信徒宗教参与的观察中，笔者发现他们在平日聚会活动中都能表现出浓厚的"专注"——总是坐在最前排、认真地做笔记、祷告的时候全神贯注、唱诗的时候往往也声泪俱下，不由得令人钦佩。

（4）在宗教伦理实践方面，信徒更加注重"爱人如己"诫命的践行

前述畏罪逻辑下基督徒有选择性地在家庭层次进行伦理实践，也就难以超越家庭的限度，更遑论对乡村社会的公共伦理带来影响。但对于使命逻辑下的信徒而言，我们发现这种伦理实践具备了延展性，典型的表现即是对"爱人如己"诫命的施行。这种诫命精神蕴含了一种"牺牲精神"，由此形构了基督教的独特性。而这种精神在中国传统宗教中是一向缺乏的，这正如费孝通所指出的那样："一个跪在送子观音前磕头的妇人，她心头里绝不会

---

41 李村信徒李晓晴，2017 年 5 月 10 日访谈。

有'牺牲'这两个字。她的行为无异于在街头上做买卖，香烛和磕头是阳冥之间的通货。"[42]然而，对于此阶段的信徒而言，"爱人如己"并非高高在上的道德伦理说教，而是切实的行为准则。对此，卫村教会因"爱人如己"而常被信众或非信众"竖起大拇指"的信徒卫静桦说到：

> "'爱人如己'这个诫命，也是最大的诫命，但很多人做不到，为什么做不到，不是说这个有多难，而是说人都以自己的私利为中心，考虑不到别人，这样看，当然是难的。但是，如果人不以自己为中心，听从神的诫命，那么这个也就不难了，具体来说，就是关心需要有帮助的人，比如哪家困难了，能周济点就周济点。还有要学会换位思考，站在别人的角度看问题。最后还要能够忍让，爱就是要凡事包容，能退一步就退一步，不要因为那么一点鸡毛蒜皮的事，跟人家又吵又闹"。[43]

在调研期间，笔者观察到这种伦理的一次切实实践：

> 褚村信徒褚英梅家和邻居褚海堂家曾一度纠纷了十余年，从最开始地界上的矛盾引申到生活中的方方面面，其间因为一些琐事（如褚英梅把水撒到了褚海堂家的地里、褚海堂把地界上褚英梅家的树枝扯断、褚英梅家的鸡偷食了褚海堂家种的小白菜等）而发生吵骂、打架乃至报警多次，两家由此十多年"不说话"。为了在地界的问题上不吃亏甚至为了占便宜，褚英梅曾经每天晚上都要用铲子把地界"挖一挖"，把作为地界标志的石板"挪一挪"。而褚海堂家自然也不让步，想方设法把褚英梅家种在地界上的树"弄死"（如用铲子铲树根、用农药喷洒树体等）。并且彼此也都对双方"干的坏事"心知肚明，并用"魔高一尺、道高一丈"的方式来制衡对方。这种情况即使在褚英梅信教会后都未有得到改变。彼时，教会方面所宣称的宽容、忍让、不占便宜等伦理也没有对褚英梅产生影响，对此，褚英梅回忆到："人不为己天诛地灭，我要对他们家忍让，他们家以为我家怕他，人都是欺软怕硬的，不争馒头争口气，他家对我家使坏，我当然要以牙还牙"。在 2016 年年中的一次访谈中，当笔者询问如何理解"圣经教导人要爱人如己，爱自己的

---

42 费孝通：《美国与中国》，北京：北京三联书店， 1985 年，第 110 页。

43 卫村教会卫静桦，2017 年 7 月 19 日访谈。

仇敌时"，褚英梅则说："那是说给圣人听的，我就是普通信徒，又不是圣人，我不需要做到，再说，又有几个人能做到"。更让笔者颇为惊讶的是，在一次祷告中，她竟然祈求"神赐魔鬼败坏褚海堂家"。换言之，即使彼时褚英梅信教已经有六七年了，但其更多把宗教视为工具，毫无宗教伦理践行之表现。然而，2017年年中笔者再次回访的时候，却意外地发现两家竟然和好，并且关系甚为融洽（表现为褚英梅家经常送东西给褚海堂家，比如蒸的馒头、制的腌菜，而褚海堂家也经常以礼回馈）。询问其原因，褚英梅说道："这个还是要感谢神啊！是神引领我的，是神对我的管教让我悔改，让我意识到这个是罪。我是从去年10月的时候，身上就出现各种不平安，天天去教会也没用，教会的褚大姐（注：褚贤惠）告诉我，这是神的管教。要想通过管教，就必须要听从神的话，我想来想去，不知道我犯的什么罪，后来褚大姐帮我找罪，提醒我，是不是占便宜，是不是骂人，这么一说，哎呀，就对上了，我就赶快在神面前认罪，神就原谅了我，我后来慢慢就好了。通过这件事我意识到，神对我的要求高，有点拣选我的意思，就像经文上讲的'你们既是神的选民，圣洁蒙爱的人，就要存怜悯、恩赐、谦虚、温柔、忍耐的心。倘若这人与那人有嫌隙，总要彼此包容，彼此饶恕；主怎样饶恕了你们，你们也要怎样饶恕人'（《歌罗西书》3章12-13节），从此以后，我自己也感觉到内心里不能再像之前那样，因为一点事情跟人家吵啊闹啊。后来，我就主动退让，不跟他家吵也不跟他家闹，人都是相互的，他家看到我让，也不跟我闹了，慢慢关系就好了，我感觉这是神的恩赐！"[44]

　　以上案例表明，对于知觉被拣选的、具有使命感的信徒而言，宗教伦理的确能够带来影响并付诸实践，并表现在日常生活中的方方面面。如受"施比受更有福"（《使徒行传》20章35节）的影响，经常施行助人和慈善行为；受"无论作什么，都要从心里作，像是给主作的，不是给人作的"（《歌罗西书》3章23节）的影响，在平日的工作中尽心尽职、不偷懒不耍奸，等等。除了行为层面的变化之外，信徒也会逐渐养成优秀品格，诸如正直、知足、殷勤等等。也正是在这个层面上，才凸显出赫勒（Heller）所强调的宗教在日

---

44 依据相关调研资料整理，2016年至2017年。

常生活中的意义——"根据给定宗教而进行生活，远不只意味着简单地信仰它，接受它教义或以一般方式遵循它的戒律，而是意味着根据给定宗教所指定要求，以它的'仪式'的样式而管理自己的生活"[45]。当然，宗教虔诚的成熟本身是一个动态过程，而不是一个静止的状态。在这一过程中，正如斯特伦（Streng）所言"宗教是实现根本转变的一种手段"的那样[46]，信徒不断由俗入圣，发生由"旧人"到"新人"的根本转变。

6.4 小结

本部分从教会以圣导之的角度呈现了其如何促进乡村基督徒宗教虔诚的成熟。具体而言，教会结合信徒的特定（先苦后甜式或神秘主义）经验，来让信徒知觉、体验神圣对象的临在，并自觉被神圣对象所拣选。在此过程中，教会以神圣对象的名义提出信仰要求，引导信徒由注重现世平安到注重彼世拯救的转变，以及由注重崇拜实践到注重伦理实践的转变。在这一过程中，信徒表现出使命逻辑，自觉追求神圣性宗教虔诚，力争"活出基督的样式"。

我们把以圣导之视为教会权力实践超越性的一面。基督教视域中教会所具有的独特含义，使得教会组织不同于一般世俗组织，教会权力也不同于一般世俗权力，因而决定了教会权力实践的面向除了具备一般权力所有的柔性和刚性一面外，还呈现出其超越性的一面，这种超越性主要体现在指向灵魂和彼世。当然，这种权力实践的超越性一面的效果并不如前两个阶段那么明显，表现为只有极少数信徒走向"神圣"，其原因既在于条件的相对苛刻（如特定经验），也在于伦理本身的道德属性（如赵汀阳所指出的那样，"伦理规范总是在限制别人的时候特别有效，对自己就不大靠得住"[47]）。更在于信徒

---

45 赫勒：《日常生活》，重庆出版社，衣俊卿译，1990 年，第 101 页。
46 斯特伦对宗教的定义中指出，"宗教是实现根本转变的一种手段……所谓根本转变是指人们从深陷于一般存在的困扰（罪过、无知）中，彻底地转变为能够在最深刻的层次上，妥善地处理这些困扰的生活境界。这种驾驭生活的能力使人们体验到一种最可信的和最深刻的终极实体。尽管这个终极实体在各个宗教传统中都极难定义，但是这些宗教传统的信奉者和追随者们，全都根据这一终极的背景来限定、或约束自己的生活，并努力地照这种方式生活，以此扬长避短，不断完善自己。"换言之，这种"根本转变"对个体而言意味着宗教伦理的践行。参见斯特伦：《人与神：宗教生活的理解》，金泽、何其敏译，上海人民出版社，1991 年，第 2-3 页。
47 赵汀阳：《论可能生活》，北京：中国人民大学出版社，2010 年，第 3 页。

会形成对灵验逻辑及畏罪逻辑的路径依赖而无法生成使命逻辑。在这个意义上，基督徒的宗教虔诚成熟的确是举步维艰的，相对宗教虔诚的形塑和发展，它更多地依赖信徒的自觉，在基督教的视域中，则被理解为"需要圣灵的工作"。虽然掣肘不少，但其依然蕴含了一种由俗入圣的可能性和空间，也体现出农民成为完备论意义上之合格信徒的可能性。

第 7 章　结论与讨论

7.1 结论

本文以"教会权力实践"为视角分析了乡村基督徒宗教虔诚形成及成长的过程，揭示了教会权力实践的三个不同面向（以善诱之、以威慑之和以圣导之）与信徒宗教虔诚形塑、发展与成熟的机制关联。本研究的创新之处在于揭示了乡村社会中农民基督徒从"不信"到"初信"、从"初信"再到"深信"的宗教成长过程，换言之，即呈现信众由"自在的农民"转变为"自为的基督徒"的心路历程。[1]在分析视角上，我们不同于一般宗教虔诚研究对教会教化面向的强调，而重点关注教会的权力面向，揭示了教会组织所具备的向信徒贯彻其意志并制约信徒的能力。

教会权力实践促进乡村基督徒宗教虔诚成长的过程，实质上就构成了一种教权炼人的实践。以此为线索展开本研究的分析，在于我们捕捉到了个体与教会之间存在的庇护关系（Patron-client relations）以及这一关系下农民信徒与乡村教会各自的行动逻辑——"被庇护者（Client）"逻辑和"庇护者（Patron）"逻辑。我们分别审视之：

所谓庇护关系，指拥有较高宗教资源的教会施惠于具有庇护诉求的信众，后者则对教会以及神圣对象回报以忠诚。应当说，庇护关系在诸多学科中并

1　"自在"与"自为"是 19 世纪德国古典哲学家黑格尔用以表述绝对理念发展不同阶段的专门术语。"自在"即潜在之意，"自为"即展开、显露之意。

不是陌生的概念，其有丰富的知识基础。相关文献梳理指出，庇护关系研究源于 1950 年代的西方人类学，研究者在东南亚、非洲等地区的乡村社会和部落发现，在传统社群中普遍存在着一种特殊的、非市场的交换关系：地位较高者（庇护者）利用权势和资源保护并施惠于地位较低者（被庇护者），后者则回报以追随、服侍与尊重。而后，庇护关系概念逐渐引入到社会学和政治学，主要指向不同于普遍科层制和市场结构的社会关系与组织结构[2]。然而，作为庇护主体的教会组织因背后具有浓厚的神圣色彩而与一般庇护主体（如政府、地位高的人物等）存有本质不同，与此同时，教会组织所提供的庇护也因其所具有的宗教性而和一般庇护资源存有差异，因此这就决定了本处庇护关系所具有的独特性，其既意味着一种人和教会的社会关系，也隐含着一种人神关系。在这一关系模式下，庇护主客体都具备自身特别的行动逻辑。其中信徒的被庇护者逻辑，表现为信众希望获得来自教会及神圣对象的庇护，并在不同的阶段有不同的庇护诉求。在皈信宗教之前，处于苦难之中的农民在非宗教方案有其限度的情况下，寻求基于超自然神圣对象的宗教方案来解决现实苦难，由此在信教初期，这种庇护诉求即为对各种现世好处的追寻，如疾病的治疗、事故的化解等等，以追求世俗生活的改善。随着宗教生活的展开以及"魔鬼""罪"等核心宗教观念的获得，农民信徒的庇护诉求演变为对教会处理自己所经历"犯罪"和"魔鬼上身"的需要（如找罪、认罪、赶鬼等），以最终脱离神圣对象的惩罚和管教。经历这一阶段后，在教会的引导和自身的独特生命和宗教经验下，信众的庇护诉求表现为对灵魂拯救荣升天堂的需要。教会的庇护者逻辑，则表现为教会依托神圣救赎资源来为各阶段信徒提供庇护，并在此过程中生产获得庇护的条件。其中，起初教会提供的庇护是各种好处，并建构出获得实利的条件"顺服"。而后提供的庇护是通过围绕"罪"的相关技术（定罪、找罪、赦罪）和"魔鬼"的相关技术（魔鬼的确证化、赶鬼等）来使得信徒免受神的惩罚，并建构出避免惩罚的条件"不犯罪"。最后提供的庇护是帮助信徒灵魂拯救和荣升天堂，并建构出彼世救赎的条件"放弃世俗功利心态"。值得一提的是，由于教会和神圣对象的特殊关系以及宗教领袖所具有的克里斯马禀赋（如赶鬼能力），在农民信徒看来，其所追寻的庇护者虽以教会为载体，却也指向了神圣对象和宗教领袖，

2　张立鹏：《庇护关系——一个社会政治的概念模式》，《齐鲁学刊》2005 年第 4 期。

我们出于研究的需要[3]，将庇护者聚焦于教会，实质上对于农民而言，这种庇护者是宗教领袖、教会组织、神圣对象的"三位一体"。以上庇护者和被庇护者行动逻辑，形塑了二者在不同阶段如下的关联和互动：

首先，我们来看教会权力实践的"以善诱之"面向与乡村基督徒宗教虔诚的形塑。面对苦难的农民皈信宗教后，如何形塑他们的宗教虔诚（即使是最低程度的宗教虔诚），成为此阶段教会权力实践的核心。这一阶段，教会的权力实践表现为以善诱之，即通过呈现人神之间"顺服——福佑"关系面向来吸引初信徒参加宗教生活，进而塑造其对神圣对象的虔诚和对教会的依赖。其中，追求世俗生活处境的改善是深处苦难之中农民皈信宗教的直接动力和目标，以善诱之是教会迎合信众的策略方案，同时也蕴含了教会组织意志的实现路径。由此，表征善的实利成为教会和农民互动的基础。在具体的径路上，教会通过善的生产——包括教会赋善能力、善的内容和获善条件的建构，来达致组织目标。对农民而言，在灵验逻辑的驱使下，这一阶段的宗教虔诚也仅仅处于形塑阶段，是一种浅层次的宗教虔诚，其典型特征是农民以人（自己）为本，以世俗的、基于"成本—收益"衡量的角度来看待宗教生活，这种宗教虔诚被信徒视为获得善的条件，是工具性宗教虔诚。在本部分，我们把以善诱之视为教会权力实践柔性的一面。从人和教会以及神圣对象的关系来看，此阶段的庇护关系已经形塑，表现为教会可以依托神圣资源为信徒提供"实利"，而信徒反过来则回报以"顺服"。在此过程中，信徒并没有知觉体验经由教会权力所塑造的心理强制力，换言之，此阶段的信徒只是"奔着甜头"去的，尚不察觉其间来自教会方面的约束力。虽然如此，此阶段教会权力柔性一面也为后续权力的刚性一面埋下伏笔。经由教会以善诱之的权力柔性实践，个体得以认识到教会所能带来的好处，并形成对教会及神圣对象一定程度的依赖感，这种依赖感为教会权力的刚性实践作了铺垫。

其次，我们来看教会权力实践的"以威慑之"面向与乡村基督徒宗教虔诚的发展。如何改变初信徒的功利和实用主义心态，成为此阶段教会权力实践的关键。这一阶段，教会的权力实践表现为以威慑之，即通过呈现人神之间的"违背——惩罚"面向来提高信徒的宗教参与，进而促动其宗教虔诚的发展。在具体的展演径路上，"魔鬼""罪"是教会所动用的核心知识资源

---

3 这种研究的需要某种程度也是对神学问题的回避，作为一项实证研究，我们无法论证神圣对象的存在，故而也只能降维到"教会"这一层级。

——从"魔鬼作祟"的角度对信徒经历的各种生产性苦难或不平安进行归因，从"犯罪招致神惩罚"的角度对魔鬼作祟进行归因。基于特定技术手段（教义、仪式与社会）的上述两项归因，使得"魔鬼"和"罪"的观念深入民心。由此促进此阶段信徒内心里充满对因犯罪而招致神惩罚的恐惧。对此阶段的农民而言，在畏罪逻辑的驱使下，在不平安的境遇及其归因下，个体知觉到了一种心理强制力，生成了"不得不去教会"和"不得不顺服神"的行为和认知。对信徒而言，如果不去教会或对神不顺服，则构成了一种"罪"，意味着将得到来自神的惩罚和魔鬼的败坏，最终导致现世生活中不平安的发生。出于畏罪心理，信徒则尽可能地表现出对教会和神圣对象的忠心，由此，信徒的宗教虔诚得以发展，信徒也逐渐更加依赖教会和神圣对象，蕴含其间的庇护关系也越加强化，典型的表现为宗教参与的提高。此阶段信徒的宗教虔诚虽然对灵验逻辑下的工具性宗教虔诚有所超越，但依然没有摆脱以人为中心和现世的色彩，缺乏信仰的内在超越性，由此构成一种混合性宗教虔诚。在本部分，我们把以威慑之视为教会权力实践刚性的一面，它构成了教会权力的强制性所在。但所谓"强扭的瓜不甜"，此阶段信徒依然缺乏对宗教超越性的追求，只是出于一种恐惧而被动依赖教会和神圣对象。

最后，我们来看教会权力实践的"以圣导之"面向与乡村基督徒宗教虔诚的成熟。如何引导信徒放弃以现世利益的获得为宗教生活的核心目标，转而追求超越层面的彼世灵魂救赎以及宗教伦理的践行，成为此阶段教会权力实践的核心要义。这一环节的发生主要通过教会的以圣导之来达到，即教会结合信徒的特定经验，依托教义、仪式和社会层面的权力技术手段，来让信徒知觉、体验神圣对象的临在，并自觉被神圣对象所拣选。在此过程中，教会以神圣对象的名义提出信仰要求，引导信徒由注重现世平安到注重彼世拯救的转变，以及由注重崇拜实践到注重伦理实践的转变。在被拣选的意识下，信徒秉持使命逻辑和"人侍奉神"的认知，承担一种"活出基督样式"的神圣使命。具体到日常生活中，信徒在荣神益人的宗教观念下，自觉践行宗教伦理，表现出一种神圣性宗教虔诚。在本部分，我们把以圣导之视为教会权力实践超越的一面。基督教视域中教会所具有的独特含义，使得教会组织不同于一般世俗组织，教会权力也不同于一般世俗权力，因而决定了教会权力实践的面向除了具备一般权力所有的柔性和刚性一面外，还呈现出其超越性的一面，这种超越性的主要特征在于其和神圣对象的关联。和前两个阶段相比，信徒宗教虔诚的成熟相对困难，且更多地依赖信徒的自觉，虽然如此，依然蕴含了信徒由俗入圣的可能性和空间。

在以上内容的基础上，我们归纳了如下表的教会权力实践与信徒宗教宗教虔诚成长的关系谱系：

表 7-1　教会权力实践与信徒宗教虔诚成长的关系

教会权力实践	权力面向	信徒宗教虔诚类型	人神关系特征	信徒逻辑
以善诱之	柔性	工具性	人利用神	灵验逻辑
以威慑之	刚性	混合性	人利用神	畏罪逻辑
以圣导之	超越性	神圣性	人服侍神	使命逻辑

以上关系模型无疑是一种"理想类型"建构。在韦伯那里，理想类型具有如下的特征：[4]（1）理想类型是研究者思维的一种主观建构，因此，它既源于现实，又不等同于社会现实。（2）理性类型虽然是主观建构，但不是凭空虚构，它体现了某个时代社会文化现象的内在逻辑和规则。（3）理性类型在一定程度上是抽象的，它并没有概括也不欲图概括现实事物的所有特征，它只是为了研究的目的单向侧重概括了事物的一组或某种特征。上述特征表明了研究者的理论建构与经验现实的关系，我们此处强调理想类型并不是为了借助这样一种看起来冠冕堂皇的"借口"和"说辞"来消弭理论和经验的张力，相反，我们也要试图说明我们是在何种程度上作了理想类型的处理。我们首先面对这样的经验事实，即一方面教会组织会对不同时期的信徒有专门内容上的侧重点强调，构成了一种"按人分粮"。但同时由于乡村教会组织能力的限度，绝大多数情况下，教会的宗教活动展开对不同阶段的信徒是一视同仁的，由此导致在经验中，教会组织权力实践的三个面向往往是同步进行而没有严格的分野。既然如此，为何能把这三个阶段进行区分呢？其原因在于：对于不同阶段的信徒而言，其是依托自身的独特体验来有选择性地理解、接受和践行教会方面的宗教宣传的，因而从信徒的角度看，这三个阶段是有明确区分的。比如对于初信期的信徒，虽然在平日的聚会中也会听及有关"罪""魔鬼"乃至"天堂"的宣称，但此阶段信徒的重心是对于教会所允诺的各种好处的追求，在灵验逻辑主导下，此一时期的其他内容则自觉地

4　参见周晓红：《理想类型与经典社会学的分析范式》,《江海学刊》2002 年第 2 期。

被搁置和屏蔽。与此同时，对于畏罪逻辑下的信徒而言，其虽然仍会听到有关信教有好处的实利宣称，但其重心则更多地表现为对神管教的恐惧。对于使命逻辑下的信徒，"罪""魔鬼"都相对处于后台位置，对于天堂和灵魂拯救的追求走向了前台。总体来看，可以说只有处于特定阶段的信徒才会看到特定阶段的教会权力实践，如初信期的信徒看到的是"以善诱之"，发展期的信徒看到的是"以威慑之"，成熟期的信徒看到的是"以圣导之"。在这个意义上，教会权力实践与乡村基督徒宗教虔诚的成长是互为生产的。除此以外，从教会的角度看，其日常所举行的宗教活动也不完全都是围绕权力实践展开，因而我们的理想类型处理相当于是忽视了其他内容，但这正如韦伯所言的，"一种理想类型是通过单向（One-sided）突出事物的一点或几点，通过对大量弥散的、孤立的、时隐时现的具体的个别现象的综合形成的"[5]。也即说，我们试图聚焦于"权力实践"这样的一个核心线索并悬置其他线索，来为理解乡村基督教的实践经验提供一个脉络，因为如果不这么做，就容易陷入混杂资料的堆砌，难以生成启发性的理论。总的来说，本研究这种类型的划分旨在为理解由教会权力实践所主导的乡村基督徒宗教成长的循序渐进式径路提供一个启发。

不宁唯是，我们还需超越个体心理层次，从更为宏观的角度来审视教权炼人的制度或结构环境，我们将其归纳为四个层面：一是乡村社会相对和谐的政教关系。楚县政府在宗教管理上积极响应国家政策导向，给予了乡村基督教会较为自由的成长空间。[6]与此同时，教会组织也作出积极向党和政府靠拢的姿态。在河镇的不少教会中，我们都发现教会门上张贴"爱国爱教，荣

5　Weber, M. ,*The Methodology of the Social Science*, NewYork: The Free Press, 1949: 90, 转引自周晓红：《理想类型与经典社会学的分析范式》，《江海学刊》2002 年第 2 期。

6　在一篇介绍楚县在处理政教关系经验的文章中提及楚县政府部门在处理与宗教关系时"配合而不左右，引导而不发号施令，彼此尊重而不彼此轻视……在楚县，宗教管理部门的工作重点不是突出一个'管'字，而是突出一个'稳'字，只要教会活动正常，只要有益于社会的安定，宗教部门的干部就敢于放手。"（参看《楚县教会在处理政教关系、教派问题上的经验》，内部资料。）由此可以看出，从政府和世俗社会的角度看，之所以给予基督教以发展空间，其原因正如杨慧林所揭示的那样，"基督教信仰在现实处境中有助于伦理规范和社会秩序，有助于调节人们的精神失衡，这当然不是坏事。事实上，这恐怕也是各种世俗权力能够接纳基督教的实际原因"。（参见杨慧林：《"本地化"还是"处境化"：汉语语境中的基督教诠释》，《世界宗教研究》2003 年第 1 期。）

神益人"的对联，在教堂顶部插上国旗，在宣传栏中展示政府领导视察的图片，积极宣传党和国家的宗教政策，甚而至于自觉地在每次圣诞节或春节的节目表演中，通过相声、小品、淮海戏、舞蹈等宣扬政治主旋律，传播社会主义正能量。总的来说，这一相对宽松的信教环境形塑了教权炼人的存在空间和制度前提。二是教会组织意志的实现诉求。我们在前文提及了教会的神圣意志和世俗意志，此两种意志的实现诉求决定了扩大和发展信徒成为教会的主要组织目标，但面对绝大多数秉持实用主义理念的信徒，教会仅凭一般的感化逻辑是难以笼络和控制民心的。为此，诉诸权力逻辑来实现对信徒心灵的钳制和规训，显然是有助于组织意志实现的。在这个意义上，这种教会组织意志的实现诉求构成了教会采取教权炼人方式的动力所在。三是基督教义具备"罪""魔鬼""神的管教"等丰富的观念和知识架构。这些原本复杂、深奥和精妙的内容，经由乡村基督教会的再造，演变为一种简化的、朴素的认知，在"顺从"与"犯罪（或违背）"、"神"与"鬼"、"福佑"与"惩罚"这些对立的概念之间，架构起信徒"若顺从则得神福佑，犯罪则得鬼上身惩罚"的二元思维结构，这些独特的教义内容某种程度上形塑了基督教的特色所在，也构成了教权炼人的知识和观念基础。四是农民自身在信仰生活上的特点。这种特点一方面表现为农民信徒对实用主义的偏好。正如有研究所指出的那样，"农民的信仰虔诚是单纯的，也是最实际的。他们更关心的是现实生活的需要，希望在实际的困苦和窘境中得到上帝给予的实际的救助，能借助上天的力量得到实际的保护。"[7] 在这一信仰特征下，教会若要促进信徒宗教成长，则必须采用循序渐进的办法。另一方面这一特点还表现为信徒基于自身的生命和宗教经验来调整和改变信仰态度，换言之，其意味着信徒宗教虔诚成长是一个"经验"的动态过程，必须诉诸个体特定经验和宗教的互动。要而言之，信徒在信仰生活上表现出来的特点决定了教权炼人的基本走向。

总的来说，本文某种程度为理解乡村基督徒宗教虔诚的成长径路提供了一个本土化的说明。在本研究中，我们悬置了传统宗教社会学领域对乡村基督教的宗教组织、宗教制度、宗教政治经济环境等外在结构化因素的关注，而深入农民的内在心灵世界，关注他们如何接受、理解和实践基督信仰。在这个意义

7　王亚平：《基督教的神秘主义》，北京：东方出版社，2001 年，第 236 页。

上，我们这里所呈现的宗教是"被认知的宗教"以及"被实践的宗教"[8]，探讨的是农民信徒在教会权力实践的背景下如何基于自身的信仰惯习、苦难境遇而形成对宗教的动态认知和实践。宗教形态多样，一个宗教的内部也有多样的表达和传统[9]，对于农民群体的信仰生活而言，其也并非千篇一律，相反却呈现出驳杂景观，本文所揭示的三种不同层次的宗教虔诚类型——工具性、混合性和神圣性宗教虔诚——及其形塑机制显然有助于我们理解这种差异性，也回应了我们在开头"导论"部分所提出农民信众宗教虔诚的多样性问题。当然，乡村基督徒宗教虔诚及其成长是复杂的，任何一种归纳都难免有化约之嫌，为此，本文也仅仅算是一种"尝试"，这是需要坦率承认的。

7.2 讨论

信徒以宗教虔诚为表征的宗教心理在宗教生活中的基础性地位，意味着通过它可以"以小见大"地来审视其他宗教现象和议题。在此，我们分别呈现本研究的相关结论对于理解不同层次的三个典型议题——农民的宗教皈信、基督教的民间信仰化和乡村社会的基督教热——所带来的启发。

其一是微观层次的农民宗教皈信议题。针对"宗教皈信（Religious conversion）"这一宗教社会学以及宗教心理学领域的经典主题，西方学界积累了相当丰富的研究成果。[10]近年来，国内学界也开始关注这一议题，对引起信徒发生宗教皈信的机制和动力进行了探讨。[11]本研究所分析的农民宗教虔诚之形塑、发展和成熟实质上即暗含了农民信徒的皈信历程，即从"不信"到"信"，从"初信"到"深信"。本研究所提出的教权炼人暗含了一种双

8　黄剑波指出，当我们研究宗教的时候，主要包括这三个径路：（1）被传讲的宗教，这是教义、教理，以及宗教学或历史方面的关怀；（2）被认知的宗教，探讨具体的人如何按照自己的知识结构、自身的关怀去听取和形成自己的理解。人类学的研究多从此视角切入，观察"他者"如何形成对宗教的理解，又如何在实践中形塑个人；（3）被实践的宗教，一般来说社会学研究多从这方面着手，观察宗教信徒如何"做"或"行为"。参见黄剑波：《人类学与中国宗教研究》，《思想战线》2017年第3期。

9　黄剑波：《人类学与中国宗教研究》，《思想战线》2017年第3期。

10　相关的综述可参见 Rambo, Lewis R. "Psychology of Conversion and Spiritual Transformation." *Pastoral Psychology*, 2012（61）.

11　相关综述可见陈宁：《国内基督徒皈信研究述评》，《宗教学研究》2012年第3期。

重皈信动力：一种是来源于教会组织权力实践的"外力"，一种是来源于信徒自身追求庇护的"内力"，正是在这一互动中，信徒不断地由俗入圣，发生着从对肉体平安的在乎到对灵魂拯救的追求。在这个意义上，正如詹姆斯所言的"说一个人'皈信'，是指原来处于意识边缘的宗教观念，现在占据了核心位置，而且宗教目标构成他能力的习惯中心"，是一种"高级情绪驱逐低级情绪"，是"一种情感在潜意识里日趋成熟，另一种情感则消耗殆尽"。[12]

　　和西方基督徒的宗教皈信经历相比，这一皈信历程既具有皈信一般模式的共性，也有其浓厚的本土色彩。之于共性，我们发现，（1）危机是触发点。正如既有研究所揭示的那样，生命中发生的困境或危机是个体皈信的关键因素。詹姆斯在对皈信的理解中就蕴含了对危机的强调，在他看来，皈信表明一个过程，即"一向分裂的自我，自觉卑劣和不幸，由于牢牢把握了宗教的实在，最终获得统一，并自觉高尚和幸福"[13]。在此，危机往往被视为宗教意义被发现的机会。承接此路，有关皈信的经典理论都把危机及由此造成的紧张经验视为皈信的基础条件。[14]对于农民而言，表征苦难的疾病和事故就构成了皈信的直接出发点。苦难对个体意味着过日子进程的破坏，而非宗教方案既无力有效解决苦难本身，也无法回应苦难的意义问题，由此，农民转向对宗教方案的追寻。（2）过程是渐进性的。既有研究也普遍认为，大多数情况下皈信的达致并非一蹴而就的，而是一个循序渐进的过程。宗教心理学家梅多（Meadow）和卡霍（Kahoe）指出，宗教的发展——其实也包括其他一切心理的发展——通常是循着一条曲折的道路前进的，包含了诸如"有选择的忽视""知觉错误与歪曲和失真""贬低和拒绝""区分""为认识搭桥""对旧体系的重新评价""寻求确认的体验"等心理过程。[15]本研究

12　詹姆斯：《宗教经验种种》，北京：华夏出版社，尚新建译，2012 年，第 119 页和第 157 页。

13　詹姆斯：《宗教经验种种》，北京：华夏出版社，尚新建译，2012 年，第 142 页。

14　参见 Lofland, John and Rodney Stark. "Becoming a World-Saver: a Theory of Conversion to a Deviant Perspective." *American Sociological Review*, 1965（6）.以及 Rambo, Lewis R. "Psychology of Conversion and Spiritual Transformation." *Pastoral Psychology*, 2012（5）.

15　梅多和卡霍：《宗教心理学——个人生活中的宗教》，陈耀庭等译，成都：四川人民出版社，1990 年，第 61-66 页。

所呈现的信徒不同阶段宗教虔诚特点和行动逻辑——由"工具"而"混合"再"神圣"，由"灵验"而"畏罪"再"使命"，就表征了这样渐进的皈信历程。

之于独特性或本土性，则具体表现在皈信机制上，（1）和西方教会浓厚的教化色彩或感化逻辑不同，中国乡村教会在促进信徒皈信上还需要依托权力手段或强制逻辑，而其中的教化色彩虽然也存在，但效果相对不明显。这种教会权力实践之生产，既导因于乡村教会的组织意志的实现需要，也导因于基督教义自身的知识体系，还导因于民众的信仰惯习和文化传统。（2）中国农民的皈信历程是高度经验主义导向的，特定的经验（如面对常规方案难以解决的苦难、日常生活中琐碎的不平安、先苦后甜式的生命体验、神秘的宗教经验等）是个体接受宗教、理解宗教、践行宗教的导火索和催化剂，它构成了农民皈信心路历程的经验基础。

其二是中观层次的基督教"民间信仰化"议题。 作为一种乡村社会基督教实践形态，其典型特征是民众用民间信仰的思维来审视基督教。高师宁详细总结了民间信仰化基督教的如下特征：一是实用性和功利性。信徒出于实用主义这一民间信仰心态来对待基督教，表现为在许多信徒眼中，上帝不过是自己原来信仰的神仙菩萨而已，因此总是认为上帝是有求必应的，尤其是希望上帝能够解除病魔缠身的痛苦。由此，信徒不理解教义，关心的只是神迹奇事。二是掺杂了各种迷信色彩。表现为信徒延续民间信仰的诸多迷信做法，如"吹灵气"（往嘴中吹气）、"吐灵水"（往食物中吐口水）等等。三是五花八门的形式。信徒注重信仰的形式而非内容，因此生发各种各样活动形式，比如唱灵歌、与红白喜事结合、追求圣灵充满活动。四是轻听轻信。对基督教信仰理解停留在民间信仰层次上，不能辨别是非，容易被误导。[16]梁家麟除了强调"实用主义"和"神迹奇事"的特征外，还从基督教内部的角度审视了这种民间宗教化基督教的两个特征：一是复原主义和灵恩运动。在这种理念的支撑下，乡村基督教像初期教会般注重圣灵能力的即时彰显，又贬低教义与神学在整个信仰系统中的压倒性位置，则容易被国人——特别为较少受西方文化影响的低下阶层——所接纳[17]。二是基督教道门化。表现为农村教会的领袖扮演了类似民间信仰中的"灵媒"（Spirit-mediums）角色，不懂

---

16 高师宁：《当代中国民间信仰对基督教的影响》，《浙江学刊》2005 年第 2 期。

17 梁家麟：《改革开放以来的中国农村教会》，香港：建道神学院，1999 年，第 409 页。

教义，把封建迷信、巫婆神汉的一套东西，加上自己若干联想推理，便当作基督教信仰来宣传，把耶稣说成是赶鬼大王、医病救主和赚钱财神。[18]总体而言，乡村基督教的民间信仰化是宗教和信众双方互动的产物。从基督教的角度讲，乡村基督教所表现出的浓厚灵恩色彩，直接关联着汉语语境中历史悠久的民间信仰传统，因而在扩展基层的信仰群体方面，极为奏效。[19]从农民信众的角度看，基督教是鬼神观念极普遍、民间信仰惯习极其深厚的中国老百姓在信仰对象上的一种转移或移情。[20]

我们认为，以上对乡村基督教"民间信仰化"的判断都是从整体角度来审视的，即把农民信众视为无差别的整体。因此，在面对具体的经验时，这种笼统判断难免有以偏概全甚至简化之嫌。为此，有研究基于特定田野经验反思性地指出，由于乡村社会传道人的坚守、信徒的活动方式以及对待权威的态度等方面的影响，基督教并没有被民间信仰所消解掉。[21]如果从"信仰者"的角度出发把农民视为有差异的群体，那么，我们发现不同群体的宗教实践形态是不能一概而论的，表现为在不同时期不同信徒的身上有不同表现。对于初信期灵验逻辑下的信徒而言，基督教的确和民间信仰没有本质区别，甚而至于说，基督教就是民间信仰。而随着宗教生活的开展，对于发展期畏罪逻辑下的信徒而言，基督教的核心概念语汇逐渐进入其观念视域中，如罪、魔鬼等。虽然这种观念和农民传统的民间信仰依然存在高度关联，但这个时候，占据主导位置的依然是基督教的思想精髓，并且在宗教行为方式上已经改变民间信仰式的"临时抱佛脚"特征，因而也就很难用基督教的民间信仰化来加以概括了。至于使命逻辑下的信徒，其宗教生活的实践形态已经完全和民间信仰方式有所不同，逐渐具备了西方基督教完备论意义上的实践形态（虽然也具有一些本土特征），超越了实用性和功利性特征，追求宗教伦理的践行。总的来说，本研究从信仰者的角度为理解基督教的民间信仰化提供了一个全方位图景。

---

18 梁家麟：《改革开放以来的中国农村教会》，香港：建道神学院，1999 年，第 416 页。

19 杨慧林：《"本地化"还是"处境化"：汉语语境中的基督教诠释》，《世界宗教研究》2003 年第 1 期。

20 汪维藩：《谈基督教的现状问题》，《宗教》1991 年第 1 期。

21 刘海涛：《民间信仰化的基督教？——以 B 村为中心的考察》，载刘成有编：《宗教与民族（第九辑）》，北京：宗教文化出版社，2014 年，第 270 页。

其三是宏观层次的乡村社会"基督教热"议题。基督教在特定地区（尤其是农村）的蓬勃发展已成不争事实。全国抽样调查显示，在我国基督教群体中，1993 年以来信教的基督徒占信徒总数的 73.4%，[22]这表明上世纪 90 年代以来基督徒数量发展较快。2018 年 4 月出台的《中国保障宗教信仰自由的政策和实践》白皮书显示，我国目前的基督教信众高达 3800 多万人。[23]基督教的发展在农村地区尤为明显，有研究甚至指出，在中国认定的五大宗教中，基督教信众在农村占 95% 以上。[24]关于基督教热的形成原因，无疑是多力交织的，对此学界已有丰富的讨论[25]——有改革开放后相对宽松的宗教政策、革命政权对传统民间宗教生态的破坏、剧烈的社会变革使人迷失方向、社会风险的增加、农民的精神和文化空虚、社会组织的弱化等等，除了这些外部原因，基督教内部的原因也为研究者所重视[26]，如认为中国人之所以从民间宗教信仰转向皈依基督宗教是因为基督教更加注重委身（Commitment）、基督教的组织化程度高、基督教能够提供较高的灵性资本、基督教迎合地方文化的本土化努力等等。

本研究所提炼的"教权炼人"从农民和教会的角度为理解基督热提供了一个微观视角。从农民的角度看，面对非宗教方案所无法解决的现实苦难，农民寻求宗教的帮助，某种程度上是一种自然的、本能的人性冲动。从教会的角度看，乡村教会的权力实践尤其是其强制性成分的存在，提高了信徒的宗教虔诚，由此促动信徒以荣神益人的心态去主动传教，扩大基督教的影响

---

22 金泽、邱永辉（编）：《宗教蓝皮书：中国宗教报告》，北京：社会科学文献出版社，2010 年，第 192 页。

23 《中国保障宗教信仰自由的政策和实践》，2018 年 4 月。

24 董磊明、杨华：《西方宗教在中国农村的传播现状》，《文化纵横》2014 年第 6 期

25 相关研究可参见吴理财、张良：《农民的精神信仰：缺失抑或转化——对农村基督教文化盛行的反思》，《人文杂志》2010 年第 2 期；孙砚菲：《千年未有之变局：近代中国宗教生态格局的变迁》，《学海》2014 年的第 2 期；Yang, Fenggang. "Lost in the Market, Saved at McDonald's: Conversion to Christianity in Urban China." *Journal for the Scientific Study of Religion* ,2010（4）.

26 相关研究可参见：吴梓明：《圣山脚下的十字架：宗教与社会互动个案研究》，香港：道风书社，2005 年，第 277 页；张清津：《灵性资本与中国宗教市场中的改教》，《文史哲》2012 年第 3 期；黄剑波、王媛：《地方文化与乡村天主教的发展——以附魔与驱魔为中心的探讨》，载许志伟编：《基督教思想评论（第 16 辑）》，上海人民出版社，2013 年，第 235-245 页。

范围。对农民而言，这种机制分别对应了农民皈信基督的两个动力基础：一是主动性。农民对于福佑的追求以及苦难的规避构成了直接的心灵动力。二是被动性或强制性。信徒对于惩罚的恐惧以及由此所知觉的心理强制力使得其不像其他民间信仰者那样随意转教或者放弃信仰。显然，此种聚焦于权力的解释既指涉了外因（如风险社会的苦难及非宗教方案的失效），也暗含了内因（如基督教本土化及其教会组织意志实现），在一定程度上或许能够拓宽理解的视角。在这个意义上，也正如梁永佳所提示的那样，对宗教复兴的解释，应回到"宗教"，研究当事人参与宗教活动的"神学理由"，呈现他们眼中的世界，解释行动者的意义。[27]

---

27 梁永佳：《发现"他性"关联："洞经会"与"莲池会"的启示》，《读书》2018 年第 3 期。

参考文献

一、中文著作

1. 阿盖尔、赫拉米：《宗教社会心理学》，台北：台湾巨流图书公司，李季桦和陆洛译，1996 年。

2. 阿盖尔：《宗教心理学导论》，北京：中国人民大学出版社，陈彪译，2005 年。

3. 鲍伊：《宗教人类学导论》，金泽、何其敏译，北京：中国人民大学出版社，2004 年。

4. 包尔丹：《宗教的七种理论》，上海古籍出版社，陶飞亚等译，2005 年。

5. 鲍曼和梅：《社会学之思》，李康译，北京：社会科学文献出版社，2010 年。

6. 布迪厄：《世界的苦难——布迪厄的社会调查》，北京：中国人民大学出版社，张祖建译，2017 年。

7. 陈荣福：《比较宗教学》，北京：世界知识出版社，1993 年。

8. 陈泽民：《基督与文化在中国》，载金陵协和神学院（编）：《金陵神学文选》，南京：金陵协和神学院，1992 年。

9. 达尔：《现代政治分析》，上海译文出版社，王沪宁、陈峰译，1986 年。

10. 费孝通：《美国与中国》，北京：生活·读书·新知三联书店，1985 年。

11. 辜鸿铭：《中国人的精神》，海口：海南出版社，1996 年。

12. 赫勒：《日常生活》，重庆出版社，衣俊卿译，1990 年。

13. 许志伟编：《基督教思想评论（第 16 辑）》，上海人民出版社，2013 年。

14. 基督教词典编写组：《基督教词典》，北京语言学院出版社，1994 年。

15. 金泽、李华伟编：《宗教社会学（第二辑）》，北京：社会科学出版社，2014 年。

16. 金泽、李华伟主编：《宗教社会学（第三辑）》，北京：社会科学文献出版社，2015 年。

17. 金泽、邱永辉（编）：《宗教蓝皮书：中国宗教报告》，北京：社会科学文献出版社，2010 年。

18. 考克汉姆：《医学社会学（第 11 版）》北京：中国人民大学出版社，高永平、杨渤彦译，2009 年。

19. 克莱曼：《疾痛的故事——苦难、治愈与人的境况》，上海译文出版社，方筱丽译，2010 年。

20. 拉辛格：《基督教导论》，上海三联书店，静也译，2002 年。

21. 勒普顿：《风险》，雷云飞译，南京大学出版社，2016 年。

22. 李平晔：《90 年代中国基督教发展状况报告》，载李华伟（主编）：《三十年来中国基督教现状研究论著选》，北京：社会科学文献出版社，2016 年。

23. 李亦园：《宗教与神话》，桂林：广西师范大学出版社，2014 年。

24. 梁家麟：《改革开放以来的中国农村教会》，香港：建道神学院，1999 年。

25. 梁丽萍：《中国人的宗教心理——宗教认同的理论分析与实证研究》，北京：社会科学文献出版社，2004 年。

26. 梁漱溟：《中国文化要义》，上海：世纪出版集团，2013 年。

27. 刘海涛：《民间信仰化的基督教？——以 B 村为中心的考察》，载刘成有编：《宗教与民族（第九辑）》，北京：宗教文化出版社，2014 年。

28. 刘廷芳：《基督教在中国到底传什么》，载张西平、卓新平编：《本色之探：20 世纪中国基督教文化学术论集》，北京：中国广播电视出版社，1998 年。

29. 罗素：《东西文明比较》，北京：改革出版社，王正平译，1996 年。

30. 吕大吉:《宗教学纲要》, 北京: 高等教育出版社, 2003 年。

31. 吕大吉:《宗教学通论新编》, 北京: 中国社会科学出版社, 2010 年。

32. 马克思:《黑格尔法哲学批评》, 北京: 人民出版社, 1963 年。

33. 梅多和卡霍:《宗教心理学——个人生活中的宗教》, 陈耀庭等译, 成都: 四川人民出版社, 1990 年。

34. 牟钟鉴、张践:《中国宗教通史》, 北京: 中国社会科学出版社, 2010 年。

35. 欧大年:《中国民间宗教教派研究》, 上海古籍出版社, 刘心勇等译, 1992 年。

36. 欧阳肃通:《转型视野下的农村宗教——兼以乡村基督教为个案考察》, 北京: 中国社会科学出版社, 2009 年。

37. 裴宜理.《华北的叛乱者与革命者 1845-1945》, 池了华、刘平译, 北京: 商务印书馆, 2007 年。

38. 彭康生、彭耀(主编):《宗教社会学》, 北京: 社会科学文献出版社, 2000 年。

39. 钱穆:《现代中国学术论衡》, 生活·读书·新知三联书店, 2001 年。

40. 秦家懿、孔汉思:《中国宗教与基督教》, 上海: 三联书店, 1990 年。

41. 乔基姆:《中国人的宗教精神》, 北京: 中国华侨出版公司, 王平译, 1991 年。

42. 全国 13 所高等院校《社会心理学》编写组:《社会心理学(第四版)》天津: 南开大学出版社, 2008 年。

43. 史密斯:《人的宗教》, 刘安云译, 海口: 海南出版社, 2001 年。

44. 斯特伦:《人与神: 宗教生活的理解》, 金泽、何其敏译, 上海人民出版社, 1991 年。

45. 斯塔克、芬克:《信仰的法则——解释宗教之人的方面》, 北京: 中国人民大学出版社, 杨凤岗译, 2004 年。

46. 唐君毅:《中西哲学思想之比较研究集》, 南京: 正中书局, 1943 年。

47. 特纳:《象征之林: 恩登布人仪式散论》, 赵玉燕等译, 商务印书馆, 2006 年。

48. 涂尔干：《宗教生活的基本形式》，上海人民出版社，渠东、汲喆译，1999年。

49. 王治心：《中国基督教史纲》，上海古籍出版社，2004年。

50. 王亚平：《基督教的神秘主义》，北京：东方出版社，2001年。

51. 吴飞：《麦芒上的圣言——一个乡村天主教群体中的信仰与生活》，北京：宗教文化出版社，2013年。

52. 韦伯：《中国的宗教、宗教与世界》，桂林：广西师范大学出版社，康乐、简惠美译，2004年。

53. 韦伯：《支配社会学》，桂林：广西师范大学出版社，简惠美译，2004年。

54. 韦伯：《韦伯作品集：社会学的基本概念》，桂林：广西师范大学出版社，顾忠华译，2005年。

55. 吴梓明：《圣山脚下的十字架：宗教与社会互动个案研究》，香港：道风书社，2005年。

56. 西格里斯特：《疾病的文化史》，秦传安译，北京：中央编译出版社，2006年。

57. 谢和耐：《中国和基督教：中国和欧洲文化之比较》，耿昇译，上海古籍出版社，1991年。

58. 许志伟：《基督教神学思想导论》，北京：中国社会科学出版社，2001年。

59. 杨凤岗：《皈信·同化·叠合身份认同——北美华人基督徒研究》，北京：民族出版社，默言译，2008年。

60. 杨庆堃：《中国社会中的宗教》，成都：四川人民出版社，范丽珠译，2016年。

61. 杨慧林：《罪恶与救赎：基督教文化精神论》，北京：东方出版社，1995年。

62. 姚洋、高梦涛：《健康、村民民主和农村发展》，北京大学出版社，2007年。

63. 约翰斯通：《社会中的宗教——种宗教社会学》，成都：四川人民出版社，尹今黎、张蕾译，1991年。

64. 詹姆斯：《宗教经验种种》，北京：华夏出版社，尚新建译，2012 年。

65. 赵汀阳：《论可能生活》，北京：中国人民大学出版社，2010 年。

67. 赵天恩：《中国当代基督教发展史（1949-1997）》，台北：中福出版社，1997 年。

68. 庄孔韶：《银翅：中国的地方社会与文化变迁》，北京：二联书店，2000 年。

69. 卓新平：《中国人的宗教信仰》，北京：中国社会科学出版社，2015 年。

70. 朱克曼：《宗教社会学的邀请》，曹义昆译，北京大学出版社，2012 年。

二、中文论文

1. 包涵：《中国佛教徒宗教性发展特点与影响因素研究》，浙江师范大学硕士学位论文，2013 年。

2. 曹荣：《灵验与认同——对京西桑村天主教群体的考察》，《民俗研究》2012 年第 5 期。

3. 陈建明：《中国地方基督教的建构——近代五旬节信仰实践模式探究》，上海大学博士论文，2013 年。

4. 陈美麟：《活出复活的生命》，《天风》2004 年第 4 期。

5. 陈宁：《国内基督徒皈信研究述评》，《宗教学研究》2012 年第 3 期。

6. 陈宁：《嵌入日常生活的宗教皈信——社会变迁中的城市基督徒研究》，吉林大学博士论文，2013 年。

7. 陈尧：《庇护关系：一种政治交换的模式》，《上海交通大学学报（哲学社会科学版）》2012 年第 4 期。

8. 邓遂：《系统论视野下的乡村家庭突发事故研究——基于 Q 自然村落的个案研究》，上海大学博士论文，2009 年。

9. 邓晓芒：《中西信仰观之辨》，《东南学术》2007 年第 2 期。

10. 丁荷生：《中国东南地方宗教仪式传统：对宗教定义和仪式理论的挑战》，《学海》2009 年第 3 期。

11. 董磊明、杨华：《西方宗教在中国农村的传播现状》，《文化纵横》2014 年第 6 期。

12. 方敏：《宗教归信和社会资本》，南开大学博士论文，2010 年。

13. 石丽：《基督教信仰与团体秩序建构》，上海大学博士论文，2012 年。

14. 方文：《群体符号边界如何形成——以北京基督新教群体为例》，《社会学研究》2005 年第 1 期。

15. 方文：《转型心理学：以群体资格为中心》，《中国社会科学》2008 年第 4 期。

16. 方文：《走出信徒与公民的认同困境》，《文化纵横》2012 年第 1 期。

17. 费孝通：《试谈扩展社会学研究的传统界限》，《北京大学学报（哲学社会科学版）》2003 年第 3 期。

18. 冯仕政、李建华：《宗教伦理与日常生活——马克思韦伯宗教伦理思想引论》，《伦理学研究》2003 年第 1 期。

19. 甘满堂：《灵验与感恩——汉民族宗教体验的互动模式》，《民俗研究》2010 年第 1 期。

20. 高师宁：《西方宗教社会学中的宗教定义与宗教性的测定》，《世界宗教资料》1993 年第 4 期。

21. 高师宁：《当代中国民间信仰对基督教的影响》，《浙江学刊》2005 年第 2 期。

22. 顾忠华：《巫术、宗教与科学的世界图像——一个宗教社会学的考察》，《国立政治大学社会学报》1988 年第 28 期。

23. 郭峰：《论惩罚：福柯与涂尔干》，《文化研究》2014 年第 18 辑。

24. 郭于华：《作为历史见证的"受苦人"的讲述》，《社会学研究》2008 年第 1 期。

25. 邬建立：《乡村慢性病人的生活世界——基于冀南沙村中风病人的田野考察》，《广西民族大学学报（哲学社会科学版）》2012 年第 2 期。

26. 邬建立：《乡村慢性病人的生存策略——基于冀南沙村的田野考察》，《思想战线》2014 年第 3 期。

27. 邬建立：《乡村社会慢性病的社会根源——基于冀南沙村的田野考察》，《北方民族大学学报》2014 第 6 期。

28. 黄海波:《宗教性非盈利组织的身份建构研究——以（上海）基督教青年会为个案》,上海大学博士论文,2007年。

29. 黄剑波:《四人堂纪事——中国乡村基督教的人类学研究》,中央民族大学博士学位论文,2003年。

30. 黄剑波、胡梦茵:《势不两立抑或欲说还休?——人类学与基督教关系史再思考》,《道风》2016年第45A期。

31. 黄剑波:《人类学与中国宗教研究》,《思想战线》2017年第3期。

32. 李峰:《乡村教会的组织结构及其运行机制》,上海大学博士论文,2014年。

33. 李浩昇:《镶入、限度和走向:乡村治理结构中的基督教组织——基于苏北S村的个案研究》,《中国农村观察》2011第2期。

34. 李康乐:《基督教行动者:皈依模式的研究——以海淀堂为例》,《北京大学研究生学志》2013年第1期。

35. 李向平、吴小永:《当代中国基督教的"堂—点模式"——宗教的社会性与公共性视角》,《上海大学学报（社会科学版）》2008年第5期。

36. 李向平:《两种信仰概念及其权力观》,《华东师范大学学报（哲学社会科学版）》2013年第2期。

37. 梁丽萍:《中国人的宗教心理——山西佛教徒和基督教徒宗教认同特点》,中国人民大学博士论文,2002年。

38. 梁永佳:《中国农村宗教复兴与"宗教"的中国命运》,《社会》2015年第1期。

39. 梁永佳:《发现"他性"关联:"洞经会"与"莲池会"的启示》,《读书》2018年第3期。

40. 梁振华:《灵验与拯救——以一个河南乡村基督教会为例》,中国农业大学博士论文,2014年。

41. 林本炫:《改信过程中的信念转换媒介与自我说服》,载林美容（编）:《信仰、仪式与社会（中央研究院第三届国际汉学会议论文集）》,台北:中央研究院民族学研究所,2003年,第547-581页。

42. 林中泽:《圣经中的魔鬼及其社会伦理意义》,《世界历史》2004年第4期。

43. 刘刚、王芳:《乡村纠纷调解中的公共权力与权威》《中国农村观察》2008年第 6 期。

44. 刘海涛:《透视中国乡村基督教——河北乡村基督教的调查与思考》，中央民族大学博士论文，2006 年。

45. 卢晖临:《如何走出个案——从个案研究到拓展个案研究》，《中国社会科学》2007 年第 1 期。

46. 卢云峰:《渐入圣域：虔信徒培养机制研究》，载周晓红、谢曙光（编):《中国研究》，北京：社会科学文献出版社，2008 年。

47. 卢云峰《从类型学到动态研究：兼论信仰的流动》，《社会》2013 年第 2 期。

48. 卢云峰、张春泥:《当代中国基督教现状管窥：基于 CGSS 和 CFPS 调查数据》，《世界宗教文化》2016 年第 1 期。

49. 吕朝阳:《苏北农村基督教发展现状及其原因分析》，《南京师大学报（社会科学版）》1999 年第 6 期。

50. 那瑛:《常人宗教与社会秩序的重建》，《理论探讨》2012 年第 3 期。

51. 沙广义:《有关江苏基督教发展几个问题的探讨》，《宗教》1997 年第 1 期。

52. 邵瑞新:《选择·责任·天职——对基督教伦理思想及其现实意义的一些思考》，《华东师范大学学报（哲学社会科学版）》1996 年第 4 期。

53. 沈洋:《基督徒的宗教性：概念、结构和测量》，浙江师范大学硕士学位论文，2017 年。

54. 孙飞宇:《对苦难的社会学解读：开始，而不是终结——读埃恩·威尔金森〈苦难：一种社会学的引介〉》，《社会学研究》2007 年第 4 期。

55. 孙砚菲:《千年未有之变局：近代中国宗教生态格局的变迁》，《学海》2014 年第 2 期。

56. 田薇:《宗教性视阈中的生存伦理——以基督教和儒家为范型》，山东大学博士论文，2014 年。

57. 王海明:《权力概念辨难》，《西南民族大学学报（人文社会科学版）》2010年第 5 期。

58. 王佳琦：《中国天主教徒宗教性的发展特点的影响因素研究》，浙江师范大学硕士学位论文，2013年。

59. 王宁：《代表性还是典型性》，《社会学研究》2002年第5期。

60. 王雪华：《道教徒个体宗教性发展的特点及影响因素研究》，浙江师范大学硕士学位论文，2013年。

61. 王莹：《地方基督徒的身份建构研究——以中原地区Y县基督教会为例》，上海大学博士论文，2008年。

62. 王莹：《基督教本土化与地方传统文化——对豫北地区乡村基督教的实证调查》，《宗教学研究》2011年第2期。

63. 汪维藩：《谈基督教的现状问题》，《宗教》1991年第1期。

64. 翁浩然：《伊斯兰教徒个体宗教性的发展特点及影响因素研究》，浙江师范大学硕士学位论文，2013年。

65. 吾淳：《中国宗教的功利主义特征》，《朱子学刊》1999年第1期。

66. 吴飞：《论"过日子"》，《社会学研究》2007年第6期。

67. 吴理财、张良：《农民的精神信仰：缺失抑或转化——对农村基督教文化盛行的反思》，《人文杂志》2010年第2期。

68. 吴越：《宗教性测量：历史与脉络》，载《2017年中国社会学年会.中国社会宗教信仰变迁论坛论文集》，未刊稿。

69. 武雅士：《神、鬼和祖先》，张珣译，载（台湾）《思与言》1997年第3期。

70. 乌嫒：《被构建的"灵验"，"做"出来的宗教——〈灵应：在当代中国做民俗宗教〉评介》，《宗教人类学》2012年第3辑。

71. 吴毅：《何以个案，为何叙述——对经典农村研究方法质疑的质问》，《探索与争鸣》2007年第4期。

72. 项先红：《民间信仰者个体宗教性的发展特点及影响因素研究》，浙江师范大学硕士学位论文，2013年。

73. 谢明：《当代中国基督教传播方式研究》，中国社会科学院研究生院博士论文，2011年。

74. 学海编辑部：《华人社会中的宗教：研究方法的多元和平衡》，《学海》2010年第3期。

75. 邢福增：《从社会阶层看当代中国基督教的发展》，《建道学刊》2001 年第 15 期。

76. 徐勇：《"关系权"：关系与权力的双重视角——源于实证调查的政治社会学分析》，《探索与争鸣》2017 年第 7 期。

77. 杨凤岗：《三味基督——全球视野中的中华文化与基督教》，《上海大学学报（社会科学版）》2004 年第 2 期。

78. 杨慧林：《"本地化"还是"处境化"：汉语语境中的基督教诠释》，《世界宗教研究》2003 年第 1 期。

79. 姚泽麟：《工具性"色彩的淡化：一种新健康观的生成与实践——以绍兴醴村为例》，《社会》2010 年第 1 期。

80. 叶小文：《苏北基督教问题考察报告》，载氏著：《多视角看社会问题》，北京：中共中央党校出版社，1997 年。

81. 曾芳：《〈圣经.旧约〉中的被拣选者》，《太原师范学院学报》2011 年第 5 期。

82. 张立鹏：《庇护关系——一个社会政治的概念模式》，《齐鲁学刊》2005 年第 4 期。

83. 张清津：《灵性资本与中国宗教市场中的改教》，《文史哲》2012 年第 3 期。

84. 张全录，《江苏基督教现状及发展趋势》，《唯实》2010 年第 3 期。

85. 张志刚：《"四种取代宗教说"反思》，《北京大学学报》2012 年第 4 期。

86. 郑丹丹：,《身体的社会形塑与性别象征——对阿文的疾病现象学分析以及性别解读》，《社会学研究》2007 年第 2 期。

87. 郑风田、阮荣平、刘力：《风险、社会保障与农村宗教信仰》，《经济学（季刊）》2010 年第 3 期。

88. 郑志明：《华人的信仰心理与宗教行为》，《鹅湖月刊》2002 年第 12 期。

89. 周飞舟：《行动伦理与关系社会——社会学中国化的路径》，《社会学研究》2018 年第 1 期。

90. 周浪、孙秋云：《因病信教农民的宗教心理及其演变》，《社会》2017 年第 4 期。

91. 周晓红：《理想类型与经典社会学的分析范式》,《江海学刊》2002 年第 2 期。

92. 周越：《"做宗教"的模式》,《温州大学学报（社会科学版）》2009 年第 5 期。

93. 卓新平：《中西文化交流中的基督教原罪观》,《世界宗教研究》1995 年第 2 期。

三、外文文献

1. Allport,G.W.*The individual and his religion: A psychological interpretation.* New York: Macmillian, 1950.

2. Beatrice Marovich. *Why Are Women More Religious Than Men?*.Oxford University Press, 2012.

3. Bury, M . "Chronic Illness as Biographical Disruption." *Sociology of Health and Illness* ,1982（2）.

4. Cavalli-Sforza L L, Feldman M W, Chen K H, et al. "Theory and Observation in Cultural Transmission."*Science*, 1982（218）.

5. Charmaz, K. *Good Days, Bad Days: the Self in Chronic Illness and Time*, New Brunswik,NJ:Rutgers University Press,1991,51-52.

6. Charmaz K. "The Body, Identity, And Self." *Sociological Quarterly*, 1995（4）.

7. Comstock G W, Partridge K B. "Chruch Attendance and Health." *Journal of Chronic Diseases*, 1972 （12）.

8. Conn, Walter E. 1986. "Adult conversions." *Pastoral Psychology* ,1986（4）.

9. David A. Palmer. "Gift and market in the Chinese religious economy". *Religion*, 2011 （4）.

10. D'Houtaud A, Field M G. "The image of health: variations in perception by social class in a French population." *Sociology of Health & Illness*, 1984（1）.

11. Dux, Guenter. *Die Logik der Weltbilder*, Frankfurt a.M.:Suhrkamp.1982:145.

12. Ellis, A. "The psychotherapist's case against religion." Paper presented at a meeting of the Humanist Society. NewYork, 1965.

13. Ewald,F.Two infinities of risk.In Massumi,B.（ed.）,The Politics of Everday Fear.Minneapolis,Minnesota:University of Minnesota Press,1993:221-228.

14. Francis, Leslie J, Brown, et al. "The Influence of Home, Church and School on Prayer among Sixteen-Year-Old Adolescents in Englan." *Review of Religious Research*, 1991 （2）.

15. Glock, C. Y. "On The Study of Religious Commitment. "*Religious Education*, 1962（4）.

16. Glock, Charles Y, and R. Stark. "Religion and society in tension." *Sociological Analysis* , 1965（3）.

17. Hackney C H, Sanders G S. "Religiosity and Mental Health: A Meta–Analysis of Recent Studies." *Journal for the Scientific Study of Religion*, 2003（1）.

18. Hay，D.& Heald,G. "Religion Is Good For You."*New Society*,1987（8）

19. Herberg, Will. "Protestant, Catholic, Jew."*American Journal of Sociology*, 1956（6）.

20. Hill, P. C., & Hood, R. W. *Measures of Religiosity. Birmingham*, Alabama: Religious Education Press, 1999.

21. House J S. "Understanding Social Factors and Inequalities in Health: 20th Century Progress and 21st Century Prospects." *Journal of Health & Social Behavior*, 2002 （2）.

22. Iannaccone L R. "Why strict churches are strong." *American Journal of Sociology*, 1994 （5）.

23. Kelley, H. H. "Attribution theory in social psychology". In D. Levine （ed.）, Nebraska Symposium on Motivation （Volume 15, pp. 192-238）. Lincoln: University of Nebraska Press. 1967.

24. Kleinman A, Wang W Z, Li S C, et al. "The social course of epilepsy: Chronic illness as social experience in interior China." *Social Science & Medicine*, 1995（10）.

25. Koenig, H. G. and D. B. Larson. "Religion and mental health: Evidence for an association." *International Review of Psychiatry* ,2009（2）.

26. Koenig H G, Zaben F A, Khalifa D A, et al. "Chapter 19 – Measures of Religiosity. " Measures of Personality & Social Psychological Constructs, 2015.

27. Koenig L B, Vaillant G E. "A prospective study of church attendance and health over the lifespan." *Health Psychology Official Journal of the Division of Health Psychology American Psychological Association*, 2009（1）.

28. Levin J S, Taylor R J. "Gender and age differences in religiosity among black Americans." *Gerontologist*, 1993（1）.

29. Lewis C A, Lanigan C, Joseph S, et al. "Religiosity and happiness: no evidence for an association among undergraduates." *Personality & Individual Differences*, 1997（1）.

30. Loewenthal K M, Macleod Λ K, Cinnirella M. "Are women more religious than men? Gender differences in religious activity among different religious groups in the UK." *Personality & Individual Differences*, 2002（1）.

31. Lofland, John and Rodney Stark. "Becoming a World-Saver: a Theory of Conversion to a Deviant Perspective." *American Sociological Review*, 1965（6）.

32. Luhmann, Niklas.1984. *Religious Dogmatics and the Evolution of Societies*, New York: The Edwin Mellen Press, 1984:12.

33. Ozorak E W. "Social and Cognitive Influences on the Development of Religious Beliefs and Commitment in Adolescence."*Journal for the Scientific Study of Religion*, 1989（4）.

34. Pratt,J.B .*Eternal Values in Religion*,New York:Macmillan,1950.

35. Rambo, Lewis R. "Psychology of Conversion and Spiritual Transformation." *Pastoral Psychology*, 2012（5）.

36. Rokeach, M. "Value systems and religion." *Review of Religious Research*, 1969（11）.

37. Rudy D R, Greil A L. "Taking the Pledge: The Commitment Process in Alcoholics Anonymous." *Sociological Focus*, 1987（1）.

38. Sangren，P.S. *History and magical power in a Chinese community*. Stanford University Press, 1987.

39. Schafer, Walter E. "Religiosity, Spirituality, and Personal Distress among College Students." *Journal of College Student Development* ,1997（6）.

40. Siegrist J. Work Stress and Health// The Blackwell Companion to Medical Sociology. 1998.

41. Tang W. The Worshipping Atheist: Institutional and Diffused Religiosities in China. *China An International Journal*, 2014（3）.

42. Weber, M. ,*The Methodology of the Social Science,* NewYork: The Free Press, 1949: 90.

43. Wilkinson I. Suffering: A Sociological Introduction.UK,Cambridge: Polity Press.2005.16-17.

44. Yang, Fenggang. "Lost in the Market, Saved at McDonald's: Conversion to Christianity in Urban China." *Journal for the Scientific Study of Religion ,* 2010（4）.

四、报刊、网络等其它文献

1. 《楚县县志》，1997 年版。

2. 民国楚县一官员：《在就职县农会会长会议上的演说》，载《楚县县志（1987-2005）》（2013 年版），第 1018 页。

3. 楚县县委党史工委编,《苏皖第六行政区：全国解放战争时期》, 2012 年。

4. 《楚县县志（1987-2005）》，2013 年版。

5. 《楚县民政志》，1990 年。

6. 《河镇十三五时期发展规划》，2013 年。

7. 国务院办公厅：《中国防治慢性病中长期规划（2017-2025 年）》，2017 年 1 月 22 日。

8. 卫生部：我国农村慢性病发病率高于城市 http://china.cnr.cn/news/201207/t20120709_510161920.shtml，2017 年 10 月 20 日访问。

9. 《圣经》。

10. 《楚县 2017 年提高医疗报销条例》，2017 年。

11. 《楚县新农合异地报销指南》，2017 年。

12. 《楚县 2016 年国民经济和社会发展情况统计公报》，2017 年。

13. 《中国江苏楚县 2015 年统计年鉴》，2016 年。

14. 《中国保障宗教信仰自由的政策和实践》，2018 年 4 月。

15. 章立凡："功利性宗教信仰，就是和佛神做交易"，引自"搜狐网"，http://cul.sohu.com/20100826/n274500012.shtml，2017 年 8 月 26 日访问。

16. 《楚县教会在处理政教关系、教派问题上的经验》，内部资料。

17. 《史记·货殖列传》。

后 记

这本书改编自我的博士论文。对于它，我自觉没有什么好说的，它以这种形式出现完全是偶然的结果。于是，就权且借这个地方，说说自己求学成长历程中的那些让我铭记和感恩的人和事儿。

小平同志南下那一年，我出生在苏北一个普通的农村。

那是计划生育最为严厉的时期。我记事的时候，母亲常常和我说，她是如何"跑产"（也就是躲避计划生育惩罚）的：如村干部检查的时候把我藏在衣柜里、在县城租房子远离家乡、把我送到远在徐州的三姨家等。她还向我描述了"外逃"的路上她在路边的草堆用母乳喂养我、因缺乏棉被我父亲大冬天晚上穿着衣服睡凉席、因拉肚子我大年三十还在输液等诸多细节。多年后，他们再提及时，只是轻描淡写，那种心酸和不易或许只有做父母的才能体会。

再后来，虽然日子清贫一点，但在我的印象中，孩提时代倒也并没有受什么苦。勤劳而又智慧的父母为我、弟弟和姐姐的成长倾注了他们的所有心血，而这绝不是文字所能呈现的。

香港回归那一年，我步入村中学堂。

小学一年级结束的时候，老师考虑到我年纪较小，因而在决定升学或留级的"学生素质报告书"上写下了"留级"。我父亲觉得刚读书就"留级"实在是丢脸又打击我幼小心灵的事，于是到学校，给老师讲了几句好话，老师便当着我和父亲的面，把"留级"涂掉，改写成"升学"。只此一笔，彻底影响了我后续的一切。

不得不承认，我在学习上是要比村中别的小孩聪明那么一丁点。一般考试的时候，我只需一半多的时间就能把卷子做完，兄妹三人资源共享的生活（如我们经常分着吃一根冰棍），养成了我愿意和别人分享"好东西"的习惯，于是剩下的时间，我就开始给同学们传答案，所以同学们都非常喜欢我，经常用零食拉拢我。

非典爆发那一年，我到县城上初中。

我以优异的成绩考上了县城最好初中的免费生，省去了 4800 元的培养费，这在村中简直成了"大新闻"。那时，开启了我诸多的"第一次"：第一次和城里的小孩一起读书、第一次在有多媒体的教室上课、第一次见到老师上课还用普通话、第一次远离父母住宿舍、第一次见到校园暴力……这三年，我有幸结识了现在还保持联系的一群小伙伴，即使时隔多年，情分依然未减。

全国贯彻学习"八荣八耻"那一年，我开始了高中生活。

的确不出意外，我考取了县城最好的高中。高中三年填鸭式的教学是极其枯燥、无聊的，不过好在我的语文老师有点小知识分子的品味，经常让我们研读《论语》、《红楼梦》、《战国策》等经典，还要求我们就所读上台演讲。而那时我的班主任数学老师，是个顽固的老头，他看到我们读《红楼梦》，偏说那是描写色情的"黄书"，不准我们看，动辄以毁书罚站要挟我们。不过，他越这么说，反而越是勾起了我们荷尔蒙分泌过甚的少男少女的心，我记得当时自己读《红楼梦》的主要动力，就是希望能够"找到"并"赏析"数学老师所说的"黄色情节"。也正是在那时，我逐渐养成了阅读的兴趣。

建国六十周年那一年，我远赴武汉求学。

狮子山下，南湖畔边，我开始接受了真正意义上的高等教育，而这自然离不开诸位老师的教导。钟涨宝、萧洪恩、万江红、狄金华、范成杰等老师对我的谆谆教导，如在昨日。也正是在诸位老师的培养下，我不仅对误打误撞的专业不反感，还逐渐养成了学术研究（尤其是农村社会学）的兴趣。

最大的收获还应当属在这里结缘了我现在的妻子田雪。我诸多论文的第一读者往往都是她，为了减轻我的负担，她每次也总想为我多做点"力所能及"的事，总是积极主动认真细致地给我润色语句、修改错别字。她可能是觉得我文中的"错误"不多，所以每次都喜欢把文中原本"对的"改成"错的"，好让"错误"的内容显得丰盛一些，这让我非常感动和"心疼"，后来我就不敢让她做除了调格式以外的其他事了！我们相处的七八年来，不能说是相濡以沫，但也是相伴相随，相亲相爱，使得原本枯燥的读书生活多了不少的情趣和欢愉！

十八大召开之后的开局之年，我开始了硕博生活。

在华中科技大学的五年时间，是我学术训练的关键时期，如果说在学业上还取得了一点进步的话，那么则主要受益于两位授业恩师的谆谆教诲。

吴毅教授是我的硕士生导师。记得在入学伊始的时候，吴老师就和我说，大意是，现在的学问是要有门槛的，这个门槛就是规范化和专业化。社会科学发展至今天，那种思绪一来，大笔一挥，一气呵成的研究模式早已被"淘汰"，相反，如要入门，则必须要进行规范性训练。硕士期间，吴老师为习作《重构疾病与强化信仰——对苏北 Z 村基督信仰与疾病关系的考察》所作的千余字批红，一针见血地指出了我写作中所存在的"逻辑跳跃""两个思路打架""材料和分析不对应"等诸多硬伤，直至今日我也常读常新，深受裨益。对于我学术想法颇多，但钻研不深的缺点，吴毅老师还告诫我，学术需要聪明，但却早已经过了只靠聪明就可以做好学术的阶段，现代学术入门必须依靠积累。读博后，我也就学术问题时常向吴老师请教，这些教导是我学术成长中永远的财富。

孙秋云教授是我的博士生导师。这三年，孙老师在为学、处事、做人上全方位地影响着我。在学术取向上，孙老师视野开阔，对社会前沿和热点问题具有敏锐的洞察力，常常引导我从"当下社会"中发现问题。在学术指导上，孙老师既给我指明了研究的总体方向，又给我相当自由的研究空间，使我能够充分地依着自己的兴趣展开研究。孙老师也向来无学科及门户之见，鼓励我要多吸收其他学科之所长、多向不同的老师请教，而不要局限于自己的小天地。除了课堂教学、读书会点评、论文批阅、办公室约见等正式的指导外，孙老师也常常在食堂吃饭、校园散步、外出开会等不同的情境和场合来对我进行"点拨"，当然我也每每从中受益良多。

这五年间，还有许多师友值得我铭记和感恩。丁建定、雷洪、石人炳、王茂福、王三秀、吴中宇、刘成斌、曹志刚、郑丹丹、欧阳肃通、吴帆等良师对我有很大的帮助，陈顽、燕红亮、王勇、王誉霖、左雯敏、刘杰、黄健、郑进、马媛、李漫、张思怡、童玉林、刘丹、罗艳等益友使我的博士生活添加了不少的趣味！此外，还要特别感谢拨冗参加我博士论文答辩的钟年、郑广怀、石人炳、钟涨宝、狄金华等五位教授，以及参加我博士论文开题的王茂福、吴毅、刘成斌、曹志刚、欧阳肃通等老师。他们的专业建议无疑有助于拙作的进一步修改和完善。

在计划生育、香港回归、非典爆发、八荣八耻宣传、建国六十周年、十八大召开的"大时代"下，每个人都是微不足道的个体，虽然如此，我们每个人又无形中烙上了时代的印记。沐浴着改革开放的春风，2018年，最后一批90后也都成年，而像我这样的最早一批90后，也即将步向了而立之年，迎来了"新时代"。

周浪

2018年5月11日于华中科技大学东七楼

2020年8月2日修改于于宜昌三峡

《基督教文化研究丛书》

主编：何光沪、高师宁

（1-7 编书目）

初 编 （2015 年 3 月出版）

ISBN：978-986-404-209-8　　　　　定价（台币）$28,000 元

册　次	作　者	书　名	学科别（／表示跨学科）
第 1 册	刘 平	灵殇：基督教与中国现代性危机	社会学／神学
第 2 册	刘 平	道在瓦器：裸露的公共广场上的呼告——书评自选集	综合
第 3 册	吕绍勋	查尔斯·泰勒与世俗化理论	历史／宗教学
第 4 册	陈 果	黑格尔"辩证法"的真正起点和秘密——青年时期黑格尔哲学思想的发展（1785 年至 1800 年）	哲学
第 5 册	冷 欣	启示与历史——潘能伯格系统神学的哲理根基	哲学／神学
第 6 册	徐 凯	信仰下的生活与认知——伊洛地区农村基督教信徒的文化社会心理研究（上）	社会学
第 7 册	徐 凯	信仰下的生活与认知——伊洛地区农村基督教信徒的文化社会心理研究（下）	社会学
第 8 册	孙晨荟	谷中百合——傈僳族与大花苗基督教音乐文化研究（上）	基督教音乐
第 9 册	孙晨荟	谷中百合——傈僳族与大花苗基督教音乐文化研究（下）	基督教音乐
第 10 册	王 媛	附魔、驱魔与皈信——乡村天主教与民间信仰关系研究	社会学
	蔡圣晗	神谕的再造，一个城市天主教群体中的个体信仰和实践	社会学
	孙晓舒 王修晓	基督徒的内群分化：分类主客体的互动	社会学
第 11 册	秦和平	20 世纪 50－90 年代川滇黔民族地区基督教调适与发展研究（上）	历史
第 12 册	秦和平	20 世纪 50－90 年代川滇黔民族地区基督教调适与发展研究（下）	历史
第 13 册	侯朝阳	论陀思妥耶夫斯基小说的罪与救赎思想	基督教文学
第 14 册	余 亮	《传道书》的时间观研究	圣经研究
第 15 册	汪正飞	圣约传统与美国宪政的宗教起源	历史／法学

二　编　（2016 年 3 月出版）

ISBN：978-986-404-521-1　　　　定价（台币）$20,000 元

册　次	作　者	书　名	学科别（／表示跨学科）
第 1 册	方　耀	灵魂与自然——汤玛斯·阿奎那自然法思想新探	神学／法学
第 2 册	劉光順	趋向至善——汤玛斯·阿奎那的伦理思想初探	神学／伦理学
第 3 册	潘明德	索洛维约夫宗教哲学思想研究	宗教哲学
第 4 册	孫　毅	转向：走在成圣的路上——加尔文《基督教要义》解读	神学
第 5 册	柏斯丁	追随论证：有神信念的知识辩护	宗教哲学
第 6 册	李向平	宗教交往与公共秩序——中国当代耶佛交往关系的社会学研究	社会学
第 7 册	張文舉	基督教文化论略	综合
第 8 册	趙文娟	侯活士品格伦理与赵紫宸人格伦理的批判性比较	神学伦理学
第 9 册	孫晨薈	雪域圣咏——滇藏川交界地区天主教仪式与音乐研究（增订版）（上）	基督教音乐
第 10 册	孫晨薈	雪域圣咏——滇藏川交界地区天主教仪式与音乐研究（增订版）（下）	
第 11 册	張　欣	天地之间一出戏——20 世纪英国天主教小说	基督教文学

三 编 （2017 年 9 月出版）

ISBN：978-986-485-132-4　　　　　　　　定价（台币）$11,000 元

册　次	作　者	书　名	学科别（／表示跨学科）
第 1 册	赵　琦	回归本真的交往方式——托马斯·阿奎那论友谊	神学／哲学
第 2 册	周兰兰	论维护人性尊严——教宗若望保禄二世的神学人类学研究	神学人类学
第 3 册	熊径知	黑格尔神学思想研究	神学／哲学
第 4 册	邢　梅	《圣经》官话和合本句法研究	圣经研究
第 5 册	肖　超	早期基督教史学探析（西元 1~4 世纪初期）	史学史
第 6 册	段知壮	宗教自由的界定性研究	宗教学／法学

四 编 （2018 年 9 月出版）

ISBN：978-986-485-490-5　　　　　　　　定价（台币）$18,000 元

册　次	作　者	书　名	学科别（／表示跨学科）
第 1 册	陈卫真　高　山	基督、圣灵、人——加尔文神学中的思辨与修辞	神学
第 2 册	林庆华	当代西方天主教相称主义伦理学研究	神学／伦理学
第 3 册	田燕妮	同为异国传教人：近代在华新教传教士与天主教传教士关系研究（1807~1941）	历史
第 4 册	张德明	基督教与华北社会研究（1927~1937）（上）	社会学
第 5 册	张德明	基督教与华北社会研究（1927~1937）（下）	社会学
第 6 册	孙晨荟	天音北韵——华北地区天主教音乐研究（上）	基督教音乐
第 7 册	孙晨荟	天音北韵——华北地区天主教音乐研究（下）	基督教音乐
第 8 册	董丽慧	西洋图像的中式转译：十六十七世纪中国基督教图像研究	基督教艺术
第 9 册	张　欣	耶稣作为明镜——20 世纪欧美耶稣小说	基督教文学

五 编 （2019 年 9 月出版）

ISBN：978-986-485-809-5　　　　　　　　定价（台币）$20,000 元

册 次	作 者	书 名	学科别（／表示跨学科）
第 1 册	王玉鹏	纽曼的启示理解（上）	神学
第 2 册	王玉鹏	纽曼的启示理解（下）	
第 3 册	原海成	历史、理性与信仰——克尔凯郭尔的绝对悖论思想研究	哲学
第 4 册	郭世聪	儒耶价值教育比较研究——以香港为语境	宗教比较
第 5 册	刘念业	近代在华新教传教士早期的圣经汉译活动研究（1807～1862）	历史
第 6 册	鲁静如 王宜强 编著	溺女、育婴与晚清教案研究资料汇编（上）	资料汇编
第 7 册	鲁静如 王宜强 编著	溺女、育婴与晚清教案研究资料汇编（下）	
第 8 册	翟风俭	中国基督宗教音乐史（1949 年前）（上）	基督教音乐
第 9 册	翟风俭	中国基督宗教音乐史（1949 年前）（下）	

六 编 （2020 年 3 月出版）

ISBN：978-986-518-085-0　　　　　　　　定价（台币）$20,000 元

册 次	作 者	书 名	学科别（／表示跨学科）
第 1 册	陈倩	《大乘起信论》与佛耶对话	哲学
第 2 册	陈丰盛	近代温州基督教史（上）	历史
第 3 册	陈丰盛	近代温州基督教史（下）	
第 4 册	赵罗英	创造共同的善：中国城市宗教团体的社会资本研究——以 B 市 J 教会为例	人类学
第 5 册	梁振华	灵验与拯救：乡村基督徒的信仰与生活（上）	人类学
第 6 册	梁振华	灵验与拯救：乡村基督徒的信仰与生活（下）	
第 7 册	唐代虎	四川基督教社会服务研究（1877～1949）	人类学
第 8 册	薛媛元	上帝与缪斯的共舞——中国新诗中的基督性（1917～1949）	基督教文学

七 编 （2021 年 3 月出版）

ISBN：978-986-518-381-3　　　　　　　定价（台币）$22,000 元

册　次	作　者	书　　名	学科别（／表示跨学科）
第 1 册	刘锦玲	爱德华兹的基督教德性观研究	基督教伦理学
第 2 册	黄冠乔	保尔﹒克洛岱尔天主教戏剧中的佛教影响研究	宗教比较
第 3 册	宾静	清代禁教时期华籍天主教徒的传教活动（1721～1846）（上）	基督教历史
第 4 册	宾静	清代禁教时期华籍天主教徒的传教活动（1721～1846）（下）	
第 5 册	赵建玲	基督教"山东复兴"运动研究（1927～1937）（上）	基督教历史
第 6 册	赵建玲	基督教"山东复兴"运动研究（1927～1937）（下）	
第 7 册	周浪	由俗入圣：教会权力实践视角下乡村基督徒的宗教虔诚及成长	基督教社会学
第 8 册	查常平	人文学的文化逻辑——形上、艺术、宗教、美学之比较（修订本）（上）	基督教艺术
第 9 册	查常平	人文学的文化逻辑——形上、艺术、宗教、美学之比较（修订本）（下）	